Aprendizaje

Instructor's Edition

Aprendizaje

A COURSE IN SPANISH COMPOSITION

Second Edition

Instructor's Edition

Kimberly A. Nance
Illinois State University

Isidro J. Rivera
University of Kansas

Houghton Mifflin Company
Boston   New York

Publisher: Rolando Hernández
Sponsoring Editor: Amy Baron
Development Manager: Sharla Zwirek
Editorial Assistant: Erin Kern
Project Editor: Amy Johnson
Production/Design Coordinator: Lisa Jelly Smith
Senior Manufacturing Coordinator: Priscilla J. Bailey
Senior Marketing Manager: Tina Crowley Desprez

Cover image © Neal Farris/Photonica

For permission to use copyrighted materials, grateful acknowledgment is made to the copyright holders listed on page 195, which is hereby considered an extension of this copyright page.

Printed in the U.S.A.

Library of Congress Control Number: 2001097968

Student Text ISBN: 0-618-23126-9
Instructor's Edition ISBN: 0-618-23127-7

23456789-CRS-06 05 04 03

Contents

WHAT'S NEW IN THE SECOND EDITION OF *APRENDIZAJE?*   IE-3

FEATURES OF *APRENDIZAJE*   IE-4

TEXT AND CHAPTER ORGANIZATION   IE-5

SELF-CORRECTION AND COMPOSITION ANALYSIS   IE-6

SAMPLE COMPOSITION EVALUATION SHEET   IE-8

COURSE AND LESSON PLANNING   IE-9

ANSWER KEY   IE-17

Instructor's Edition

Written primarily for third-year composition or composition/conversation courses, *Aprendizaje: A Course in Spanish Composition* offers an innovative process-based approach to develop students' writing skills in Spanish. The apprenticeship metaphor of the title reflects the text's goal of fostering students' critical reflection and self-correction, thus increasing their independence in the craft of writing. With *Aprendizaje,* students will increase their proficiency through constant guided practice at progressively more complex tasks.

WHAT'S NEW IN THE SECOND EDITION OF *APRENDIZAJE?*

- The total number of chapters has been reduced to seven, to permit better pacing.
- New topics (film, the future of Spanish, combatting stereotypes, cultural diversity and immigration) have replaced less popular topics from the first edition.
- New readings open all chapters.
- The grammar in **Repaso esencial** has been redistributed to correspond to the writing tasks in each chapter.
- As reviewers requested, the introduction of key **Técnicas** has been accelerated to allow more time to practice them over the course. Selection, organization, outlines, transitions, sentence-combining, introductions, and conclusions have all moved to earlier chapters. A new section on comparisons and contrasts replaces the section on deductive versus inductive logic.
- *Para corregir,* the correction exercise, has been moved to the **Revisión** section to review proofreading just before students proofread their own drafts.
- *Temas,* the writing assignments, have been divided into two sections: ***Comunicación y correspondencia,*** personal and professional writing; and ***Ensayos,*** academic essays.
- Each chapter includes at least one assignment in the form of a letter, e-mail message or other correspondence, presented in authentic form for a specific context, with annotations calling attention to the key features of style and format. Students write their own answers, following the model of the original and the accompanying stylistic suggestions.
- Chapter vocabulary lists have been replaced with a separate ***Vocabulario esencial,*** prefaced by exercises on effective use of the dictionary.
- New realia includes more short articles to help spark writing assignments.

- Pages have been perforated so that instructors can collect homework assignments without taking the entire book.

FEATURES OF *APRENDIZAJE*

- **Effective transition from language acquisition to composition**
  Aprendizaje is unique among composition texts in recognizing that students coming from the stage of grammar and vocabulary acquisition cannot leap immediately into employing sophisticated rhetorical strategies in their writing. This text bridges the gap by helping students consolidate their grammar and vocabulary skills as they develop their writing skills.

- **Full support for process-based writing**
  This text provides activities and exercises for every stage: from prewriting through drafting, revising, editing, proofreading, and analyzing the final product.

- **Composition presented as a series of specific skills to master rather than as a set of genres to analyze or imitate**
  With *Aprendizaje,* students work through generation, selection, and ordering of ideas; paragraph construction; transitions; introductions and conclusions; inductive and deductive logic; persuasion; and anticipation of reader response toward developing an individual writing style.

- **Specific guidelines for revising, editing, and analyzing writing**
  Aprendizaje includes two unique checklists for revising and editing compositions in progress. A special post-writing stage (**Análisis de composición**) helps students learn from their successes and mistakes. It fosters self-correction of errors and critical reflection on completed writing, and encourages students to formulate individualized plans for improvement.

- **Engaging themes**
  Authentic journalistic readings present each chapter's sociocultural theme and serve as a point of departure for a series of thought-provoking discussion questions. Composition topics in the latter part of the chapter build on these oral activities.

- **Grammar review with exercises that reflect chapter themes and vocabulary**
  Separate grammar review chapters in the second half of *Aprendizaje* permit quick reference and independent study at home. For convenience, an answer key appears at the end of this instructor's guide and may be copied for distribution to students.

- **Introductory and concluding chapters specially designed to meet students' needs**
  Aprendizaje includes special chapters for the first and last weeks of class. The **Capítulo preliminar** in the **Repaso esencial** contains a concise review of the mechanics of Spanish: grammatical terms, accentuation, punctuation, and capitalization. The final chapter of the composition manual provides suggestions for maintaining writing proficiency beyond the course, and the concluding grammar chapter features cumulative review exercises.

- **Vocabulario esencial**
  A useful reference tool, this appendix offers vocabulary lists keyed to chapter topics.

TEXT AND CHAPTER ORGANIZATION

Aprendizaje contains two parts: a composition manual (**Composición**) and a grammar handbook (**Repaso esencial**). Each chapter of the composition manual includes sections to reflect the stages of the writing process: pre-writing (**Antes de escribir**), writing and revising (**A escribir**), and post-writing (**Después de escribir**).

ANTES DE ESCRIBIR

- **Enfoque:** This prereading activity sets the stage for the chapter reading and focuses students' attention on key issues of content and audience.
- **Lectura:** Each authentic reading presents the chapter's sociocultural theme and offers examples of specific writing strategies.
- **Desarrollo de temas:** These discussion topics build oral skills as students explore and develop ideas in preparation for writing.
- **Técnicas de composición:** These unique sections teach specific writing skills while encouraging students to think critically about writing. Examples of techniques are provided.
- **Actividades:** These application activities offer practice on the chapter's writing techniques.

A ESCRIBIR

- **Communicación y correspondencia:** The four to five assignments in this section focus on professional and personal writing, including a letter for students to read and answer.
- **Ensayos:** This section offers four to five academic essay assignments based on the chapter topic.
- **Revisión:** Activities in this section guide students through revision of successive drafts.
- **Para corregir:** This section features draft writing samples to develop basic editing and proofreading skills. Each writing sample incorporates grammar and vocabulary from that chapter and reenters material from previous chapters as a cumulative review.
- **Revisión preliminar:** This checklist helps students edit their draft compositions for content, writing techniques, and organization. The list of questions expands as students progress through the text.
- **Revisión final:** This checklist encourages students to proofread and to correct grammatical errors in their compositions. The list of grammar points builds as students progress through the **Repaso esencial.**

DESPUÉS DE ESCRIBIR

- **Análisis de composición:** This section provides students with guidelines for assessing their graded compositions, helping them to distinguish among various types of errors, to chart their progress to date, and to formulate individualized plans for improvement as needed.

REPASO ESENCIAL

Located in the second half of the book and keyed to each chapter of the composition manual, the **Repaso esencial** contains succinct grammar explanations with examples, practice exercises, and examples of common errors. The purpose of this handbook is to review key concepts; it does not contain the entire corpus of Spanish grammar. Because students at this level vary widely in their mastery of grammar, the text's format allows instructors to assign sections as needed for independent study or review. For ease of student comprehension, the grammar explanations are written in English. An answer key to the **Prácticas** appears at the end of this instructor's guide and may be copied for distribution to students.

VOCABULARIO ESENCIAL

A useful reference tool, this section offers advice and practice on dictionary use, followed by topical vocabulary lists keyed to each chapter.

SELF-CORRECTION AND COMPOSITION ANALYSIS

Besides providing support for the process approach of prewriting, writing, and rewriting, *Aprendizaje* adds a unique postwriting stage: a composition analysis designed to foster students' critical reflection on their writing as well as recognition and self-correction of errors.

Most composition instructors are already cognizant of the importance of the latter skills. Rarely do they simply collect a composition, assign a grade, and proceed immediately to the next assignment. Instead, they often mark the errors in the first draft with some sort of code and have students correct and resubmit the composition. In so doing, the instructor acknowledges that making and correcting errors are part of the learning process, but the error-coding procedure possesses some serious drawbacks. In effect, it transfers much of the responsibility for writing from the students to the instructor, a result recognized in instructors' perceptions that they sometimes spend more time on the composition than did the student who wrote it. Students may even learn to spend less time on the first draft, because "the instructor will be marking my mistakes for me," and thus be less motivated to proofread. The time invested in coding does not teach students to recognize their own errors. Instead, notations such as "agreement" and "**ser/estar**" convert the composition into a grammar exercise.

It may seem an impossible task to teach independent correction, for if students knew the right answers, they would not have made the mistakes in the first place. Research suggests, however, that there are several "degrees of knowing." In *College English*, Richard Haswell states that students in his freshman English composition class could correct from 50% to 76% of their own errors (semantic signaling, syntactic punctuation, spelling, and grammar) when told simply that there was an error in a certain line. He calls the mistakes that students can correct themselves when they are brought to their attention "threshold errors." Haswell addresses these by placing a check mark for each error in the margin next to the line in which the error occurs—without codes or clues. Students then revise the composition, correcting all the mistakes they can, leaving behind only those they truly do not know how to correct. This method, Haswell maintains, yields several benefits beyond the not inconsiderable savings in instructor time. It reminds students that they are responsible for their own writing and that writing is a process as well as a product; it also teaches them to proofread their own work.

This theory of "threshold errors" can be successfully applied to the foreign language composition course, particularly when it is coupled with a process approach to writing.

Aprendizaje provides the necessary materials for implementing this approach in the classroom. With this text, students receive specific instruction in writing techniques, including editing and proofreading. When a composition is assigned, students begin by discussing the topics in prewriting activities to develop ideas. Next, each student completes a draft of the assigned composition at home and brings it to class. There, in pairs or groups, students critique each other's work as the instructor circulates to answer questions and keep the groups engaged in discussion. As a variation, one student may be assigned to bring sufficient copies of his or her draft for a class critique before proceeding to peer-editing of the rest of the drafts. After the peer review, students revise their drafts using the **Revisión preliminar** and **Revisión final** checklists, proofread them, and produce a version to turn in for a grade. The instructor then marks any errors on the compositions with a highlighter pen (without any coding marks) and indicates the grade on an evaluation sheet, assigning points for content, structure, grammar, vocabulary, and other areas. (See sample composition evaluation sheet, page IE-12.)

Upon receiving the highlighted composition and evaluation sheet, students complete the **Análisis de composición** section at the end of each chapter and hand in a composition analysis sheet with the composition. At this point, the student cannot raise the grade on the composition itself, thus discouraging cursory submissions. Instead, a smaller number of points are assigned separately to the composition analysis sheet. In our classes, analyses are worth 10 points, and compositions themselves are worth 50 points. To earn 10 points for the analysis, all sections must be completed and all errors listed. Late analyses lose 2 points per day.

On the composition analysis sheets, students indicate precisely which items they do not understand, as opposed to those where they are making "threshold errors." Using this approach frees the instructor to spend time on reaction to content, organization, and style. The practice also yields better results by allowing instructors to assign a sufficient number of compositions to provide adequate opportunity for improvement. When evaluating the composition analyses, instructors can quickly verify the student's own corrections, explain the five or ten errors the student could not correct, and comment on the plans for review.

If required to keep all drafts and analysis sheets in a portfolio, students can see their progress or review past compositions and corrections before beginning new assignments. To encourage portfolio review and self-correction, extra points may be deducted for verbatim repetition of previous errors as noted on the analysis sheets.

Our third-year Spanish composition students can correct about 75% of their own errors. When we coded errors on their papers, three-quarters of the time we were telling the students something they could have figured out for themselves had we simply highlighted the errors with a colored pen. Also, students report that they prefer trying to figure out what is wrong with the highlighted sections to working through a coded sheet. Seeing a composition return with fewer marks on it than the last one provides clear visual evidence of improvement, and students' reactions to this method of correction indicate that this approach makes them feel more responsible for their own work. For instance, they write notes in the margins of the analyses: "Preterit/ imperfect *again*—I'm going to have to review that." "How could I have done that? I know better." Here instructors can assure students that on some level they do "know" better, but—as foreign language instructors are well aware—competence is not the same as performance and recognizing and correcting errors takes practice. With this approach there is a strong sense that instructors and students are all on the same side in trying to improve compositions.

SAMPLE COMPOSITION EVALUATION SHEET

The following composition evaluation sheet is one that we have used in our own classes. Over the years each of us has experimented with much more complex grading schemes involving word counts and more minute divisions of points, but has found them no more effective than this simpler format. Instructors should adapt the content and point values on this evaluation sheet to reflect their own course goals and focus.

(Composition worth 50 points total)

Content and Consideration of Reader (15 points)

13–15 Interesting content and presentation; ideas well conceived and developed with sufficient examples. Consideration of potential reader readily apparent.

11–12 Some interesting content; points not sustained or not fully developed. Consideration of potential reader not always apparent.

9–10 Conventional ideas or clichés; little supporting detail included. Consideration of reader rarely apparent.

7–8 Cursory; gives the impression of writing just to complete the assignment. Consideration of reader not apparent.

Structure, Logic and Transitions (5 points)

5 Logical progression of ideas with well-executed transitions.
4 Logical progression of ideas but often lacks transitions.
3 Gaps in logic or no transitions.
2 Disorganized; appears to have been written as thoughts occurred to the writer.

Grammatical Accuracy (10 points)

9–10 Appropriate level of complexity in syntax with very few errors, if any.

7–8 Confined to simpler sentences or structures with very few errors OR shows variety and complexity in syntax with errors that do not affect comprehensibility.

6 Errors frequently affect comprehensibility.

4–5 Message is largely incomprehensible due to inaccurate grammar which alters or obscures it, OR reader must know English to comprehend much of the message.

Vocabulary (10 points)

10 Uses appropriate and varied vocabulary; English influence not apparent.

8–9 Usually uses appropriate vocabulary with some variety; some errors in usage that do not affect the message.

6–7 Often uses inappropriate or non-specific vocabulary (e.g., overuse of **cosa** in place of specific terms); lack of variety in word choice.

4–5 Uses only elementary vocabulary; creates nonexistent words from English OR uses words in English.

Idioms (5 points)

5 Uses a rich variety of Spanish idioms; no literal translations of English idioms.

4 Uses Spanish idioms occasionally; no literal translations of English idioms.

3 Avoids Spanish idioms altogether; no literal translations of English idioms.

0 Translates English idioms verbatim.

Punctuation, Spelling, and Presentation (5)

5 Correct spelling (including accents) and punctuation; neatly typed with correct format as specified.

4 Occasional mechanical errors.

2–3 Frequent mechanical errors.

0 English spelling and punctuation; no accents; mechanical errors in most sentences.

Comments:

COURSE AND LESSON PLANNING

Aprendizaje is a student-centered text that emphasizes the use of class time for discussion of themes to develop ideas for compositions, presentation of new writing techniques, peer editing, and impromptu compositions. Grammar review, writing, and revising should be assigned as homework.

COURSE MECHANICS

On the first day of class, course requirements and deadlines should be made clear. Specifications for compositions (for example, "Final versions are to be typed, double-spaced in appropriate format, and must be accompanied by the preliminary draft.") should be noted on the syllabus, along with the due dates for all drafts, compositions, and analyses. Requiring all drafts and the final version of compositions to be computer-printed or typewritten, double-spaced makes it easier for students to read, edit, and proof their work. Students should also be told to keep all of their writing (compositions, analyses, and exams) in a portfolio. At midterm and at the end of the course, they may be required to turn in the portfolio with a one to two page assessment of their own progress and problem areas.

With regard to length, it is advisable to begin with compositions of one page and gradually increase the length to one and one-half pages, two pages, and finally three pages. In addition, eight impromptu writing assignments of a page or so (one per chapter) may be included.

SMALL GROUPS

In class, consider assigning students to work in groups and having them stay with the same group throughout a chapter in order to shift quickly from whole-class to group tasks without losing time in group selection. New groups can be assigned for each chapter. When composing groups, it is not necessary always to maintain a balance of proficiency levels among the group members. For example, if all of the usual "leaders" are grouped together for one chapter, they will have a lively discussion, and new leaders will often emerge in the other groups. Likewise, the quietest students may venture more comments when there is no one to carry the discussion for them. Instructors who decide to assign groups should begin the practice at the outset of the course, explaining to students that they want to save class time and encourage discussion through contact with different classmates. When an instructor suddenly starts grouping later in the semester, students will already have formed informal alliances and may see the new group assignments as an attempt to separate them from their friends.

Good group discussions during the pre-writing stage are crucial; when students can begin to write with some ideas already in mind, they write more clearly and accurately. The instructor should circulate among the groups as they work, posing follow-up questions, keeping the groups on-task, and periodically reconvening the whole class to compare notes on the discussion.

PEER EDITING

At the beginning of class, make certain that each student has a draft and set the tone for peer editing by guiding students through a step-by-step edit of a sample draft you have written, using the questions from the **Revisión preliminar** section and modeling what you would like them to do. Another option is to assign some students to make copies of their drafts for whole-class editing practice. Use the chapter's **Para corregir** section as a warm-up for peer editing. Emphasize the difference between a query and a correction. The peer editors' task is to call the writer's attention to potential problems (for example, with a question mark over a word or a brief query in the margin), not to take responsibility away from the writer. Writers, in turn, should consult the peer editor if they do not understand a query, but only after trying to resolve the matter themselves.

To manage class time effectively, set specific time limits for each of the **Revisión preliminar** questions (for example, "Spend five minutes on item one"). As students become more practiced at peer editing and see results in their writing and in their grades, they are more likely to stay on task and use their class time appropriately. At the beginning of the course, if any students need help getting started or staying focused, suggest more specific tasks related to one or more of the revision questions.

Instructors who wish to devote more class time to grammar instruction or practicing other skills may assign some of the peer editing tasks as homework. However, students should practice supervised, in-class peer editing before it is assigned as homework.

PROOFREADING

To reinforce the importance of proofreading skills, it is beneficial to have students practice them at all stages. Proofreading practice paragraphs, such as those found in the **Para corregir** sections, may be used in the pre-writing stage to help students avoid many of the more common errors. Also, grammar tests can include proofreading sections. For example, a paragraph can be seeded with errors gleaned from student compositions to correct as part of the exam.

GRADING

When grading a composition, highlight all errors on the final version, but do not write anything else regarding the errors. Complete the composition evaluation sheet (see the sample provided) and assign the grade. Use the comments section to respond to the ideas expressed, then return the compositions with the accompanying evaluation sheets to the students. Assign the **Análisis de composición** section in the text and have the students submit their analyses along with their marked composition.

When reviewing the analyses, check that section 1 corrections are accurate, making changes as needed; and make corrections in section 2. If necessary, comment on sections 3 and 4. Use any commonly reported errors from the analyses to tailor brief grammar reviews.

IMPROMPTU COMPOSITIONS

Impromptu compositions allow instructors and students to see to what extent students can apply what they have learned to other writing situations. To implement this technique, choose a specific topic from **A escribir** that has not been assigned for a formal composition and give students a limited amount of class time to write. Allow students to use their textbook and a dictionary, but do not permit consultation with classmates. Each impromptu assignment should be worth no more than 25%

of the points allotted to a full composition. Since impromptu writing tasks are by definition spontaneous and time-constrained, it is not necessary to have students complete formal analyses as they would with full-fledged compositions.

SAMPLE GRADING SCALE FOR IMPROMPTU COMPOSITIONS

Content and organization

5   Engaging; well supported with logical evidence or persuasive detail; well organized.
4   Needs improvement in one of the above areas.
3   Needs improvement in two of the above areas.
2   Needs improvement in all three areas.

Form

5   Near-perfect
4   Good
3   Fair, but readable
2   Compromises readability
1   Seriously compromises readability

TESTING

For instructors who wish to incorporate quizzes or exams in addition to the grades on compositions and analyses, the following types of testing are recommended:

- Grammar exercises based on the **Práctica** sections in the **Repaso esencial.**
- A proofreading section based on the **Para corregir** sections.
- A composition section of one or two paragraphs using themes from the **A escribir** section.

PREPARATION OF COURSE SYLLABUS

Aprendizaje can be adapted easily to a variety of course plans and schedules, based on students' proficiency, needs, and interests, as well as on the place of the course in the language curriculum and the number of class hours. Some general guidelines on how the scope and sequence of *Aprendizaje* might be effectively organized for a one-semester or a one-quarter course meeting for three class periods per week follow.

Sample Syllabus: Semester System

For semester courses with three class meetings per week, this format allots approximately four days for each regular chapter and two days for the preliminary chapter in the **Repaso esencial.**

Week 1	Course Introduction	Preliminary	Preliminary
Week 2	1	1	1
Week 3	1	2	2
Week 4	2	2	3
Week 5	3	3	3
Week 6	4	4	4
Week 7	4	Review	Midterm
Week 8	Semester Break		
Week 9	5	5	5
Week 10	5	5	6
Week 11	6	6	6
Week 12	6	7	7
Week 13	7	7	7
Week 14	Review	Review	Review
Week 15	Final examination		

Sample Syllabus: Quarter System

For courses on the quarter system with three class meetings per week, this format allots approximately three days for each regular chapter and two days for the preliminary chapter in the **Repaso esencial.**

Week 1	Preliminary	Preliminary	1
Week 2	1	1	2
Week 3	2	2	3
Week 4	3	3	4
Week 5	4	4	Midterm
Week 6	5	5	5
Week 7	5	6	6
Week 8	6	6	7
Week 9	7	7	7
Week 10	Review and final examination		

SAMPLE LESSON PLANS FOR SEMESTER SYSTEM

Course introduction, Day 1

- See Course Mechanics, page IE-14.

Capítulo preliminar, Day 2

- Discuss drafting, editing, and peer review techniques, then direct students' attention to explanatory sections about the textbook in the Preface.

Homework

Read the text's Preface.

Read the **Capítulo preliminar** in the **Repaso esencial** and do the **Prácticas.**
  Bring in any questions that occur to you.

Capítulo preliminar, Day 3

- Discuss the Preface and the **Capítulo preliminar.** Answer any questions.

Homework

Review the **Capítulo preliminar** as needed.
Read the **Antes de escribir** section in **Capítulo 1** of the composition manual (**Enfoque, Lectura**).
Be prepared to discuss **Desarrollo de temas.**
In the **Repaso esencial,** read pages 115–121 and do **Prácticas 1–2.**

Chapter 1, Day 1

- Discuss the reading and answer students' questions.
- Divide students into groups and discuss selected topics from the **Desarrollo de temas.**
- Briefly address any questions on the **Repaso esencial.**
  (Instructors who elect not to copy and distribute the answer key may opt to check exercises in class.)

Homework

In the **Repaso esencial,** read pages 121–123 and do **Prácticas 3–4.**
Read the **Técnicas de composición** section.
Begin writing a first draft on **A escribir.**

Chapter 1, Day 2

- Briefly address any student questions on the **Repaso esencial.**
- Review the **Técnicas.**
- Have students work in groups on **Actividades A** and **B.**
- After completing each exercise in groups, discuss it with the whole class before continuing to the next one.

Homework

Finish the first draft and check your application of the **Técnicas.**

Chapter 1, Day 3

- On an overhead transparency or with a handout, demonstrate editing by having the whole class edit a sample composition, using the steps in the **Revisión preliminar.**
- Have students peer edit their draft compositions using the **Revisión preliminar.** Circulate among pairs, making comments and asking or answering questions.

Homework

Do the **Para corregir** exercises **A** and **B.**
Revise the draft composition. Keep all drafts to hand in with the final version.

Chapter 1, Day 4

- In small groups, have students compare their work on the **Para corregir** activities. Then, as a class, read through the paragraph, having students stop you before each error and explain the correction. Discuss any possible changes in the sentence order, word choice, and so on that would make the paragraph more effective.
- Have students peer edit their revised compositions. Allow students to discuss with their partner their responses to the **Revisión preliminar** and then have them review the second draft using the **Revisión final.**

Homework

Prepare the final version of the composition.
Read the **Antes de escribir** section in **Capítulo 2.**

Chapter 2, Day 1

- Collect the Chapter 1 compositions, along with the marked drafts.
- Discuss the reading and answer students' questions.
- Divide students into groups and discuss selected topics from the **Desarrollo de temas.**

Homework

In the **Repaso esencial,** read pages 124–128 and do **Prácticas 1–3.**
Read the **Técnicas de composición** section.
Begin writing a first draft on the assigned topic(s) from the **A escribir**

Chapter 2, Day 2

- Return the marked compositions from the previous chapter with the grading sheets and assign the **Análisis de composición** section for the next class. Make general remarks about the compositions and point out especially well-constructed sentences or paragraphs, using an overhead transparency or photocopies.
- Continue as in Chapter 1.

Aprendizaje

A COURSE IN SPANISH COMPOSITION

Second Edition

Kimberly A. Nance
Illinois State University

Isidro J. Rivera
University of Kansas

Houghton Mifflin Company
Boston   New York

Publisher: Rolando Hernández
Sponsoring Editor: Amy Baron
Development Manager: Sharla Zwirek
Editorial Assistant: Erin Kern
Project Editor: Amy Johnson
Production/Design Coordinator: Lisa Jelly Smith
Senior Manufacturing Coordinator: Priscilla J. Bailey
Senior Marketing Manager: Tina Crowley Desprez

Cover image © Neal Farris/Photonica

For permission to use copyrighted materials, grateful acknowledgment is made to the copyright holders listed on page 195, which is hereby considered an extension of this copyright page.

Printed in the U.S.A.

Library of Congress Control Number: 2001097968

Student Text ISBN: 0-618-23126-9
Instructor's Edition ISBN: 0-618-23127-7

23456789-CRS-06 05 04 03

Contents

Composición

CAPÍTULO 1
**El individuo y la familia:
ritos de paso** **2**

ANTES DE ESCRIBIR 3
Lectura "Adiós a los niños" 3
Desarrollo de temas 4
Técnicas de composición 9

**Al confrontar la página en blanco: ¿Cómo
empezar? / 9**

**Encontrar y contestar las preguntas
escondidas para desarrollar sus ideas / 10**

**Seleccionar los datos más
convenientes / 12**

A ESCRIBIR 13
Comunicación y correspondencia 13
Ensayos 14
Revisión 15

Para corregir / 15

Revisión preliminar / 16

Revisión final / 16

DESPUÉS DE ESCRIBIR 17
Análisis de composición 17

CAPÍTULO 2
**La universidad:
lo personal y lo político** **18**

ANTES DE ESCRIBIR 19
Lectura "La Selectividad del 2000" 19
Desarrollo de temas 20

Técnicas de composición 26
Organizar la información / 26

A ESCRIBIR 30
Comunicación y correspondencia 30
Ensayos 31
Revisión 32

Para corregir / 32

Revisión preliminar / 33

Revisión final / 33

DESPUÉS DE ESCRIBIR 34
Análisis de composición 34

CAPÍTULO 3
Los deportes: el contexto cultural **35**

ANTES DE ESCRIBIR 36
Lectura "Sammy Sosa:
la vida es hermosa" 36
Desarrollo de temas 38
Técnicas de composición 40

**Expresar las ideas en oraciones complejas
por combinar las frases cortas / 40**

**Emplear las transiciones para guiar
al lector / 41**

A ESCRIBIR 46
Comunicación y correspondencia 46
Ensayos 47
Revisión 48

Para corregir / 48

Revisión preliminar / 48

Revisión final / 49

DESPUÉS DE ESCRIBIR 49
Análisis de composición 49

CAPÍTULO 4
Las películas: ¿reflejo de la sociedad o fuerza para cambiarla? 50

ANTES DE ESCRIBIR 51
Lectura "Fuerza latina: cuando
  los López, Pérez y García triunfan
  en Hollywood" 51
Desarrollo de temas 52
Técnicas de composición 56

**Construir la introducción y la conclusión
de acuerdo con sus propósitos para
la escritura / 56**

**Escoger el título para despertar el interés
del lector / 58**

A ESCRIBIR 59
Comunicación y correspondencia 60
Ensayos 61
Revisión 61

Para corregir / 61

Revisión preliminar / 62

Revisión final / 63

DESPUÉS DE ESCRIBIR 63
Análisis de composición 63

CAPÍTULO 5
**El futuro del español
¿y el español del futuro?** 64

ANTES DE ESCRIBIR 65
Lectura "Diálogo con el director
  de la Real Academia Española" 65
Desarrollo de temas 67
Técnicas de composición 71

**Escoger las estrategias para persuadir
al lector / 71**

**Prestar atención a la connotación de
las palabras / 73**

A ESCRIBIR 75
Comunicación y correspondencia 75
Ensayos 77
Revisión 78

Para corregir / 78

Revisión preliminar / 79

Revisión final / 80

DESPUÉS DE ESCRIBIR 80
Análisis de composición 80

CAPÍTULO 6
**Los estereotipos culturales:
orígenes, efectos, remedios** 81

ANTES DE ESCRIBIR 82
Lectura "Dime de dónde vienes. . ." 82
Desarrollo de temas 84
Técnicas de composición 86

Comparar y contrastar / 86

A ESCRIBIR 88
Comunicación y correspondencia 88
Ensayos 88
Revisión 89

Para corregir / 89

Revisión preliminar / 90

Revisión final / 91

DESPUÉS DE ESCRIBIR 92
Análisis de composición 92

CAPÍTULO 7
**La inmigración:
fuente de diversidad cultural** 93

ANTES DE ESCRIBIR 94
Lectura "El país con la tasa
  de nacimientos más baja del mundo,
  España crece gracias a los inmigrantes" 94

Desarrollo de temas   95
Técnicas de composición   99

    Desarrollar su propio estilo / 99

    **Mantener y mejorar su nivel
    de composición / 100**

A ESCRIBIR   100
Comunicación y correspondencia   101
Ensayos   102
Revisión   102

    Para corregir / 102

    Revisión preliminar / 103

    Revisión final / 104

DESPUÉS DE ESCRIBIR   105
Análisis de composición   105

Repaso esencial

CAPÍTULO PRELIMINAR   108

Terms 108 • Complete sentences 110 • Mechanics of
Spanish composition 110

CAPÍTULO 1   115

Agreement 115 • Definite and indefinite articles 116 •
Demonstrative adjectives and pronouns 117 • **Ser,
estar, tener,** and **haber** 118 • Infinitives used as nouns
and after prepositions 120 • Present indicative 121

CAPÍTULO 2   124

Indefinite and negative expressions 124 • Negation 124
• Present subjunctive 126

CAPÍTULO 3   134

Imperfect and preterit 134 • Time expressions with
hacer 139 • **Por** and **para** 140

CAPÍTULO 4   143

Personal **a** 143 • Relative pronouns 144 • The conjunctions **pero, sino,** and **sino que** 145 • Past subjunctive
146

CAPÍTULO 5   152

Personal pronouns 152 • Constructions with **gustar**
and similar verbs 156 • Future and conditional 158 •
Perfect tenses 161 • **Si** clauses 163 • Progressive tenses
164

CAPÍTULO 6   167

Comparisons of inequality 167 • Comparisons of equality 168 • Superlatives 170 • Passive constructions 171

CAPÍTULO 7   174

Review of verb tenses 174 • Review of other grammatical points 179

Vocabulario esencial

CAPÍTULO 1   185

CAPÍTULO 2   186

CAPÍTULO 3   188

CAPÍTULO 4   189

CAPÍTULO 5   190

CAPÍTULO 6   190

CAPÍTULO 7   191

Grammar Index   193

Credits   195

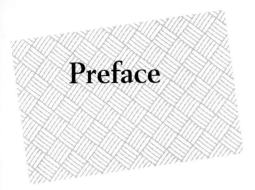

Preface

The concept of the apprenticeship, of learning through observation, instruction, and direct experience, can be traced back to the arts and crafts workshops of the Middle Ages. Apprentices there began with simple tasks and progressed gradually to full participation in the guild. Similarly, *Aprendizaje* guides writing practice from sentence and paragraph construction to considerations of purpose, reader response, and individual style. A second parallel between apprenticeship and *Aprendizaje*'s approach to composition is the attention paid to the process of production. Like other crafts, composition demands a combination of knowledge, skill, and creativity. Making errors and correcting them is a natural part of the writing process, and skills will develop with practice. Although the apprenticeship demanded time, attention, persistence, and patience, it rewarded the efforts with a new and practical skill. We hope that your work in this course will be similarly rewarding.

ORGANIZATION OF THE TEXTBOOK

Aprendizaje is divided into two parts: a composition manual (**Composición**) and a grammar handbook (**Repaso esencial**). An understanding of the organization and underlying philosophy of the text will help you to make best use of its resources. The following brief overview outlines the chapter structure and provides suggestions on how to develop your writing skills.

COMPOSICIÓN

Each chapter of the composition manual contains three sections.

- **Antes de escribir:** This prewriting section develops ideas for composition through topical readings and class activities. The **Técnicas de composición** subsection presents practical writing strategies and offers practice in specific stages of drafting and editing.
- **A escribir:** This writing section contains composition topics and explicit guidelines for editing.
- **Después de escribir:** This postwriting section provides guidelines for reviewing marked compositions, identifying problem areas, and assessing individual progress.

REPASO ESENCIAL

Designed for independent study at home, this section is located in the second half of the book and is cross-referenced to the composition manual. The **Repaso esencial** contains succinct explanations in English of key grammar structures, practice exercises, and examples of common grammatical errors.

VOCABULARIO ESENCIAL

A useful reference tool, this section offers advice and practice on dictionary use, followed by topical vocabulary lists keyed to each chapter.

CHAPTER ELEMENTS AND STUDY SUGGESTIONS

ANTES DE ESCRIBIR

- **Enfoque:** a prereading activity that focuses attention on key themes to keep in mind while completing the chapter reading.
- **Lectura:** a reading from a Spanish-language news magazine, similar to *Time* or *Newsweek*, that presents the chapter's cultural theme.
- **Desarrollo de temas:** a series of thought-provoking discussion topics that serve as points of departure for the composition topics in the **A escribir** section.

As you read the selection, think about the **Enfoque** questions and briefly note your comments for use in class discussion. Do you agree with the ideas expressed by the writer and his or her sources?

When working with the **Desarrollo de temas,** take notes for use in drafting your composition. Discussing the questions in this section with your classmates will help you to clarify your own ideas, to anticipate counterarguments, and to accumulate supporting points. Listen carefully and critically to what others say and ask questions or make comments that build on the ideas they express. When making a point of your own, explain your reasoning and support it with evidence. Ask others what they think of your ideas and why. Try to be aware of your own level of participation each day. If you find that you tend to dominate the discussion, make it a project to draw others into the group. Conversely, if you find it difficult to speak on the spur of the moment, write some comments and questions prior to class so that you can hold up your end of the conversation. A good discussion is a cooperative enterprise.

- **Técnicas de composición:** detailed explanations of specific writing strategies to be employed in compositions.
- **Actividades:** activities to practice application of the chapter's writing techniques.

As you work through these sections, think about how you will make use of the chapter's writing strategies in your own composition.

A ESCRIBIR

- **Comunicación y correspondencia:** Four to five professional and personal writing assignments.
- **Ensayos:** Four to five academic essay assignments.
- **Para corregir:** draft writing samples that develop editing and proofreading skills while reviewing grammar and vocabulary.
- **Revisión preliminar:** a checklist to guide editing with respect to content, writing techniques, and organizational details.
- **Revisión final:** a checklist to guide proofreading and correction of grammatical or mechanical errors.

Review the ideas generated in the **Desarrollo de temas** section. Select the ones that are applicable to your composition topic(s) and organize them in a logical manner. Then concentrate on expressing your thoughts effectively in writing. Even a professional writer is rarely satisfied with a first draft and considers revising and editing integral parts of the writing process. When editing or proofreading, refer to the **Repaso esencial** for grammatical issues and consult a dictionary (bilingual or Spanish/Spanish) to confirm the usage and spelling of words.

DESPUÉS DE ESCRIBIR

Complete the **Análisis de composición** section after receiving your marked composition in order to assess your own writing skills. Notice any areas in which you need to improve and review them before beginning the next writing assignment. To avoid repetition of errors, look over your previous analyses before starting each new composition. Keep all of your course work together in a notebook or portfolio so that you can easily refer back to previous assignments and review your progress.

REPASO ESENCIAL

The **Capítulo preliminar** reviews basic grammatical terms as well as the mechanics of writing in Spanish: accent marks, capitalization, and punctuation. Subsequent chapters focus on key grammar points.

Your goal at this point should be to fill in any gaps that remain in your knowledge of Spanish grammar, so that you have a solid foundation to draw on when writing. Active study techniques will be more effective than simply reading and rereading this section. For example:

- Review an explanation, close your book, and rewrite the explanation in your own words. Then open the book and check to see that you have remembered the critical information.
- Ask a classmate to quiz you on the explanations or verb conjugations.
- After reviewing a grammar point, take a break before beginning the **Prácticas.** Then do them without referring to the explanations.
- Write questions that occur to you while studying so that you can ask your instructor to clarify these points.

As its name implies, the **Repaso esencial** is not designed to include every detail that would be found in an advanced grammar text or every stylistic variation that a native speaker might use. Its purpose is to provide you with a firm grasp of the basics. Just as a basic recipe for **paella** or **mole** will not produce the delicious variations of those dishes as prepared by master chefs, the writing skills you learn in class will need to be further enriched by experience and practice. Reading as widely as possible in Spanish will help you to develop and refine your writing.

VOCABULARIO ESENCIAL

The topical vocabulary lists for each chapter are designed to help support your class discussion as well as your writing, but you will still need to use a dictionary as you write. The exercises at the beginning of this section will help you learn to be more discerning in your use of the dictionary.

APPROACH

The approach used in *Aprendizaje* is based on four commonsense observations about learning to write. We learn by precept (people tell us how to write); by example (people show us how they write); by counterexample (we see what mistakes other people have made); and finally by focused practice (we write our own papers and learn from our successes and mistakes). In the pages that follow, you will find all of these: precepts, examples, counterexamples, and ample opportunity to practice. The rest is up to you.

A NOTE ON DOCUMENTATION AND THE ETHICS OF WRITING

In the academic community, it is understood that all of the ideas you turn in under your name are original, unless you have stated otherwise with some form of documentation. To avoid plagiarism, you must explicitly acknowledge the sources of ideas, even if you have rephrased those ideas in your own words. The expected documentation will vary with the type of writing. For casual writing, the citation may be quite informal: **"Mi amiga Alicia me dijo que..."** For more formal writing, your instructor may specify a style such as MLA (Modern Language Association), APA (American Psychological Association), or *The Chicago Manual of Style*. Handbooks of these styles are available at libraries and bookstores. If you are in doubt as to whether you need to cite something or about which form of documentation is appropriate, check with your instructor before submitting the paper. If you cannot contact the instructor, err on the side of caution and use some form of documentation.

ACKNOWLEDGMENTS

In the production of the second edition of *Aprendizaje*, we have appreciated the assistance of Rafael Burgos-Mirabal, Amy Baron, Megan Amundson, Kris Swanson, and Amy Johnson at Houghton Mifflin.

We also wish to extend our thanks to the reviewers who offered comments and suggestions in preparation for the second edition.

Clementina R. Adams, Clemson University
Alex F. Borys, Pennsylvania State University
Stephen J. Clark, Northern Arizona University
David L. Dickson, Biola University
Mark J. Mascia, Sacred Heart University
Thomas J. Mathews, Weber State University
Alba M. Muñoz, John Carroll University
Judith Richards, University of Kansas

Without the challenges offered by students in our composition classes, this book would never have been written in the first place.

Our families—Liam and Niall; Cynthia, Eleanor and Austin—have again been generous with their patience and perspective.

K.A.N.
I.J.R.

Composición

CAPÍTULO **1**

El individuo y la familia: ritos de paso

El nido está vacío. La hija menor sale
para la universidad.

ANTES DE ESCRIBIR

LECTURA
DESARROLLO DE TEMAS
TÉCNICAS DE COMPOSICIÓN

A ESCRIBIR

COMUNICACIÓN Y CORRESPONDENCIA
ENSAYOS
REVISIÓN

DESPUÉS DE ESCRIBIR

ANÁLISIS DE COMPOSICIÓN

RECURSOS PARA LOS ESTUDIANTES

REPASO ESENCIAL DE GRAMÁTICA
(115–123)
VOCABULARIO ESENCIAL (185–186)

ANTES DE ESCRIBIR

Antes de escribir

LECTURA

Enfoque

Todo el mundo reconoce las famosas crisis de la adolescencia y de la edad mediana. La del adulto joven parece menos dramática, pero como se ve en "Adiós a los niños", este período de adaptación presenta sus propios desafíos. Al leer el artículo, considere y conteste lo siguiente.

- ¿Es un fenómeno raro la crisis del adulto joven?
- ¿Por qué es menos conocida que las otras crisis?
- Históricamente, ¿cómo ha cambiado la transición a la responsabilidad adulta?
- ¿Cómo figuran los factores familiares y sociales, como el estrato económico y la tasa de desempleo?
- ¿Cómo se puede distinguir entre la crisis normal de los años 20–30 y la que requiere intervención profesional?
- Describa las reacciones personales de Sebastián y Soledad en estas circunstancias.
- ¿A qué público le interesará este tipo de artículo?

Adiós a los niños

Angélica Bulnes

No es tan bulliciosa° como la adolescencia o dramática como la edad mediana, pero muchos jóvenes chilenos se ven afectados por la crisis que antecede a la adultez, el trabajo y la independencia económica. **noisy**

   Sebastián tiene 26 años y es arquitecto, pero sigue viviendo con sus padres: "Siempre he tenido terror de ser económicamente solvente, porque soy muy despelotado°. Pero ya tengo ganas de independizarme y no puedo seguir posponiéndolo". **disorganized**

   Siempre hay un determinado momento en que los jóvenes pasan a ser personas autónomas. Como en toda etapa de cambio, se presentan nuevas oportunidades, pero también dolor por lo que se deja atrás y miedo a lo desconocido. De pronto, todo se vuelve serio y se transforma en una crisis.

   "Estaba a punto de terminar la universidad y me dio susto. En eso surgió la posibilidad de hacer un magister° y decidí tomarlo, lo que me produjo una inmensa serenidad, ya que me daba más tiempo para decidir qué quiero hacer", continúa Sebastián. **master's degree**

   La mitad de los veinteañeros que consultan a un sicólogo o siquiatra, lo hace por motivos asociados a la crisis del adulto joven. Sin embargo, ésta ha quedado tradicionalmente relegada° frente a otras más "famosas", como la de la adolescencia o la de la edad mediana. "No es tan llamativa como otras porque ésta es una crisis más interna, que más que nada se vive para adentro", asegura el siquiatra Alfonso Pola. Esto la hace menos notoria para las personas que rodean al afectado, al contrario de lo que ocurre con los adolescentes, que llegan a convertirse en una pesadilla° para quienes conviven con ellos. **downplayed** **nightmare**

A lo largo de la historia, ser adulto ha estado asociado al momento en que la persona se hace útil a la sociedad. Antiguamente, casi sin etapas de transición, los niños se convertían en soldados y las mujeres en madres. "Pero desde fines del siglo XIX, la educación ha ido en aumento, por lo que aparece una nueva edad: la adolescencia. En los últimos 30 años, el sistema laboral se ha tornado más complejo y las personas requieren más educación para poder insertarse en el mercado. A veces ni siquiera basta con el título° profesional y comienza el boom de los posgrados. "A raíz de esto la adolescencia se prolonga y los jóvenes no pasan a ser adultos hasta la tercera década de la vida", dice Ramón Florenzano. Sin embargo, según este siquiatra, esto depende de las circunstancias personales. "En los grupos de estratos° bajos la cosa no es muy distinta que hace 200 años, ya que pasan directamente del colegio, si es que lo terminan, al trabajo".

El temor° a un desempleo que se acerca al 10% no facilita el término anticipado de la crisis. Aparte de la decepción intelectual que conlleva la cesantía°, ésta obliga a seguir siendo económicamente dependiente y retrasa los planes de salida de la casa o matrimonio.

"Yo siempre fui una buena alumna, pero ahora que tengo que salir a buscar trabajo me da mucho nervio. ¿Qué pasa si no encuentro? Además, está el temor a no encajar° en el sistema o no hacerlo bien. Mis amigas que ya trabajan me dicen que uno se acostumbra y se pasan todas la angustias, pero te confieso que por ahora el asunto me quita el sueño", dice Soledad, de 25 años, historiadora.

Pero más allá de los problemas externos que inciden en cómo se vive la crisis, también hay factores internos que son determinantes. "Hay un gusto por mantenerse con los derechos del adulto y sin los deberes de esa condición", explica Florenzano. Mientras, la mayoría de los padres ya estaban casados e incluso con hijos a los 25 o 26 años, hoy muchos de esos jóvenes todavía no tienen intenciones de salir de la casa, aun si trabajan. "Si antes lo característico era el síndrome del nido vacío°, es decir, cuando los padres vivían la salida de los hijos, yo creo que ahora a muchos les pasa lo contrario: el problema ahora es el nido lleno".

Pero cada persona tiene distintos tiempos, y hay quienes se demoran° más en cortar el cordón umbilical, lo que no significa que tengan problemas. Incluso, es común que durante la crisis se produzca un momento de regresión. Están los que añoran° la época estudiantil con menos responsabilidades, los que quieren volver a tener tiempo libre para estar con los amigos o, simplemente, que los cuiden.

También hay algunos que quieren ser hijos para siempre. Se trata de personas que quedan paralizadas y se niegan a enfrentar los desafíos° que implica la etapa. A veces, las exigencias gatillan° cuadros ansiosos o depresivos y el tratamiento que se recomienda es la sicoterapia. En la mayoría de las ocasiones, basta con un par de sesiones para calmar el temor.

A pesar de que es una etapa difícil, la crisis del adulto joven no tiene una connotación negativa ni dramática. Es un proceso normal, por el que idealmente deben pasar todos. "Para una persona que está bien conformada° y se ha ido desarrollando adecuadamente, la crisis no debería presentar mayores problemas", dice Pola.

Marginal glosses:
academic degree — título
strata, social classes — estratos
fear — temor
unemployment — cesantía
to fit — encajar
empty nest — nido vacío
delay — demoran
long for — añoran
challenges — desafíos
trigger — gatillan
adjusted — conformada

DESARROLLO DE TEMAS

Su profesor/a le señalará los temas que luego se convertirán en proyectos de escritura. Al considerar estos temas en casa y hacer las actividades en clase, apunte sus ideas para usarlas más tarde al escribir.

1. Puesto que la crisis del adulto joven muchas veces coincide con los años universitarios, algunas familias notan que los hijos que regresan a la casa para las va-

La quinceañera llega a la iglesia para la misa tradicional, y las damas confirman que todo está perfecto.

caciones se parecen poco a los jóvenes que se marcharon para la universidad. ¿Cuáles son los cambios más notables en esta etapa de la vida? ¿Qué conflictos pueden surgir durante las visitas? ¿Qué se puede hacer para facilitar la transición del adulto joven? Considere las posibilidades por parte de la familia, de la comunidad o sociedad en general, de los amigos del adulto joven, de los padres y del mismo individuo.

2. Los sicólogos y sociólogos que investigan las etapas de la vida del individuo suelen señalar ciertos momentos que son particularmente significativos. Además de la crisis de la que trata el artículo, ¿cuáles son estos momentos claves de la vida? En una sociedad tradicional, tales momentos casi siempre ocurren en el mismo orden cronológico para todos los miembros de la comunidad. ¿Es así hoy en día?

3. El enfoque de las celebraciones o conmemoraciones de los ritos de paso suele ser el individuo, y algunos sicólogos afirman que la celebración puede servir para facilitar su transición de un estado social a otro. Sin embargo, su efecto o función social de ninguna manera se limita al individuo. Al contrario, tales tradiciones muchas veces afirman la unidad de la familia y subrayan la importancia de la comunidad. Para cada ceremonia de la siguiente lista, describa el significado para el individuo, para su familia y para su comunidad. En estos momentos, siempre coinciden las preferencias de todos, ¿o se pueden anticipar algunos conflictos? Explique.

- la graduación
- la boda
- la fiesta de cumpleaños
- la jubilación
- los funerales

EL SEÑOR

JULIO MARÍA VILLAGRÁN RUBIO

falleció el día de ayer a las 16:00 horas en la ciudad de México. Su madre, esposa, hija, hermanos y demás familiares lo participan a usted con profundo dolor, suplicándole ruegue a Dios nuestro Señor por el eterno descanso de su alma.

El velorio terminará a las 14:00 horas de este mismo día en la capilla Alpes del Panteón Francés de San Joaquín.

México, D. F., 22 de agosto

SALAS VELATORIAS DEL PANTEÓN FRANCÉS DE SAN JOAQUÍN CALZ. LEGARIA NÚM. 449, COL. DPVA. PENSIL

4. Según el diccionario *Pequeño Larousse Ilustrado*, la familia consiste en: "1) el padre, la madre y los hijos que viven bajo el mismo techo; 2) los hijos solamente; o 3) todas las personas de la misma sangre". ¿Está usted de acuerdo con esta definición? ¿Por qué sí o no? Apoye o modifique la definición.

5. Bajo el sistema de compadrazgo, el amigo en efecto se convierte en miembro de la familia. Muchas culturas reconocen que algunos amigos son como parientes. ¿Cómo se desarrolla este tipo de amistad? ¿Cómo se refleja en las acciones de los amigos?

6. Otra tendencia reciente es la popularidad de la adopción internacional, a pesar de su costo y complejidad. ¿Qué opina Ud.? ¿Por qué es cada vez más popular este modo de adopción? ¿Deben los padres tratar de enseñarle la cultura del país natal a los hijos adoptivos? ¿Deben considerar otros factores específicos al tomar la decisión? ¿Cuáles?

7. Después de considerar la cuestión de adopción internacional, formen dos grupos: uno a favor de la adopción internacional y otro en contra. Su profesor/a les señalará a qué grupo pertenecerán. En grupo, prepárense para debatir, haciendo...

• una lista de las ventajas de la adopción internacional y de las desventajas de prohibirla;
• una lista de las desventajas de la adopción internacional y de las razones para prohibirla.

Al planear sus argumentos, traten de anticipar...

• las críticas que va a hacer el otro grupo, y una defensa;
• las razones que va a citar el otro grupo para apoyar su propia perspectiva, y unas críticas de ellas.

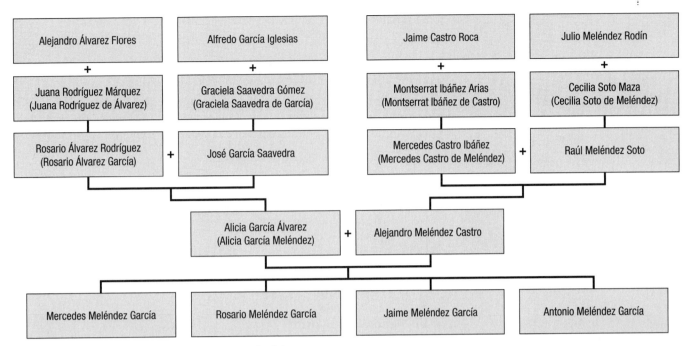

¿Puede Ud. explicar el uso de apellidos en esta genealogía?

8. Los apellidos típicamente son muestras de los lazos familiares. Al nacer o ser adoptados en el mundo hispanohablante, los niños generalmente recibirán los apellidos de sus padres según el sistema tradicional. Aunque unos llevan solamente el apellido paterno, muchas familias conservan los dos apellidos tradicionales. Utilice la siguiente información para analizar el sistema de poner los dos apellidos, escribiendo sus respuestas en los espacios en blanco.

• Los padres de Gloria Rodríguez Soto se llaman Juan Rodríguez Sánchez y Consuelo Soto Blanco.
• Sus abuelos maternos son Gabriel Soto Ibáñez e Isabel Blanco Soto.
• Sus abuelos paternos son Antonio Rodríguez Castro y Julia Sánchez Rodríguez.
• Antes de casarse, la abuela Julia se llamaba Julia Sánchez Pardo.

Según las convenciones, ¿cómo se determinan los apellidos de los hijos? ¿Y los de las mujeres después de casarse?

Ahora, para confirmar las reglas, escriba los apellidos en los casos que siguen.

• Marta Gómez Castro se casa con Raúl García Moreno.
Ella ahora se llama Marta _____.
Colectivamente, ellos se llaman los _____.
• Eventualmente Marta y Raúl adoptan a unos gemelos, Sara y Luis.
Ahora éstos se llaman Sara _____
y Luis _____.
• ¿Qué se sabe de los apellidos de los abuelos adoptivos de Luis y Sara? Ponga "¿?" si no se sabe nada de algún apellido.
Los abuelos maternos:
Sr. _____
Sra. _____

Los abuelos paternos:

Sr. _____

Sra. _____

- ¿Se puede adivinar algo sobre los apellidos de los bisabuelos?
- Sara y Luis ahora tienen seis años. En esta lista aparecen los nombres y apellidos de varios parientes suyos de las familias de Raúl y Marta. Con respecto a los gemelos, indique el parentesco de cada persona. Explique su respuesta.

Modelo La Sra. Judit Castro Gómez
La Sra. Judit Castro Gómez es posiblemente la madre de Marta, porque antes de casarse los apellidos de Marta eran Gómez Castro y los hijos típicamente tienen los mismos apellidos de la mamá pero al revés. Por eso, la Sra. Castro Gómez es probablemente la abuela materna de los gemelos.

a. la Srta. Ana García Gómez
b. el Sr. Antonio García Blanco
c. la Srta. Margarita Gómez Castro
d. la Sra. Alicia Moreno García
e. el Sr. Mario Gómez Castro
f. el Sr. José García Moreno

También existe cierta variación en cuanto a los apellidos. A veces se emplea sólo el apellido paterno, o se combina el apellido paterno con la letra inicial del apellido materno (Alicia Flores P. en vez de Alicia Flores Pardo) para distinguirse entre los que comparten un apellido común. Compare y contraste este sistema y sus variaciones con el sistema común del mundo anglohablante.

Según la Administración de Seguridad Social, éstos son los nombres de bebé más populares en Puerto Rico para el año 2000. Basan sus estadísticas en las solicitudes de número de seguridad social.

♀

Paola
Génesis
Gabriela
Nicole
Alondra

♂

Luis
José
Kevin
Carlos
Ángel

9. El nombre de pila es también elemento clave de la identidad personal. Su forma oficial o de apodo puede reflejar grados de respeto, de familiaridad o de cariño. Puede asociar al individuo con otros del mismo nombre, sean familiares o no. Puede seguir la tradición o romperla. A veces entra la moda cuando unos nombres ganan o pierden su popularidad. Existen estereotipos sobre la personalidad de los que llevan ciertos nombres. Incluso pueden representar el orgullo cultural o la adaptación a otra cultura. En Buenos Aires, como en varias partes del mundo, el registro del nombre oficial es gobernado por reglas legales específicas.

La ley 18248: "Artículo Segundo: El nombre de pila se adquiere por la inscripción en el acta de nacimiento. Su elección corresponde a los padres; a falta, impedimento o ausencia de uno de ellos, corresponde al otro o a las personas a quienes los progenitores hubiesen dado su autorización para tal fin. En defecto de todo ello pueden hacerlo los guardadores, el Ministerio Público de Menores o los funcionarios del Registro del Estado Civil y Capacidad de las Personas." "Artículo Tercero: El derecho de elegir el nombre de pila se ejercerá libremente, con la salvedad de que no podrán inscribirse: 1) Los nombres que sean extravagantes, ridículos, contrarios a nuestras costumbres, que expresen o signifiquen tendencias políticas o ideológicas, o que susciten equívocos respecto del sexo de la persona a quien se impone. 2) Los nombres extranjeros, salvo los castellanizados por el uso o cuando se tratare de los nombres de los padres del inscripto, si fuesen de fácil pronunciación y no tuvieran traducción en el idioma nacional. Queda exceptuado de esta prohibición el nombre que se quisiera imponer a los hijos de los funcionarios o empleados extranjeros de las representaciones diplomáticas o consulares acreditadas ante nuestro país, y de los miembros de misiones públicas o privadas que tengan residencia transitoria en el territorio de la República. 3) Los apellidos como nombres. 4) Primeros nombres idénticos a los hermanos vivos. 5) Más de tres nombres. Las resoluciones denegatorias del Registro de Estado Civil serán recurribles ante el Tribunal de Apelaciones en lo Civil dentro de los quince días hábiles de notificadas." "Artículo Tercero Bis: Podrán inscribirse nombres aborígenes o derivados de voces aborígenes autóctonas y latinoamericanas, que no contraríen lo dispuesto por el artículo 3° 6; inciso quinto, parte final."

¿Qué opina Ud. de tales reglas? ¿Deben los padres elegir libremente el nombre de su bebé? Al momento de ponerle el nombre, ¿qué factores deben considerar y por qué?

10. Surge un nuevo interés en trazar y preservar la historia familiar —la genealogía, las fotos, los recuerdos e historias familiares. La gente hace investigaciones, produce árboles genealógicos, restaura fotos, prepara un álbum con los recuerdos de eventos significativos y entrevista a los abuelos y bisabuelos en vídeo o cinta. Algunas novias llevan el traje de boda de su madre o abuela, y el mismo vestidito de bautizo pasa de una generación a otra. Algunas familias llevan años con tales tradiciones, pero ahora muchas otras empiezan a interesarse en esas tradiciones. ¿Qué motiva la nueva preocupación con los antepasados? ¿A Ud. le gustaría saber más de la historia de su familia?

TÉCNICAS DE COMPOSICIÓN

Al confrontar la página en blanco: ¿Cómo empezar?

Muchos escritores, incluso los profesionales, experimentan cierta tensión ante la página en blanco que espera sus palabras. Se puede disminuir esta tensión dividiendo el proceso de escribir en una serie de pasos lógicos.

- Considere bien el tema de la composición y desarrolle sus ideas. Tome apuntes informales al leer, pensar y hablar de los posibles temas. Así, a la hora de escribir se podrá enfocar con calma en la manera de expresar sus pensamientos sin tener que inventar ideas ni guardarlas en la memoria.
- Revise (Look over) sus apuntes y piense en las ideas expresadas en las actividades sobre el tema que va a desarrollar.

La moda cambia, pero persisten muchas tradiciones asociadas con la boda.

- Exprese sus observaciones generales sobre el tema en unas frases preliminares para tener un punto de partida. Por el momento no se preocupe de datos ni hechos específicos. Lo que escribe en este momento debe considerarse como una exploración preliminar, materia prima para refinar.
- Identifique y conteste las "preguntas escondidas" que se les ocurrirán a los lectores de sus frases preliminares.
- Basándose en las respuestas, escriba un borrador *(draft)*.
- Revise y redacte el borrador para elaborar el tema, hacer cambios en los argumentos y precisar su forma de expresión. En los capítulos que siguen se presentarán técnicas para refinar el contenido, la organización y la forma de la composición.

Encontrar y contestar las preguntas escondidas para desarrollar sus ideas

A continuación se ven las frases preliminares que servirán de base para una composición sobre la adopción internacional. Al lector de estas frases se le ocurrirán varias preguntas lógicas cuyas respuestas clarificarán o apoyarán las ideas expresadas. Al identificar y contestar estas "preguntas escondidas", el escritor desarrolla el contenido del borrador.

> En la adopción siempre deben guardarse los derechos de todas las personas afectadas. El proceso debe tener mecanismos para hacer esto. Se deben promulgar leyes para asegurarlo.

Examine con cuidado la primera frase. ¿Qué preguntas se le ocurren al leerla? Algunas posibilidades son:

1. ¿Quiénes deben guardar los derechos?
2. ¿Quiénes son "todas las personas"?
3. En específico, ¿a qué derechos se refiere?

IDENTIFICAR LAS PREGUNTAS ESCONDIDAS   <u>Actividad A</u>

Ahora, escriba las preguntas escondidas en las siguientes frases.

1. El proceso debe tener mecanismos para hacer esto.

   _____

   _____

   _____

   _____

   _____

2. Se deben promulgar leyes para asegurarlo.

   _____

   _____

   _____

   _____

   _____

Después de que las ideas preliminares se hayan trasformado en preguntas, el próximo paso está claro. El escritor necesita contestarlas, escribiendo todo lo que se le ocurra: evidencia, hechos concretos y otros detalles. No es necesario contestar inicialmente con oraciones completas. Siguen las respuestas del escritor a las preguntas escondidas de la primera frase.

1. ¿Quiénes deben guardar los derechos?
   las agencias de adopción; los hospitales; las agencias sociales; el gobierno; los jueces; los padres adoptantes; los padres biológicos; los abogados
2. ¿Quiénes son "todas las personas" con derechos en este caso?
   las familias biológicas; los niños; las familias adoptantes; el público en general
3. En específico, ¿a qué derechos se refiere?
   a los de los padres biológicos: el derecho al respeto; a la elección libre en cuanto a entregar al niño para la adopción (salvo cuando se trata de remover al niño de su casa por abuso de parte de los padres); a saber que su hijo estará con una familia buena
   a los de los niños: el derecho a la seguridad; al respeto; a la protección de la salud; a la vivienda; a la educación; a las otras necesidades (p. ej: ropa, comida); a la protección contra cualquier forma de crueldad; al respeto por sus antecedentes culturales; al amor
   a los de los padres adoptantes: el derecho a la seguridad; al respeto; a la información completa sobre los niños; a estar exentos de la preocupación de perder la custodia de su hijo en el futuro por problemas legales
   a los del público en general: el derecho a esperar que la adopción sea beneficiosa para todos

Al contestar las preguntas escondidas, se puede ver que en una sola frase preliminar caben muchas ideas. Organizando éstas y reescribiéndolas en oraciones completas, se produce el borrador.

Actividad B   CONTESTAR LAS PREGUNTAS ESCONDIDAS

Conteste las preguntas escondidas que escribió en la actividad A.

Seleccionar los datos más convenientes

Al contestar las preguntas escondidas, encontrará que la lista de respuestas posibles puede ser muy larga. Por eso, todo escritor necesita enfocarse en seleccionar los datos más apropiados para cumplir su propósito particular, suprimiendo la información innecesaria. Por ejemplo, al describir su propia experiencia de la crisis de adulto joven para otro artículo en la serie que empieza con "Adiós a los niños", una escritora hace las siguientes observaciones preliminares...

> Para mí, lo más difícil fue la contradicción entre lo que me decía toda la gente y lo que yo sentía. Mientras todo el mundo me aseguraba que eran ésos los años más felices de mi vida, me aterrorizó la idea de tener que hacer decisiones tan graves como carrera y pareja. Por eso me preocupaba constantemente, y más al considerar que rápidamente estaban pasando "los años más felices de la vida". Imagine la tensión.

Dentro de estas observaciones, se encuentra la pregunta: *¿Por qué me decían todos que eran esos años los más felices?* A continuación se reproduce una lista de las posibles respuestas de la escritora.

- Me querían animar porque notaban que estaba triste.
- Tenían recuerdos positivos de su propia experiencia entre los 20 y 30 años.
- Con memoria selectiva, ya se les olvidaron sus propias preocupaciones de esos años y adoptaban una visión nostálgica.
- La cultura popular (películas, televisión) comunicaba este mensaje —los jóvenes son libres y felices.
- No estaban satisfechos con su propia vida actual, y por eso añoraban la oportunidad de tomar decisiones diferentes.
- Para ellos, los años de adulto joven no eran tan difíciles —ahora la vida es más complicada y hay que tomar más decisiones.
- Generalmente no revelaba mis ansiedades a nadie, así no sabían mucho de mi propia reacción.
- Mi familia había sacrificado bastante por mí, y no quería ser ingrata.
- Mis padres siempre les reportaban mis "triunfos" a todos los parientes y amigos, así recibieron éstos una serie de noticias buenas sobre mi vida.
- La vida de muchos de ellos había sido bastante dura, por ejemplo, mis tíos inmigraron de Guatemala hace 30 años, a la edad de 20 años. Ya tenían tres hijos y pasaron la tercera década en trabajo continuo para establecerse.
- Sus comentarios tal vez tenían toque de reproche. ¿Por qué no estás contenta con tantas ventajas que no teníamos nosotros?

Actividad C   SELECCIONAR LOS DATOS

Para escribir su artículo, la escritora debe seleccionar los datos más apropiados. Repase cada dato de la lista anterior. ¿Cuáles se deben emplear en un artículo que pretende ilustrar con su propia experiencia las complicaciones especiales de ser una adulta joven y a la vez ser la primera universitaria de su familia extendida? En su lista ¿hay datos innecesarios que se aparten del mensaje central?

A ESCRIBIR

COMUNICACIÓN Y CORRESPONDENCIA

Con estos proyectos practicará la escritura para propósitos personales o profesionales. Según las instrucciones de su profesor/a, emplee las ideas que discutieron en grupo y las técnicas que acaba de practicar. Puesto que todos los temas se relacionan con el **Desarrollo de temas,** se pueden consultar las preguntas correspondientes como fuente de ideas.

Vargas Reyes-Ramos Jiménez

En la parroquia de Santa María de Guadalupe del fraccionamiento Vista del Valle, Naucalpan, se llevó a cabo la unión sacramental de la joven pareja formada por la señorita Carolina Vargas Reyes y el señor Miguel Ramos Jiménez.

La desposada es hija de los señores Luis Vargas Contreras y Julia Reyes Maldonado de Vargas.

La licenciada Blanca Nieves Ramos Jiménez figuró como madrina de anillos; las arras las llevaron Luz María y Julieta Vargas Reyes; el doctor Jorge Gutiérrez Aldavin y María Elena Jiménez de Gutiérrez colocaron el lazo a la pareja y las madrinas de ramo fueron la señorita Guadalupe Jiménez de Ortiz y Laura Jiménez Calderón.

En un salón de Ciudad Satélite se ofreció la tradicional recepción de bodas a la cual asistieron incontables invitados. Carolina y Miguel salieron en viaje de bodas a la ciudad de Nueva York.

---

1. Acaba de llegar una carta de un amigo que trata de un asunto familiar. Lea la carta y note el tono informal. La carta comienza con un saludo afectuoso y habla sobre un viaje por Cantabria. Luego pasa a relatar los problemas respecto a los preparativos para la boda. Sin embargo, se mantiene un tono de amistad por toda la carta. Note que el autor tutea al destinatario. Y al concluir, lo saluda de parte de la novia y termina con otro gesto amistoso. ¿Puede usted destacar otros detalles informales?

Santiago, 25/8/02

Querido Gilo:

Muchas gracias por tu carta desde Santillana del Mar. Me encantó recibir noticias tuyas y saber que el viaje por la costa cantábrica te ha ido bien.

Siento haber tardado tanto en contestarte, pero he estado preocupadísimo con los preparativos para la boda. Sucede que los padres de Tere quieren invitar a todos sus colegas profesionales a pesar de que no conocemos a muchos de ellos. Nosotros no estábamos dispuestos a invitar a tanta gente. Sólo queríamos una ceremonia sencilla entre familia. Pero ahora se ha convertido en una fiesta enorme con más de trescientos invitados. Debido a esta situación, Tere está muy molesta con sus padres. Por supuesto, no estoy muy conforme con estos cambios.

De todos modos, quisiéramos pedirte consejo. ¿Qué piensas del asunto? Queremos complacer a los padres, pero dudamos que sea posible en esta instancia. A ver si solucionamos este asunto pronto.

Tere te manda recuerdos; los dos tenemos muchas ganas de verte muy pronto. Hasta entonces recibe un fuerte abrazo de

Pepe Luis

Teniendo en cuenta los detalles que se relatan en la carta, prepare una contestación en la cual se expresa su perspectiva sobre el asunto. ¿En qué consiste el problema? ¿Cómo se podría solucionar esta situación? Al redactar la carta, intente mantener el tono informal y amistoso. Consulte las expresiones a continuación.

- Para empezar la carta:

  Me alegro mucho de tener noticias...
  Por fin tuve la agradable sorpresa de tener noticias tuyas...

- Para terminar la carta:

  Muchos recuerdos de... y un saludo muy afectuoso para ti de...
  Dale recuerdos a tu familia de nuestra parte...
  Tu amigo/a que no te olvida...

2. Una revista dirigida a las familias de los estudiantes universitarios solicita un artículo escrito desde el punto de vista del estudiante sobre los cambios que notarán los padres cuando regresen a casa los estudiantes de primer año. El consejo de redacción sugiere que tome forma de carta ficticia, empezando con "Queridos padres, No soy la misma persona que dejaron en la universidad hace unos meses...", pero está dispuesto a considerar otra introducción.

3. Unos amigos suyos le escriben que están contemplando la adopción internacional. Sus planes aún son muy preliminares y solicitan su opinión. Comuníqueles en una carta sus ideas al respecto.

4. Sale una nueva revista, llamada *Nueve Meses*, dirigida a la mujer en estado *(pregnant)*. Se va a distribuir en las clínicas de su ciudad. El consejo editorial le ofrece a usted la oportunidad de escribir un artículo breve de consejos para ayudar a los futuros padres a seleccionar el mejor nombre para su bebé. Escriba dicho artículo.

5. Usted trabaja como director/a de capacitación *(training)* en un hospital en Chicago, Illinois. Nota que el personal tiene dificultades con el sistema hispano de apellidos y por tanto demora a veces en encontrar los archivos de los pacientes, en ponerse en contacto con los parientes de éstos y en solicitar el pago del seguro médico. Prepare un folleto para informar al personal del hospital sobre los usos de los apellidos y las variaciones más comunes de éstos.

 ## ENSAYOS

Estos proyectos le proporcionan oportunidades para practicar la escritura más académica. Según las instrucciones de su profesor/a, emplee las ideas que discutieron en grupo y las técnicas que acaba de practicar. Puesto que todos los tópicos se relacionan con el **Desarrollo de temas,** se pueden consultar las preguntas correspondientes como fuente de ideas. Note que debe inventar un título que refleje bien el enfoque de su propio ensayo.

1. De todos los pasajes de la vida del individuo, ¿cuál es más complicado? Explique.
2. Critique la definición de familia del *Pequeño Larousse* u otro diccionario. Proponga y defienda su propia definición.
3. Discuta la función personal y social de los varios ritos o ceremonias.
4. En cuanto al efecto de la herencia sobre la persona, unos dicen "De tal palo, tal astilla" [*A chip off the old block*], mientras otras sostienen que "Todos son hijos de sus obras". Compare y contraste las implicaciones de las dos perspectivas en cuanto a la importancia de la herencia.

REVISIÓN

Además de refinar el contenido y la organización de sus composiciones, hay que revisarlas para corregir errores de gramática, vocabulario y ortografía. Al principio no es fácil reconocer sus propios errores, pero con la práctica se aprende y poco a poco la redacción se hará más fácil.

A veces uno sólo lee para verificar lo que intentó expresar sin fijarse en la forma de lo que escribió. Se sugiere que ustedes revisen las composiciones de sus colegas, aprendiendo así con la práctica las técnicas de corrección. Al trabajar con otro/a estudiante es mejor evitar la corrección explícita. Limítese a señalar los errores, subrayándolos y compartiendo sus observaciones para darle a su colega la oportunidad de corregir su propio trabajo. Si él/ella no ve el problema basado en lo que señaló, hágale preguntas. Al principio, puede parecerle difícil o aun descortés señalar los errores ajenos, pero con la práctica se acostumbrará. Recuerde que no puede depender exclusivamente de las correcciones de otro estudiante. Es posible que éste sugiera algo incorrecto o que no note todos los errores. El objetivo es escribir independientemente, contando cada vez menos con que los otros le señalen sus errores.

Para corregir

Lea los siguientes borradores con cuidado y corríjalos, prestando atención especial al vocabulario y a los elementos gramaticales tratados en el **Repaso esencial.**

[Note que esta carta empieza de manera formal en vez de familiar.]

A

6 de junio de 200_

Sr. Fernando García y Sra.

Avenida Mariscal, 211

28003 Madrid

Estimados señores:

En contestación a tu carta sobre la possibilidad de adoptando a un niño de menos de sies meses, les aseguramos que comprendemos tus deseo de empezando el proceso de adopción cuanto antes y apreciamos su situación. Sin embargo, debemos informarles que aunque se permite la adopción de ninos de este pais por padres españoles, a veces son complicaciónes legales en ésto. Han venido unas otras familias español a éste agencia y la mayoría pida la adopción pleno mientras en nuestro país sólo se reconoce la adopción simple. Por la diferencia entre las leyes de nuestros dos paises, sugeremos que lean el libro Sobre la Adopción Internacional y que consulten ustedes a un abogado especialisto en la adopción internacional antes de siguiendo con el solicitación de adopción. Muchas veces los familias adoptantes nos aseguren que no les importa la forma de adopción si pueden recibir un niño pronto, pero les debemos al niño y a ustedes considerar bien su

futuro. Están de acuerdo, no? Si después de consultar al abogado todavía desean solicitar la adopción aquí les ayudaremos de todo mannera posible.

> Atentamente,
>
> Centro Nacional de Adopción
>
> Inés Mendoza P.
>
> Directora

B   Generalmente los hispanos han dos apellidos, y no está muy dificíl explicando la sistema. Los apellidos siguen éstas reglas. Reciban los hijos uno apellido de cada pariente:
ponen primero el primer apellido de el padre y después el primer apellido del madre. Al
casandose, si siga la sistema tradiciónal, la mujer guarda su primer apellido, deja su segundo apellido y añada el primer apellido de su esposo, a veces separada con "de." Así,
cuando Ana Rojas Blanco se casas con Juan Flores Castro, ella se llama es Ana Rojas
(de) Flores. Los apellidos de sus hijos será Flores Rojas. A veces la sistema se hace más
complicada cuando una familia cuya apellido se perdería con la regla ya descrita tienen
mucho prestigio. Por ejemplo, vamos a imaginar que los abuelos maternal de Ana, los
Blancos, tienen mucho fama en el ciudad. Tal vez Ana quiere guardar su conexión obvio
con ellos. En este caso, pueda guardar los dos apellidos suyos, y añadir el de su esposo
después para ser Ana Rojas Blanco de Flores. A veces en vez de alargarse los apellidos se
hagan más cortos. Juan puede usar Flores C. en vez de Flores Castro, si quiere distinguirse de todos los otros Floreses sin usando todo su segundo apellido.

Revisión preliminar

Después de completar su borrador utilizando las técnicas ya practicadas, revíselo con
cuidado, prestando atención particular a las siguientes preguntas, que también le
servirán de guía durante la revisión colaborativa.

- ¿Cuál es el propósito de esta composición? ¿Está claro?
- ¿Qué se puede deducir de la composición, con respecto a los lectores probables?
  ¿Es apropiada para ellos?
- ¿Resulta interesante leer esta composición? ¿Se puede aumentar el interés del
  lector de alguna manera?
- ¿Queda alguna pregunta escondida sin respuesta? ¿Presenta su composición bas-
  tantes detalles concretos?
- ¿Parecen los datos bien seleccionados y suficientes para los propósitos del proyecto?
- ¿Hay detalles o comentarios que no concuerden con el mensaje central?

Revisión final

Revise de nuevo su composición y corrija los siguientes elementos, refiriéndose al
Repaso esencial si necesita repasar algún aspecto.

- Revise con cuidado la concordancia de número y género entre sustantivos y adjetivos, y de número, y persona entre verbos y sujetos. ¿Está correcta en todos los casos?
- ¿Se emplean correctamente los artículos definidos e indefinidos? ¿Debe añadirse algún artículo definido u omitirse algún artículo indefinido?
- ¿Está correcto en cada contexto el uso de **ser, estar, tener** y **haber?**
- ¿Se usan los infinitivos de manera correcta? ¿Se ha evitado la sustitución incorrecta del participio presente?
- ¿Están correctas la ortografía (incluso el uso o no de mayúscula) y la puntuación?

DESPUÉS DE ESCRIBIR

ANÁLISIS DE COMPOSICIÓN

Esta tarea facilita el aprender de sus propios errores y éxitos. Cuando su profesor/a le devuelva la composición evaluada, haga lo siguiente.

- Prepare una lista de todos los errores que usted pueda corregir por su cuenta o consultando su libro de texto o diccionario. Indique entre paréntesis la línea en la que aparece cada error en su composición y corríjalos.

  Ejemplos   padre y hijo (línea 12)   padre e hijo
                  el radio (línea 36)   la radio

- Haga otra lista de todos los errores que usted no sepa corregir.

  Ejemplo   en la otra mano (línea 11)

- Analice los errores en ambas listas, categorizando aquellos que ocurren más frecuentemente en su composición. Indique también los aspectos más positivos de esta composición.
- Escriba un plan personal para remediar las dificultades y mejorar la próxima composición.

La universidad: lo personal y lo político

Unos estudiantes mexicanos descansan fuera de la Biblioteca de la Universidad Nacional Autónoma (UNAM). Los mosaicos del edificio, diseñados por el pintor Juan O'Gorman, son muy impresionantes.

ANTES DE ESCRIBIR

LECTURA
DESARROLLO DE TEMAS
TÉCNICAS DE COMPOSICIÓN

A ESCRIBIR

COMUNICACIÓN Y CORRESPONDENCIA
ENSAYOS
REVISIÓN

DESPUÉS DE ESCRIBIR

ANÁLISIS DE COMPOSICIÓN

RECURSOS PARA LOS ESTUDIANTES

REPASO ESENCIAL DE GRAMÁTICA
(124–133)
VOCABULARIO ESENCIAL (186–187)

ANTES DE ESCRIBIR

LECTURA

Enfoque

En España un examen de entrada, la Selectividad, tiene mucha influencia en la admisión a la universidad. Consiste en exámenes exigentes sobre muchos campos académicos —generales y especializados. Este artículo trata de unos cambios recientes en la Selectividad y en el proceso de admisión en general. Al leerlo, considere y conteste las siguientes preguntas.

- ¿Cómo es el examen?
- Describa los cambios entre la Selectividad anterior y la del año 2000.
- ¿Qué peso tiene la nota de Selectividad en comparación con la media de las notas de la escuela secundaria?
- ¿Qué han hecho en este examen para minimizar las quejas?
- ¿A qué público le interesará este tipo de artículo?

La Selectividad del 2000

Después de la tan discutida reforma del Bachillerato y la polémica abierta entre profesores de universidad y de instituto, rectores° y alumnos... la Selectividad ya no es la misma. Sigue el miedo que despierta por parte de los alumnos, eso sí. Pero los cambios que estaban al caer han acabado por hacerlo°. Te los contamos.

    school administrators

    the pending [changes] have ended up causing it

Si bien antes la Selectividad estaba valorada al mismo nivel que la nota media del Bachillerato (50% de valor para cada una de las partes), actualmente y tras muchas discusiones se ha decretado que la media del Bachillerato represente un 60% de la nota de acceso a la universidad respecto al 40% de la nota de las pruebas de Selectividad. ¿Es positivo el cambio? Pues según se mire. Muchos de los partidarios a conservar la media de 50% respecto 50%° están en desacuerdo con la nueva medida, ya que afirman que con ella los institutos privados favorecerán la nota media de sus alumnos con lo que éstos tendrán más puntos para entrar en la carrera que deseen. Por otra parte, los partidarios° del cambio son los que afirman que no es justo que tras años de esfuerzos el alumno "se la juegue°" en un sólo examen al que, a nivel comparativo, se le da demasiado valor (muchos años de formación frente a dos días generalmente de nervios).

    of a 50/50 balance

    partisans
    risks it all

¿Quién lleva la razón? Seguramente unos y otros, pero lo cierto es que con la nueva regulación de las pruebas de acceso se sale ganando pero también perdiendo. Estos son los cambios:

Pruebas y pruebas

Con los cambios en la Selectividad, uno de los objetivos más claros era el de dar un poco más de prioridad a aquellas asignaturas° más ligadas° a la carrera que el alumno o alumna desea emprender. De esta manera, se han distinguido las pruebas en dos modalidades claramente diferenciadas:

    school subjects / linked

    a. Pruebas generales: son aquéllas enfocadas a evaluar el nivel cultural del estudiante, su madurez intelectual y su capacidad de asimilación y comprensión de branches

health care

los contenidos impartidos durante los años de enseñanza. Bajo este criterio se incluye a las materias de lenguas, filosofía, historia, comprensión de texto, matemáticas básicas... (materias comunes a todas las ramas° de especialidad que contempla el Bachillerato).

b. Pruebas específicas: son aquellas más ligadas estrechamente a las opciones que en el Bachillerato los alumnos han determinado como propias, con lo cual no tendrán nada que ver los contenidos de un estudiante que ha escogido la rama humanística con los del que ha escogido la rama sanitaria°, por ejemplo. En esta segunda parte, los alumnos se examinan en concreto de tres materias propias de cada una de las cuatro modalidades existentes.

Notas y calificaciones

presumed

A diferencia del sistema anterior, con la nueva regulación las notas son exactas; es decir, son de tipo numérico y además se puntúan también de forma decimal. No hay posibilidad, por tanto, de evaluar a un alumno con criterios cualitativos. De esta manera, el margen de error se reduce considerablemente y no hay lugar para desconfianzas ante presuntos° favoritismos (pese a que los exámenes, tanto antes como ahora, son anónimos a vista del corrector).

Como ya hemos comentado respecto a la intención de dar más prioridad a la segunda modalidad de pruebas, la evaluación de las pruebas específicas se valora mucho más. Así pues, se tiene en cuenta la evaluación de las materias más directamente relacionadas con la carrera universitaria escogida (siempre en relación a la preinscripción que todo estudiante que se presente a la prueba ya ha debido hacer).

Criterios de corrección

complaints

verifiable

Con el objetivo de ofrecer mayores garantías ante posibles reclamaciones°, a la hora de corregir, los profesores responsables ofrecerán análisis más detallados y claros sobre los errores de cada una de las respuestas y ejercicios de la prueba, con lo que la objetividad evaluativa es más factible°.

Asimismo, siempre que el alumno lo solicite, está permitido el sistema de doble corrección. Con ello, todo alumno descontento puede reclamar una segunda evaluación. La nota media será la de los dos correctores, aunque si las puntuaciones son muy diferentes actuará un tercer corrector a fin de garantizar una corrección objetiva y clara.

DESARROLLO DE TEMAS

Su profesor/a le señalará los temas que luego se convertirán en proyectos de composición. Al considerar estos temas en casa y hacer las actividades en clase, apunte sus ideas para usarlas más tarde al momento de escribir.

1. Según el artículo, en España existe cierta oposición al examen de Selectividad. Imagine una reunión de estudiantes españoles donde algunos están a favor del examen de Selectividad y otros hablan en contra del examen. Su profesor/a les señalará a qué grupo pertenecerán. En grupo, prepárense para debatir.

   Grupo 1: En contra del examen

   • Señale las desventajas del examen de Selectividad para los estudiantes, para la universidad y para el país y sugiera otras maneras de decidir el acceso a la universidad.

EJERCICIO PROPUESTO EN LA CONVOCATORIA DE SEPTIEMBRE DE 1.996

MATERIA: Historia del Mundo Contemporáneo

TIEMPO: Una hora, treinta minutos

INSTRUCCIONES:

El alumno contestará en su totalidad a uno de los dos CONJUNTOS propuestos. Recuerde que para el Comentario de Texto ha de seguir el siguiente esquema:

1. Clasificación del texto: naturaleza, autor, fecha y finalidad.
2. Ordenación de las ideas fundamentales del texto.
3. Desarrollo del contenido del texto.
4. Encuadre del texto en el proceso histórico correspondiente, teniendo en cuenta que en ningún caso se valorará positivamente la simple repetición del mismo.

CALIFICACIÓN:

Cada una de las cuestiones se puntuará de 0 a 10 puntos. La calificación final será la media aritmética de ambas calificaciones.

CONJUNTO A

Cuestión 1: TEMA: La Segunda Revolución Industrial y las transformaciones sociales.
Cuestión 2: COMENTARIO DE TEXTO: Carta de las Naciones Unidas.

- Nosotros, los pueblos de las Naciones Unidas, resueltos:
  a preservar a las generaciones venideras del flagelo de la guerra que dos veces durante nuestra vida ha infligido a la humanidad sufrimientos indecibles;
  a reafirmar la fe en los derechos fundamentales del hombre, en la dignidad y el valor de la persona humana, en la igualdad de derechos de hombres y mujeres y de las naciones grandes y pequeñas;
  a crear condiciones bajo las cuales puedan mantenerse la justicia y el respeto a las obligaciones emanadas de los tratados y de otras fuentes del Derecho Internacional;
  a promover el progreso social y a elevar el nivel de vida dentro de un concepto más amplio de la libertad.
  Y con tales finalidades,
  a practicar la tolerancia y a convivir en paz como buenos vecinos;
  a unir nuestras fuerzas para el mantenimiento de la paz y la seguridad internacionales; a asegurar, mediante la aceptación de principios y la adopción de métodos, que no se usará la fuerza armada sino en servicio del interés común, y
  a emplear un mecanismo internacional para promover el progreso económico y social de todos los pueblos,
  Hemos decidido aunar nuestros esfuerzos para realizar estos designios [...]

Artículo 1: Los propósitos de las Naciones Unidas son:

1. Mantener la paz y la seguridad internacionales, y con tal fin: tomar medidas colectivas eficaces para prevenir y eliminar amenazas a la paz, y para suprimir actos de agresión y otros quebrantamientos de la paz; y lograr por medios pacíficos, y de conformidad con los principios de la justicia y del derecho internacional, el ajuste o arreglo de controversias o situaciones internacionales susceptibles de conducir a quebrantamientos de la paz. [...]
3. Realizar la cooperación internacional en la solución de problemas internacionales de carácter económico, social, cultural o humanitario, y en el desarrollo y estímulo del respeto a los derechos humanos y a las libertades fundamentales de todos, sin hacer distinción por motivos de raza, sexo, idioma o religión; y
4. Servir de centro que armonice los esfuerzos de las naciones por alcanzar estos propósitos comunes.

San Francisco, 26 de junio de 1945.

Este parte se entrega al interesado después de abonados los derechos que señalan las disposiciones vigentes

UNIVERSIDAD DE ALCALÁ DE HENARES

FACULTAD DE FILOSOFÍA Y LETRAS

CERTIFICACIÓN ACADÉMICA PERSONAL

Certificación Académica
Personal
CURSO DE
199 5 a 199 6
Núm.....................

D. ....

Secretario de la Facultad de   FILOSOFÍA Y LETRAS   de esta Universidad de Alcalá de Henares

Certifica que D. ....
natural de   MADRID   provincia de   MADRID, tiene cursa-
das la totalidad de las asignaturas que corresponden a la Licenciatura en Filología Inglesa,
habiendo obtenido las siguientes calificaciones:

PRIMER CICLO	CRÉDITOS	ALCALÁ DE HENARES	CURSO	CALIFICACIÓN
Lengua Española I	4,5	"	1990-91	APROBADO
Teoría de la Literatura I	4,5	"	1991-92	APROBADO
Intro. a la 2ª Lengua y su Liter. Franc.	4,5	"	1991-92	APROBADO
Lengua Inglesa I	9,0	"	1990-91	APROBADO
Introd. a la Literatura Inglesa	6,0	"	1991-92	NOTABLE
Fonética Inglesa I	6,0	"	1991-92	APROBADO
Lengua Española II	4,5	"	1990-91	APROBADO
Teoría de la Literatura II	4,5	"	1991-92	APROBADO
Segunda Leng. y su Liter. I (Francés)	4,5	"	1991-92	SOBRESALIENTE
Lengua Inglesa II	9,0	"	1991-92	NOTABLE
Liter. Inglesa del s. XIX	6,0	"	1991-92	APROBADO
Fonética Inglesa II	6,0	"	1991-92	APROBADO
Lingüística I	4,5	"	1994-95	APROBADO
Segunda Leng. y su Liter. II (Francés)	4,5	"	1992-93	APROBADO
Morfología	9,0	"	1993-94	NOTABLE
Liter. Inglesa del s. XX (1ª mitad)	6,0	"	1992-93	APROBADO
Introd. a la Hª y Cult. Países Habla Ing.	6,0	"	1992-93	APROBADO
Lingüística II	4,5	"	1994-95	APROBADO
Segunda Leng. y su Liter. III (Francés)	4,5	"	1992-93	NOTABLE
Sintaxis	9,0	"	1992-93	APROBADO
Liter. Inglesa del s. XX (2ª mitad)	6,0	"	1992-93	NOTABLE
Introd. a la Hª de la Lengua Inglesa	6,0	"	1992-93	APROBADO
Introd. a la Liter. Norteamericana	6,0	"	1992-93	APROBADO
OPTATIVAS PRIMER CICLO	CRÉDITOS	ALCALÁ DE HENARES	CURSO	CALIFICACIÓN
Historia de la Filosofía	9,0	"	1990-91	APROBADO
LIBRE ELECCIÓN PRIMER CICLO	CRÉDITOS	ALCALÁ DE HENARES	CURSO	CALIFICACIÓN
Literatura I	9,0	"	1991-92	APROBADO

Continuación ==

Y para que conste donde convenga al interesado y a su instancia, libro la presente de orden y con el Vº Bº del Ilustrísimo Sr.
Decano de Esta Facultad y el sello de la misma, en Alcalá de Henares,   ocho   de   Noviembre   de 199 5

Vº Bº EL DECANO,   El Secretario de la Facultad,   El Jefe de la Secretaría

- Trate de anticipar los argumentos a favor del examen de Selectividad que el otro grupo presentará. ¿Cómo responderá su grupo punto por punto?

Grupo 2: A favor del examen

- Señale las ventajas de la Selectividad. Tenga en cuenta los méritos tanto para los estudiantes como para las universidades.
- Trate de anticipar los ataques que va a armar el otro grupo. ¿Cómo responderán ustedes?

2. La universidad también tiene que evaluar candidatos al seleccionar el profesorado. Generalmente, el proceso se desarrolla como sigue.

- Se anuncia el puesto en las revistas profesionales.
- Un comité departamental evalúa los resúmenes académicos y las cartas de recomendación que los candidatos mandan, y decide a quién invitar a visitar la ciudad universitaria.
- Durante la visita los candidatos a veces enseñan unas clases y casi siempre dictan una conferencia sobre sus investigaciones.

Imagine que ustedes van a seleccionar a los nuevos profesores. ¿Qué quieren ver en los expedientes y cartas? ¿Y en las entrevistas? Explique.

EJERCICIO

Pregunta 1

1.1. Defina y explique el concepto de estilo de dirección. Establezca una clasificación de los distintos estilos de dirección que conozca de acuerdo con las principales teorías.
1.2. Explique el concepto de período de maduración en la empresa y desarrolle este concepto en función de las distintas fases del ciclo de explotación.
1.3. ¿Qué es el marketing-mix? Analice brevemente los cuatro elementos inherentes en la mercadotecnia y relacionados con dicho concepto.
1.4. Defina brevemente los siguientes conceptos:
   a) Motivación
   b) Registro Mercantil
1.5. Explique los siguientes conceptos. Defínalos y explique su relación en la empresa.
   a) Stock de seguridad
   b) Producción

Pregunta 2

Dos empresas Alfa y Beta durante un año determinado nos ofrece los siguientes resultados:
   a) La empresa Alfa, con una plantilla de 575 personas tuvo una producción de 200.000 unidades. El coste de producción por unidad supuso 1200 pesetas, mientras que las ventas se realizaron con un margen del 30% sobre el coste. El capital de Alfa es de 100 millones de pesetas.
   b) La empresa Beta, por otra parte, con unos costes fijos de 5 millones de pesetas obtuvo una producción de 1.000 unidades, que se vendió en su totalidad a un precio de 15.000 pesetas la unidad. Los costes variables de producción ascendieron a 10 millones de pesetas durante el período.

Se pide:
2.1. Calcular la productividad de la empresa Alfa.
2.2. Calcular la rentabilidad sobre ventas de Alfa.
2.3. Definir y explicar el concepto de "punto muerto" en una empresa.
2.4. Calcular analíticamente el punto muerto de la empresa Beta.
2.5. Dibujar o expresar gráficamente el punto muerto de Beta.

Ejemplo de un examen de negocios

3. Muchas universidades estadounidenses exigen que los estudiantes sigan varios cursos de enseñanza general básica para desarrollar su conocimiento de materias como historia, matemáticas, filosofía, ciencias naturales y un idioma extranjero. En contraste, en el mundo hispano la escuela secundaria típicamente se dedica a la preparación general. Después de recibir su bachillerato los estudiantes hispanos se matriculan en la universidad para estudiar las materias especializadas asociadas a una carrera determinada. Analice las ventajas y desventajas de los dos sistemas de enseñanza y exprese su preferencia. ¿En qué deben consistir los estudios generales? ¿Por qué son estas materias esenciales para todos? ¿Cuándo y dónde deben los estudiantes recibir esta preparación general?

4. Algunos centros de enseñanza rechazan el sistema de evaluar a los estudiantes por calificación numérica. Prefieren dividir las asignaturas en unidades y exigir que los estudiantes demuestren su conocimiento de la materia antes de pasar a la próxima unidad. En otras universidades, en vez de calificar a los estudiantes con notas, los profesores escriben una evaluación detallada de las contribuciones del estudiante y los méritos de su trabajo durante el curso. ¿Qué piensa usted de esos métodos? ¿Son mejores que el sistema de números? ¿Cómo afectarán a los estudiantes? ¿Qué ventajas tiene el método tradicional? ¿Qué opinan sus colegas?

5. Tanto en el mundo hispano como en EEUU y Canadá, cada escuela tiene cierta reputación entre la gente.

   • Describa la reputación de su escuela. ¿Tienen todos sus colegas la misma opinión de esta reputación? ¿En qué está basada?

Por las tardes los jóvenes madrileños se reúnen en un café, piden sus "cafelitos" y charlan sobre actualidades u otras cuestiones palpitantes.

- Pídales a sus colegas su opinión de cinco escuelas bien conocidas en su región. ¿Qué piensan de estas instituciones? ¿Están todos de acuerdo?
- ¿Qué efecto tienen tales estereotipos en una escuela y en sus estudiantes? ¿Es posible cambiar la imagen pública de una escuela?

6. En los países hispanos existe la costumbre de hacer tertulias, o sea, de reunirse en un café por la tarde para conversar francamente y discutir las cuestiones palpitantes del día. ¿Dónde se reúnen ustedes y sus amigos para conversar? ¿Por qué han elegido ese lugar? ¿Cuáles son los temas más populares? Explique.

7. A continuación se dan los resultados de una encuesta de estudiantes de la Universidad Complutense de Madrid sobre varias cuestiones. Prepare un cuestionario semejante con respecto a su escuela y solicite las respuestas de sus colegas y amigos. Compare los resultados. ¿Cómo corresponden los resultados con las observaciones de los estudiantes españoles?

QUÉ PIENSAN

	Muy bien	Bien	Regular	Mal	Muy Mal
Situación económica	0	1	37	97	81
Situación política	0	3	46	104	90
Medios de comunicación	19	99	86	25	15
Los periodistas	11	93	99	18	14

QUÉ LES INTERESA

	Mucho	Poco	Nada
Música	177	55	4
Futuro profesional	174	27	5
Ecología	171	61	6
Sexo	141	86	8
Deporte	106	78	27
Moda	49	88	86

LA CORRUPCIÓN ES...

	SÍ	NO
El peor mal de la democracia	182	48
Todos los políticos son corruptos	64	159

TÉCNICAS DE COMPOSICIÓN

Organizar la información

Después de desarrollar y seleccionar los datos apropiados, queda la tarea de organizarlos de una manera lógica. Aquí se ve el borrador de una escritura sobre el efecto de las computadoras en la vida universitaria. El escritor escribe un artículo para una revista para los antiguos alumnos de la universidad. Después de considerar este tema, el escritor empieza por apuntar brevemente la idea general que quiere comunicar.

En la década de los 90, las computadoras empezaron a afectar todo aspecto de la vida académica, y también cambiaron otros aspectos de la vida de los miembros de la comunidad universitaria. Hoy en día, su presencia es casi universal.

Aquí se notan varias preguntas escondidas, entre ellas las siguientes.

1. ¿Qué quiere decir con "afectar todo aspecto de la vida académica"?

2. ¿Cuáles son los "otros aspectos de la vida"?

3. Específicamente, ¿quiénes son los "miembros de la comunidad académica"?

El escritor empieza a contestar la primera pregunta con sus ejemplos. En este momento, no piensa en seleccionar ni ordenar los datos, sino simplemente hace lista de todas las respuestas que se le ocurren al pensar en la pregunta.

Pregunta 1: ¿Qué quiere decir con "afectar todo aspecto de la vida académica"? Después de componer su lista y seleccionar los datos más convenientes, le quedan las siguientes respuestas.

- Al componer el trabajo escrito en computadora, no se necesita más tarde escribir a máquina.
- Es fácil corregir los errores de ortografía.
- La escritura impresa parece más profesional que la de máquina de escribir.
- El correo electrónico es bueno para mantener el contacto con la familia. No cuesta tanto como el teléfono de antes.
- Algunos estudiantes pasan demasiado tiempo en juegos u otras ocupaciones en la Red.
- Se pueden encontrar muchos datos para las investigaciones al buscar en la Red.
- Es posible buscar los libros y artículos sin ir a la biblioteca.
- Los profesores tienen páginas de información para las clases.
- Algunas clases se ofrecen sin asistir nunca en persona.
- A veces los problemas de computadora afectan el trabajo, y no hay tiempo para remediarlos antes del momento de entregar la tarea.
- Si alguien está enfermo y pierde una clase, a veces puede entregar la tarea electrónicamente.
- Muchos estudiantes comparten la música más reciente electrónicamente.
- Siempre se pueden encontrar las noticias más recientes inmediatamente.
- Los virus de computadora a veces pueden paralizar la comunidad.
- Cualquier interrupción de la electricidad tiene consecuencias graves.
- Los estudiantes con mejores computadoras y conexiones tienen ciertas ventajas.
- Muchos estudiantes de secundaria seleccionan su universidad a base de las páginas que encuentran en la Red.

¿Hacen tarea para la clase de computación, buscan datos para un trabajo de investigación o charlan con algún colega por correo electrónico?

- Hay computadoras para el uso de los estudiantes por todas partes de la universidad.
- Incluso el menú del día está disponible por enlace (*link*) de la hoja principal (*homepage*) de la residencia estudiantil.
- Las computadoras adaptivas ofrecen grandes ventajas para los estudiantes que no pueden ver u oír.
- Para los estudiantes con tarjeta de crédito, hay gran tentación de ir de compras en la Red.
- Hay muchas diversiones nuevas en la Red, como juegos y cuartos de charla (*chat rooms*).
- Es muy fácil comprar varias cosas —los libros, por ejemplo.

Ahora el escritor necesita agrupar los datos semejantes para formar los segmentos lógicos. Inmediatamente nota que puede agrupar unos datos bajo la idea "consecuencias negativas". Aunque planea un artículo generalmente positivo, decide que sería buena idea agregar, antes de las conclusiones, un párrafo sobre las consecuencias negativas. Decide poner allá los siguientes datos.

- Algunos estudiantes pasan demasiado tiempo en juegos u otras ocupaciones en la Red.
- A veces los problemas de computadora afectan el trabajo, y no hay tiempo para remediarlos antes del momento de entregar la tarea.
- Los virus de computadora a veces pueden paralizar una comunidad.
- Cualquier interrupción de la electricidad tiene consecuencias graves.
- Los estudiantes con mejores computadoras y conexiones tienen ciertas ventajas.

- A veces hay mucha gente en los laboratorios y es difícil hacer la tarea.
- Para los estudiantes con tarjeta de crédito, hay gran tentación de ir de compras en la Red.

Antes de escribir este segmento, ya se necesita establecer un orden lógico para los datos que seleccionó. Piensa en esto y decide empezar en su punto más obvio —la electricidad. Después decide mencionar las complicaciones asociadas directamente con la tecnología —las fallas de computadora y los virus. A continuación pone los problemas asociados con la oferta y demanda. Finalmente, decide incluir las complicaciones personales o sociales. Su organización para este segmento es entonces así.

"lo obvio y básico"

- Cualquier interrupción de la electricidad tiene consecuencias graves.

"complicaciones tecnológicas"

- A veces los problemas de computadora afectan el trabajo, y no hay tiempo para remediarlos antes del momento de entregar la tarea.
- Los virus de computadora a veces pueden paralizar una comunidad.

"problemas de oferta y demanda"

- Los estudiantes con mejores computadoras y conexiones tienen ciertas ventajas.
- A veces hay mucha gente en los laboratorios y es difícil hacer la tarea.

"tentaciones"

- Para los estudiantes con tarjeta de crédito, hay gran tentación de ir de compras en la Red.
- Algunos estudiantes pasan demasiado tiempo en juegos u otras ocupaciones en la Red.

Con este plan, la composición de este segmento puede proceder rápidamente.

Actividad A ORGANIZAR LOS DATOS

Siga ahora el mismo proceso con los otros datos de la lista, pensando en grupos grandes para formar segmentos, y luego en las subcategorías. Busque algún orden lógico para las subcategorías. Saque apuntes de sus segmentos, subcategorías y orden, como lo hizo el escritor del ejemplo. Después compare su organización con las de sus colegas. Las respuestas van a variar según el enfoque de cada uno, pero debe ser evidente la lógica de las categorías y órdenes.

Actividad B CONSTRUIR UN BOSQUEJO PARA GUIAR LA ESCRITURA

Las técnicas que acaba de practicar le señalarán una posible organización lógica para los datos y argumentos que quiere emplear. Para representar y verificar la estructura de su composición, se pueden emplear varias formas de bosquejo. Además del conocido bosquejo formal con letras y números, hay varias formas alternativas como el bosquejo de frase o de oración completa. En todo caso, el bosquejo debe mostrar de forma visual la organización de los argumentos centrales y los datos que los apoyan. Así se puede evaluar dicha organización y clarificarla si es necesario.

Aquí se ven cuatro tipos de bosquejo para el segmento sobre el lado negativo de las computadoras en la universidad. Analícelos y comente las semejanzas y diferencias.

BOSQUEJO INFORMAL DE IDEAS

lo obvio y básico
   interrupción de la electricidad tiene consecuencias graves
complicaciones tecnológicas
   problemas de computadora afectan el trabajo, y no hay tiempo para remediarlos
   antes del momento de entregar la tarea
   los virus de computadora
problemas de oferta y demanda
   los estudiantes con mejores computadoras y conexiones tienen ventajas
   a veces hay mucha gente y es difícil hacer la tarea
tentaciones
   ir de compras en la Red
   demasiado tiempo gastado en juegos u otras ocupaciones en la Red

---

BOSQUEJO INFORMAL DE FRASES

La primera observación es obvia.
   Cualquier interrupción de la electricidad tiene consecuencias graves.
Otras complicaciones tecnológicas son propias de las computadoras.
   A veces los problemas de computadora afectan el trabajo, y no hay tiempo para remediarlos antes del momento de entregar la tarea.
   Los virus de computadora a veces pueden paralizar una comunidad.
Problemas de oferta y demanda ya afectan la disponibilidad de las computadoras.
   Los estudiantes con mejores computadoras y conexiones tienen ciertas ventajas.
   A veces hay mucha gente en los laboratorios y es difícil hacer la tarea.
Además, se presentan nuevas tentaciones a los estudiantes.
   Para los estudiantes con tarjeta de crédito, hay gran tentación de ir de compras en la Red.
   Algunos estudiantes pasan demasiado tiempo en juegos u otras ocupaciones en la Red.

BOSQUEJO FORMAL DE IDEAS

4. [*apunte que forma el cuarto punto de su argumento*] Las consecuencias negativas de las computadoras
   A. Lo obvio y básico —la interrupción de la electricidad tiene consecuencias graves
   B. Complicaciones tecnológicas
      1. Problemas de computadora afectan el trabajo, y no hay tiempo para remediarlos antes del momento de entregar la tarea.
      2. Los virus de computadora
   C. Problemas de oferta y demanda
      1. Los estudiantes con mejores computadoras y conexiones tienen ventajas.
      2. A veces hay mucha gente y es difícil hacer la tarea.
   D. Tentaciones
      1. Ir de compras en la Red
      2. Demasiado tiempo gastado en juegos u otras ocupaciones en la Red

---

BOSQUEJO FORMAL DE FRASES

4. [*apunte que forma el cuarto punto de su argumento*] Aunque las computadoras ofrecen muchas ventajas nuevas, la nueva tecnología presenta también sus complicaciones.
  A. La primera observación es obvia: cualquier interrupción de la electricidad tiene consecuencias graves.
  B. Otras complicaciones tecnológicas son propias de las computadoras.
    1. A veces los problemas de computadora afectan el trabajo, y no hay tiempo para remediarlos antes del momento de entregar la tarea.
    2. Los virus de computadora a veces pueden paralizar una comunidad.
  C. Algunos problemas de oferta y demanda ya afectan la disponibilidad de las computadoras.
    1. Los estudiantes con mejores computadoras y conexiones tienen ciertas ventajas.
    2. A veces hay mucha gente en los laboratorios y es difícil hacer la tarea.
  D. Además, ahora se presentan nuevas tentaciones a los que les falta disciplina.
    1. Para los estudiantes con tarjeta de crédito, hay gran tentación de ir de compras en la Red.
    2. Algunos estudiantes pasan demasiado tiempo en juegos u otras ocupaciones en la Red.

Actividad C   **ESCRIBIR UN BOSQUEJO**

Al preparar su próximo proyecto escrito, prepare un bosquejo y tráigalo para evaluar en clase antes de escribir el borrador. No se olvide de usar como modelos los bosquejos que analizó antes.

A ESCRIBIR

Primero, siga los pasos ya presentados.

- Considerar bien el tema y escribir sus ideas generales para la composición.
- Encontrar y contestar las preguntas escondidas para desarrollar sus ideas.
- Seleccionar los datos más convenientes.
- Organizar la información.
- Construir un bosquejo para guiar la composición.
- Entonces escriba el borrador del proyecto escrito y redáctelo.

COMUNICACIÓN Y CORRESPONDENCIA

Con estos proyectos practicará la composición para propósitos personales o profesionales. Según las instrucciones de su profesor/a, emplee las ideas que discutieron en grupo y las técnicas que acaba de practicar. Puesto que todos los temas se relacionan con el **Desarrollo de temas,** se pueden consultar las preguntas correspondientes como fuente de ideas.

1. Este tipo de carta se publica en muchos diarios. El escritor comenta alguna cuestión palpitante (*hot issue*) y muchas veces intenta promover acción por parte de otros lectores. Note aquí la fórmula para empezar ("Señor Director:") y las referencias a los otros lectores del diario. Conteste con su propia carta al mismo diario.

Señor Director:

Quisiéramos llamar la atención de los lectores de este diario a los cambios recientes en cuanto al peso relativo de las notas de secundaria y a la Selectividad en la decisión de admisión a la universidad. Bajo el sistema anterior, la media de las notas y la de la Selectividad pesaron igual, así las dos se balancearon una a otra. Esto nos parece sumamente justo. No favoreció a los que sacaron mejores notas en la secundaria, ni a los que salieron mejor en el examen. En contraste, el nuevo sistema rompe el balance por dar más peso (60%) a las notas de secundaria. Este cambio no toma en cuenta el hecho de que para muchos los años adolescentes son los más turbulentos de la vida. Para nosotros, muchas veces resulta que las notas no reflejan la capacidad verdadera, sino el efecto de las crisis de identidad, de amor, y de familia que nos han afectado. Sabemos que a unos estudiantes les gusta el cambio, y que dicen que la Selectividad tampoco refleja perfectamente la capacidad intelectual del individuo. Lo que proponemos es restaurar el balance al ofrecerles a todos la opción de seguir la fórmula actual de 60% notas de secundaria, 40% Selectividad o de dedicar 40% a las notas y 60% a la Selectividad. Tal cambio no va a desventajar a nadie. Al contrario, reconoce más las diferentes maneras de demostrar la aptitud para los estudios universitarios. El 18 de junio a las 19:00 habrá una reunión en el Centro Estudiantil para organizar el apoyo para esta opción. Esperamos que asistan todos.

Efraín González y Pilar Reyes Salguedo
Comité Estudiantil para el Acceso Justo
a la Universidad

2. ¿Para qué sirven las notas? ¿Qué efectos tienen en el sistema de educación, en los estudiantes y en la sociedad? ¿Existe un sistema ideal de notas? Describa el mejor sistema.

3. ¿Qué exige su universidad en cuanto a los estudios generales? Según su propia experiencia, ¿son valiosos los cursos generales? Explique. ¿Sería mejor limitar los estudios generales a la escuela secundaria como se hace en muchos países hispanos? ¿Por qué sí o no?

4. ¿Qué reputación tiene su escuela? ¿Cómo lo sabe usted? Compare y contraste la reputación de su escuela con la de otras. ¿Necesita su escuela cambiar de imagen? ¿Por qué sí o no? ¿De qué manera? Prepare un folleto publicitario para su universidad, haciendo destacar los aspectos más positivos. Apoye sus ideas con detalles específicos y descripciones. No deje de describir las fotos que puedan aportar información sobre la escuela.

5. Analice los resultados de la encuesta sobre la política que hicieron en grupo y compárelos con los resultados de la encuesta de los estudiantes españoles presentada en el **Desarrollo de temas.** Prepare un artículo breve para un diario estudiantil, presentando los datos y comentando las semejanzas o diferencias entre las respuestas de sus colegas y las de los estudiantes de la Universidad Complutense.

ENSAYOS

Estos proyectos le proporcionan oportunidades para practicar la composición más académica. Según las instrucciones de su profesor/a, emplee las ideas que discutieron en grupo y las técnicas que acaba de practicar. Puesto que todos los tópicos se relacionan con el **Desarrollo de temas,** se pueden consultar las preguntas correspondientes como fuente de ideas. Note que debe inventar un título que refleje bien el enfoque de su propio ensayo.

1. La facultad de su especialización ha solicitado las ideas de los estudiantes sobre el proceso de seleccionar a los profesores. Dé sus propias opiniones y sugerencias.

2. Describa una tertulia real o imaginaria entre usted y sus amigos. Dé detalles sobre el lugar, los participantes y la conversación. Incluya ejemplos del diálogo.

3. Su escuela quiere establecer un nuevo premio para los profesores sobresalientes. Usted es representante de los estudiantes de su especialización en el comité encargado de establecer los criterios para el premio. Se puede reconocer a dos profesores cada año. ¿Cómo deben escoger a los mejores profesores? ¿Qué clase de premio les darán?

4. ¿Qué factores deben ser más importantes al seleccionar los nuevos profesores? Describa el proceso idóneo para solicitar, entrevistar y evaluar a los candidatos, desde la perspectiva de los estudiantes.

5. ¿Cómo debe ser el proceso de admisión a la universidad? ¿Qué factores se deben considerar al hacer las decisiones? Defienda su perspectiva.

REVISIÓN

Para corregir

Lea los siguientes borradores con cuidado y corríjalos, prestando atención especial al vocabulario y a los elementos gramaticales ya repasados.

A los estudiantes de Espana y Latinamerica muchos veces les sorprende la preocupacion de los estudiantes Estadounidenses de el proceso de escogiendo las clases. En éste país, estudiantes miran con ansiedad el horario de clases y consulten a sus consejeros. Esperan que hay espacio en las clases deseadas pero frecuentemente hay ningunos espacios. Escogiendo entre muchísimos clases obligatorias y electivas ofrecidos por todas las facultades de la universidad es dificíl. A veces el estudiante recibe el horario perfecto. Es no descomún que un estudiante de química tiene que seguir una clase de música o de arte, por ejemplo. Tiene requisitos generales, cursos de la carrera, y tal vez otra especialización secundario. En Espana y Latinoamerica el proceso de planeando el horario es generalmente muy diferente. En primer lugar, típicamente es no el estudiante que lo planea. Hay universidades públicas y privadas. El catálogo contiene la lista de clases obligatorias para los estudiantes de tercero año, de periodismo, por ejemplo, y todos los estudiantes de tercero año de ésa especialidad los siguen, a condición de que salen bien en los cursos de este semestre. En muchos universidades no haya ningunos cursos que duran un semestre-continuan por todo el año escolar. Hay no muchos cursos electivos y no mucha variación en el orden de los cursos. Además, estudiantes terminan sus estudios generales con el Bachillerato y ahora en la universidad se enfocan en la carrera. Por eso todas las clases normalmente sean del mismo facultad.

Según los estudiantes, la sistema tenga varias ventaja y desventajas. Pasando por los años universitarias con los mismos compañeros cada año apoya mucho las amistades y la formación de grupos para estudiando. Sin requisitos generales tienen la oportunidad de concentrándose en los estudios profesionales de su carrera. Unas universidades Latinoamericanos tienen requisitos generales. En contra, unos dicen que el sistema no permite que el horario se adapta al individuo y citan el sistema de EEUU como modelo posible para el futuro. Al estudiar en una universidad de EEUU, algunos cambian de idea. A veces es difícil conseguir cursos y graduarse dentro de cuarto años. Los requisitos de estudios generales a veces demandan que los estudiantes dedican mucho tiempo a los cursos fuera de la especialización, y observan que no estudiante tiene la oportunidad de conociendo bien los amigos cuando no comparten más de una clase y tienen nuevos compañeros de clase cada semestre.

Revisión preliminar

Después de completar su borrador utilizando las técnicas ya practicadas, revíselo con cuidado, prestando atención particular a las siguientes preguntas, que también le servirán de guía durante la revisión colaborativa.

- ¿Cuál es el propósito de esta composición? ¿Está claro?
- ¿Qué se puede deducir de la composición, con respecto a los lectores probables? ¿Es apropiada para ellos?
- ¿Resulta interesante leer esta composición? ¿Se puede aumentar el interés del lector de alguna manera?
- ¿Aún queda alguna pregunta escondida sin respuesta? ¿Presenta su composición bastantes detalles concretos?
- ¿Parecen los datos bien seleccionados y suficientes para los propósitos del proyecto?
- ¿Hay detalles o comentarios que no concuerden con el mensaje central?
- ¿Están los detalles bien organizados, o se debe cambiar su presentación? ¿Está claro el enfoque de cada párrafo?

Revisión final

Revise de nuevo su composición y corrija los siguientes elementos, refiriéndose al **Repaso esencial** si necesita repasar algún aspecto.

- Revise con cuidado la concordancia de número y género entre sustantivos y adjetivos, y de número y persona entre verbos y sujetos. ¿Está correcta en todos los casos?

- ¿Se emplean correctamente los artículos definidos e indefinidos? ¿Debe añadirse algún artículo definido u omitirse algún artículo indefinido?
- ¿Está correcto en cada contexto el uso de **ser, estar, tener** y **haber**?
- ¿Se usan los infinitivos de manera correcta? ¿Se ha evitado la sustitución incorrecta del participio presente (gerundio)?
- ¿Se emplea el subjuntivo cuando es necesario?
- Cuando hay negación, ¿se extiende correctamente a lo largo de la oración?
- ¿Están correctas la ortografía (incluso el uso o no de la mayúscula) y la puntuación?

DESPUÉS DE ESCRIBIR

ANÁLISIS DE COMPOSICIÓN

Cuando su profesor/a le devuelva la composición evaluada, haga lo siguiente.

- Prepare una lista de todos los errores que usted pueda corregir por su propia cuenta o consultando su libro de texto o diccionario. Indique entre paréntesis la línea en que aparece cada error en su composición. Corrija estos errores.
- Haga otra lista de todos los errores que no pueda corregir.
- Analice los errores en ambas listas, categorizando aquellos que ocurren más frecuentemente en su composición. Indique también los aspectos más positivos de esta composición.
- Compare y contraste esta composición con las anteriores.
- Escriba un plan personal para remediar las dificultades y mejorar la próxima composición.

Los deportes:
el contexto cultural

CAPÍTULO **3**

ANTES DE ESCRIBIR

LECTURA
DESARROLLO DE TEMAS
TÉCNICAS DE COMPOSICIÓN

El fervor deportivo se combina con el patriótico en este partido de fútbol.

A ESCRIBIR

COMUNICACIÓN Y CORRESPONDENCIA
ENSAYOS
REVISIÓN

DESPUÉS DE ESCRIBIR

ANÁLISIS DE COMPOSICIÓN

RECURSOS PARA LOS ESTUDIANTES

REPASO ESENCIAL DE GRAMÁTICA
(134–142)
VOCABULARIO ESENCIAL (188)

ANTES DE ESCRIBIR

LECTURA

Enfoque

Muchos aficionados a los deportes afirman que los deportistas son los héroes culturales de hoy. Para este escritor, éste es el papel de Sammy Sosa. Al leer el artículo, considere y conteste lo siguiente.

- ¿De dónde es Sosa, y cómo se desarrolló su carrera?
- Comente los efectos del huracán Georges.
- ¿Qué hicieron la Fundación Sosa y otras organizaciones para ayudar?
- Comente la historia del béisbol en cuanto a la actitud con respecto a la raza de los jugadores.
- ¿A qué tipo de lector le va a interesar este artículo?

Sammy Sosa: la vida es hermosa
Robert Heuer

Los fanáticos del béisbol aman a Sammy Sosa y él también los ama a ellos. Pero el corazón de la maravilla del bateo de Los Cachorros de Chicago le pertenece a la República Dominicana, donde su nombre y su fortuna ayudan a construir a un país que ha sido abatido° por las furias de la naturaleza.

    Sammy Sosa, el primer héroe de los deportes en Chicago después de la época de oro del afamado baloncestista Michael Jordan, subía por las escaleras de la trinchera° de Los Cachorros y caminaba hacia la primera base con su bate negro en mano. El estadio de béisbol de Chicago estaba iluminado por el radiante sol de verano. Una brisa agradable soplaba° desde la derecha del diamante, directamente del Lago Michigan. Un día perfecto para el gentío, que entusiasmado llenaba a capacidad los confines del parque. Dentro de un par de horas, Los Cachorros y Los Cardenales de San Louis renovarían su rivalidad de años, presentando el primer encuentro de la temporada° entre los dos titanes° reinantes del béisbol —Sosa y Mark McGwire.

    Media hora más tarde, Sosa participó en una concurrida conferencia de prensa antes de comenzar el juego. "Sammy", le pregunté, "¿Cómo se está recu-

battered

dugout

blew

season
"titans", giants

perando San Pedro de Macorís tras el paso del huracán?" Sus ojos negros, reflejando la luz amarilla de las cámaras de televisión, se abrieron grandes. La pregunta tocó un tema pocas veces preguntado durante entrevistas de béisbol —un tema que demuestra que Sosa es mucho más que un atleta millonario generando noticias para los programas deportivos.

El pasado septiembre, en medio de la afanada° búsqueda de jonrones y mientras la competencia se recrudecía° por el banderín° de la temporada, el Huracán Georges devastó una docena de países caribeños, entre ellos el de Sosa. El más afectado fue precisamente la República Dominicana y, particularmente, San Pedro de Macorís. Centenares de personas murieron, más de 100.000 quedaron sin hogar, y los daños a la propiedad fueron estimados en $2.000.000.000. Sosa quedó afectado. Su recién formada Fundación Sammy Sosa organizó y pagó por la entrega especial de envíos de emergencia —80.000 libras de comida y 25.000 libras de medicina. Asimismo, envió unos 30 envases° de 40 pies llenos de comida y ropa donada.

Entretanto, en Estados Unidos, Sosa convirtió sus entrevistas diarias en una máquina publicitaria para iluminar al público sobre la terrible situación que atravesaban° sus hermanos dominicanos. El departamento de relaciones con la comunidad de Los Cachorros canalizó las contribuciones y recibió más de $450.000, incluyendo casi $230.000 en cheques de aficionados en agradecimiento a Sosa por una fabulosa temporada. El béisbol de la liga mayor contribuyó con $1 millón.

"Quiero agradecer a los americanos..." Sosa contestó, en respuesta a mi pregunta sobre San Pedro de Macorís. Al día siguiente, en las páginas deportivas de los diarios, se mencionaba, por primera vez en meses, la tragedia del huracán y los esfuerzos de Sosa por ofrecer ayuda.

Ya en julio, y con un total de 32 jonrones, Sosa tiene la oportunidad este año de romper el número mágico de 70. Sosa, con 30 años de edad, ciertamente ayuda a Chicago a olvidar el dolor del retiro de Michael Jordan. Al mismo tiempo, él le ha dado al béisbol un empuje de taquilla° auténtico, combinando la personalidad de Orestes "Minnie" Miñoso y el idealismo de Roberto Clemente, alumbrado por la chispa° dominicana.

Minnie Miñoso fue el primer "cubano negro" del béisbol cuando firmó con Los Indios de Cleveland hace 50 años. Apodado° "Coalhouse", esta estrella de los años 50 y 60 usó su "pobre dominio del inglés" para hacer reír a la gente —y todavía es una parte importante de su rutina como orador popular empleado de Los Medias Blancas. Sosa no generaría un estimado de $10 millones en endorsos este año si se portara como su otro héroe, Clemente, cuya pelea° con los medios noticiosos en 1956 comenzó cuando les pidió a los reporteros que no se refirieran a él como "el negro puertorriqueño". Como ciudadano americano, el novato° de Los Piratas pensaba que él debía ser recoñocido como puertorriqueño. Ni más ni menos, y punto. Clemente era muy franco y nunca ganó un certamen° de popularidad, pero cuando iba rumbo° al Museo de la Fama ganó un alto nivel de respeto para los jugadores de pelota latinos. Murió en 1972 cuando el avión de emergencia en el que viajaba se estrelló mientras llevaba abastos° para las víctimas de un terremoto° en Nicaragua.

Esta temporada, Sosa es uno de 71 jugadores dominicanos en las Grandes Ligas. La República Dominicana es una nación caribeña con ocho millones de habitantes, casi la misma población del Chicago metropolitano. Esta nación diminuta y empobrecida ocupa casi el 10% de los puestos en las Grandes Ligas. Para mí, los dominicanos poseen una cierta convicción, una chispa. Usted puede ver esa chispa en el brinquito° que da Sosa cuando se dirige hacia la primera base después de pegar un jonrón y, luego, cuando al llegar a la trinchera, mira a las cámaras de la televisión, y con un gesto que llega al corazón: sopla un beso para su madre Lucrecia, en su casa en San Pedro.

Marginal glosses:

avid

increased / pennant

shipping containers

were facing

a boost at the box office

lit by the spark

nicknamed

dispute

rookie

contest
on the path

supplies
earthquake

step, hop

EN CLAVE

balk= **engaño, movimiento engañoso**
ball= **bola, pelota, blanquita**
baseball= **béisbol**
basepath= **sendero, camino**
bases loaded= **bases llenas, cuatro pescados en una sartén**

CUATRO PESCADOS EN UNA SARTÉN

catcher= **receptor**
curve= **curva**
double= **doble, tube**
fastball= **recta**
first baseman= **inicialista, primera base**
fly ball= **bombo, elevado, palomita**
ground ball= **machucón, out de roleta, rolín**
hit= **hit, sencillo, batazo limpio, indiscutible, línea incogible**

hit batsman= **pelotazo**
home run= **cuadrangular, jonrón**
inning= **inning, entrada, episodio**
1-2-3 inning= **al paso de conga, tres hombres tres outs**
mound= **montículo, lomita**
out= **out, fuera el hombre**
outfielder= **jardinero, guardabosque**
pitcher= **lanzador, serpintero, abridor, relevista**
player= **pelotero, beisbolero**
run= **carrera, anotación**
screwball= **lanzamiento de tornillo, tirabuzón**
second baseman= **intermedista, segunda base, camarero**
shortstop= **jardinero corto, paracorto, siore, torpedero**
slider= **deslizadora**
strike= **strike, estrike**
strikeout= **ponche, ponchado, ponchete**
swing= **swing**
third baseman= **antesalista, tercera base**
triple= **triple**
wild pitch= **lanzamiento salvaje, lanzamiento descontrolado**

DESARROLLO DE TEMAS

Su profesor/a le señalará los temas que luego se convertirán en proyectos de composición. Al considerar estos temas en casa y hacer las actividades en clase, apunte sus ideas para usarlas más tarde al escribir.

1. Mientras unas personas afirman que los deportes promueven la formación tanto moral como física de los jóvenes, otros opinan que en realidad los mensajes asociados con los deportes profesionales son negativos. Citan el énfasis extremo en el dinero y la fama y la necesidad de ganar a todo costo. Además, según ellos, el tiempo y la energía que se dedican a los deportes se pueden emplear mejor en otras actividades. Divídanse en dos grupos para representar las dos perspectivas. Planeen su estrategia para un debate informal, tratando de anticipar las ideas del otro lado para poder oponerlas con evidencia contraria. Después, debatan la cuestión con sus colegas.

2. Tanto en EEUU y Canadá como en Latinoamérica y España, cuando un equipo gana un campeonato o triunfa en un torneo importante se suele celebrar la victoria con desfiles y otras manifestaciones públicas de entusiasmo. ¿Es contagioso el fervor de la celebración? ¿Existe una psicología colectiva entre los aficionados? ¿Qué factores determinan la intensidad de la celebración? ¿Hay otros factores más importantes que el número de seguidores? Explique sus razones y compárelas con las de sus colegas.

3. En Latinoamérica y en España los estudiantes que van a los partidos apoyan el equipo municipal. Por lo general no hay equipos universitarios. En EEUU y Canadá el papel de los deportes en la ciudad universitaria es controvertido. Según algunos, los deportes contribuyen a la reputación nacional de la universidad y les dan a muchos estudiantes la oportunidad de ganar una beca. Otros citan los gas-

```
                   ┌──────────────┐
                   │      25      │
                   └──────────────┘
                    CABLEDEPORTE

   5:00   VOLEIBOL
          E.U.A. VS. BRASIL
   7:00   TENIS (FINAL)
          DESDE: LOS ÁNGELES, CALIFORNIA
   9:00   SKIBOARD
   9:30   FÚTBOL RÁPIDO
          PORTLAND VS. SAN DIEGO
  11:30   NOTICIARIO T. W. I.
          EL DEPORTE ALREDEDOR DEL MUNDO
  12:20   RUMBO A E. U. A. (EN VIVO)
          URUGUAY VS. BRASIL
  14:30   RUMBO A E. U. A. (EN VIVO)
          COLOMBIA VS. ARGENTINA
  17:00   BÉISBOL DE LAS GRANDES LIGAS
  19:00   "LUCHA LIBRE TRIPLE AAA"
  21:00   ESPECTACULAR DEPORTIVO CON:
          JUAN DOSAL (EN VIVO)
  23:00   VOLEIBOL PLAYERO
                   LUNES 16
   1:00   NOTICIARIO T. W. I.
          EL DEPORTE ALREDEDOR DEL MUNDO
   2:00   GOLF TOUR EUROPEO DESDE: SUECIA
   4:00   EL MUNDO DEL RUGBY
```

tos y el conflicto con los estudios de estos equipos semiprofesionales. ¿Qué diría usted si se propusiera la eliminación del programa deportivo de su universidad, o la creación de tal programa si su universidad no lo tiene ahora? ¿Qué cree usted que dirían los otros estudiantes?

4. Tanto en España como en Estados Unidos la televisión permite que los televidentes experimenten la energía y euforia de los partidos deportivos. ¿Cómo presenta la televisión el deporte? ¿Convierte a los jugadores en personajes? Haga una lista de los cambios que se producen cuando se emite un programa deportivo. ¿Cuáles son los resultados? Comente sus observaciones en grupo.

5. En su opinión, ¿qué deportes tienden a ser violentos? ¿Cuáles carecen de (*lack*) violencia? Prepare una lista de los deportes, categorizándolos según este criterio y explicando su clasificación. Luego compare su lista con las de sus colegas. De todos, ¿cuál es el deporte más violento? ¿El más pacífico? ¿Cómo se explica el grado de violencia asociado con diferentes deportes?

6. Imagínese que usted y unos colegas son dueños de un club de fútbol que tiene posibilidades de ganar un torneo importantísimo. Claro que los aficionados

embarrassing

broke out / scratches
ruckus

aftermath

fans

source

blow from a brick

break
wire fence

Bochornosa° jornada de violencia en Neuquén

En el club Municipal hubo heridos y en la cancha de Pacífico destrozos y amenazas

NEUQUEN (AN).—La violencia recaló° en el Mundialito. Una batahola° de grandes proporciones protagonizaron el jueves jugadores, familiares y simpatizantes en el club Muncipal, que dejó como saldo° varios heridos leves —entre ellos diez menores— mientras que en la cancha de Pacífico los enfurecidos hinchas° de Sapere produjeron destrozos y amenazaron a los jugadores decanos en desconformidad por el resultado y la eliminación del certamen internacional. De acuerdo al relato de Norberto Ibáñez, uno de los padres de los chicos y que sufrió una lesión en la cabeza —producto de un ladrillazo°— cuando los jugadores estaban festejando "gente grande comenzó a insultar y tirar piedras desde atrás del vestuario. Pudimos escaparnos por una rotura° del alambrado°, pero igual nos pegaron a todos". De acuerdo a lo informado por los padres, fueron ocho los pequeños que sufrieren hematomas, cortes y rasguños° de distinta consideración. También se informó que varias personas mayores sufrieron lesiones. El dirigente, que también presenta una lesión en la cabeza, reflexionó que "los chicos pierden un partido, lloran un rato, y se calman. Pero aquí se metieron los grandes y la violencia que los jugadores vieron anoche no se la saca nadie de la mente". "Es lamentable que una pelea de padres perjudique al torneo que es de los chicos", dijo un allegado° de la organización del Mundialito. En relación a posibles sanciones anunció que "las autoridades no se han reunido, porque se encuentran recorriendo diferentes puntos de juego, pero puede haber sanciones cuando se compruebe si el club tiene responsabilidad. Nosotros hacemos una fiesta para los chicos, nos duele mucho sancionar a los chicos por cosas de grandes", finalizó.

querrán celebrar la victoria, pero su ciudad tiene una historia de violencia deportiva. Celebren una reunión del comité de dirección para decidir cómo van a promover la celebración del acontecimiento y qué medidas van a tomar para eliminar las incidencias de violencia. ¿Qué proponen hacer? ¿Van a preparar anuncios para la televisión, la radio y/o los diarios? ¿Qué otras opciones hay? ¿Cómo controlarán la situación? Cada miembro debe contribuir sus ideas al plan de publicidad.

TÉCNICAS DE COMPOSICIÓN

Expresar las ideas en oraciones complejas por combinar las frases cortas

Cuando las frases cortas se unen, es más fácil comprenderlas y el lector queda con la impresión de algo bien pensado y completo. Contraste los dos trozos siguientes.

> El fútbol me interesa. Refleja la cultura. Unos dicen que es violenta. Ellos sí tienen razón. Nuestra sociedad es violenta también. Se debe reconocer esto.

> El fútbol me interesa porque refleja la cultura. Los que dicen que es violento tienen razón, pero se debe reconocer que nuestra sociedad es también violenta.

Actividad A   COMBINAR LAS ORACIONES CORTAS

A continuación hay un bosquejo del resumen de un juego entre los Azules de Cayey y los Verdes de Asomante. Combine las oraciones, usando las conjunciones indicadas. Haga todos los cambios necesarios. Después redacte un borrador del resumen.

1. Los jugadores lucharon al máximo. Felipe González, su mejor jugador, estaba enfermo.   (*aunque*)

2. Luis Santana atacó el centro con un ataque aéreo increíble. Él pudo anotar tres golazos.   (*de modo que*)
3. Pepe Vega defendió el arco. Los rivales no marcaron un gol hasta el minuto 48.   (*para que*)
4. El gol decisivo ocurrió en el minuto 99. José Torres atrevidamente colocó un remate a la derecha del arco.   (*cuando*)
5. Los aficionados se alegraron. Su equipo iba a triunfar.   (*ya que*)
6. Los rivales no se dieron cuenta de la gravedad de su situación. Manolo Gómez hizo entrar el balón por milímetros.   (*hasta que*)
7. Los jugadores alzaron los brazos. Penetró el balón el arco.   (*tan pronto como*)

Emplear las transiciones para guiar al lector

Las estrategias de transición son otro método importante que se puede emplear en las composiciones para hacer más precisos sus argumentos e ideas. En general, las transiciones suelen ser expresiones, palabras o frases que conectan las ideas y los argumentos del escritor. Dan fluidez a lo que el escritor intenta comunicar y guían al lector, haciendo más clara la organización del ensayo.

Es esencial que el escritor tenga en cuenta la importancia de orientar al lector hacia la materia y el argumento. El escritor puede lograr eso mediante varias estrategias retóricas que mantienen el interés y controlan la atención del lector. Las transiciones le ofrecen al lector una serie de conectores que facilitan el paso de una idea a otra. A continuación dos versiones del mismo párrafo ilustran el efecto del uso de frases de transición.

Sin transiciones

Se debe analizar el comportamiento de los españoles. El jugador español que anota el tanto grita con delirio la entrada del balón en la portería rival. Los miembros del equipo celebran el triunfo. Se abrazan y dan gritos de euforia. El gol causa explosiones de frenesí en los espectadores. Todo el mundo alza los brazos. Algunos se dejan guiar por sus instintos primarios y penetran el terreno de juego para felicitar al futbolista. El goleador se convierte en héroe. Los gestos de los aficionados afirman el orgullo deportivo. La celebración del gol llega a ser un rito emotivo que expresa el deseo primordial de vencer al enemigo.

Con transiciones

Con respecto a los goles, se debe analizar el comportamiento de los españoles. **En primer lugar,** el jugador español que anota el tanto grita con delirio la entrada del balón en la portería rival. **Por lo general** los miembros del equipo también celebran el triunfo. **Primero** se abrazan y luego dan gritos de euforia. **Casi siempre** el gol causa explosiones de frenesí en los espectadores. **Entonces** todo el mundo alza los brazos. **Debido al frenesí colectivo,** algunos espectadores se dejan guiar por sus instintos primarios y penetran el terreno de juego para felicitar al futbolista. **Como consecuencia** el goleador se convierte en héroe. **Al mismo tiempo** los gestos de los aficionados afirman el orgullo deportivo. **En efecto** la celebración del gol llega a ser un rito emotivo que expresa el deseo primordial de vencer al enemigo.

Los dos párrafos desarrollan esencialmente la misma información. Sin embargo, presentan diferencias importantes. En el primer párrafo, el escritor nos ofrece la información sin ningún encadenamiento (*linking, transition*). Faltan frases que orienten al lector. En el segundo párrafo, se puede notar otra estrategia. Desde el comienzo el escritor emplea una serie de palabras o expresiones que intenta guiar los pensamientos del lector. Las expresiones dirigen el paso de una idea a otra y de una oración a otra. El propósito en este caso es señalar los elementos claves y las conexiones entre las ideas. Todas estas expresiones forman entonces un "segundo nivel" de comunicación que complementa el argumento, expandiendo la información que está desarrollando y estableciendo los enlaces entre las ideas. El párrafo adquiere así más fluidez y resulta más lógico y comprensible.

Actividad B   ANALIZAR LAS TRANSICIONES

Lea el siguiente párrafo de un artículo publicado en Cambio 16 *sobre el fútbol y la televisión. Subraye las transiciones que se encuentran en el párrafo. ¿Por qué las utiliza el escritor? ¿Cómo influyen en la lectura?*

> Como muchos matrimonios perfectos, éste [el matrimonio entre la televisión y el fútbol] nació también en medio de dudosos augurios (*omens*). Que la televisión va a acabar con el fútbol, presagiaban (*foretold*) algunos profetas; que nadie que hubiera visto fútbol por televisión volvería a embarcarse en la aventura de ir a un estadio expuesto a las inclemencias del tiempo, de la muchedumbre y de los ladrones de carteras (*pickpockets*). Al contrario, vaticinaban (*predicted*) otros: cómo puede ser competencia de un estadio en flor ese subespectáculo que es el fútbol diminutivo y recortado que se ve en la pantalla de televisión. Ambos, por supuesto, estaban equivocados. Tanto el fútbol en vivo como el fútbol por televisión han probado que tienen audiencia de sobra (*more than enough*) si el programa que ofrecen es bueno. Contra lo que sostenían muchos acerca del ejercicio individualista de ver televisión, una transmisión tienta (*attracts*) a ese ser social que palpita (*beats, as a heart*) debajo de cada camisa solitaria. Cada vez son más los televidentes que se organizan para gozar tribalmente el partido del sábado, con amigos, tortilla y un vaso de buen vino.

Actividad C   CLASIFICAR LAS TRANSICIONES

Hay una variedad de expresiones y frases que el escritor puede emplear para orientar su mensaje. A continuación se ha agrupado una serie de oraciones. Estudie cada grupo de oraciones y trate de clasificar las frases subrayadas según el significado general que comparten y las categorías que siguen.

causa	incertidumbre
certeza	introducción del tema
contradicción	medios (*means*)
condición	orden temporal
efecto	repetición
hecho imprevisto (*unforeseen*)	

Modelo

Grupo A _____ Efecto _____

1. Perdió todo su dinero y <u>como consecuencia</u> no pudo comprar los boletos. <u>Entonces</u> él tendrá que hacer otros planes.
2. El jugador corrió demasiado tarde, y <u>por eso</u> no pudo llegar a segunda base.
3. El arquero luchó al máximo. <u>Como resultado</u>, los rivales no pudieron marcar un gol.

Grupo B _____

1. <u>Ya que</u> ganamos, podemos descansar un poco.
2. <u>Dada</u> la influencia del alcohol, no se permitirán las bebidas en las tribunas.
3. <u>Visto que</u> ellos no podían, yo me quedé aquí.
4. Cancelaron el baile <u>debido a</u> la violencia de la semana.
5. <u>A causa del</u> frío nos tuvimos que ir.

Grupo C _____

1. Los aficionados le gritaban; <u>sin embargo</u> el beisbolista siguió jugando como si nada hubiera pasado.
2. Hacía mucho calor. <u>A pesar del tiempo</u> jugamos por dos horas.
3. Tenían los mejores jugadores; <u>aun así</u> no pudieron ganar.
4. Trajo un suéter <u>aunque</u> no era necesario. No hacía tanto frío.

Grupo D _____

1. Ella está equivocada. <u>Al contrario</u>, El Madrid ganó.
2. No quería jugar <u>sino</u> descansar.
3. Nadie salió al campo, <u>sino que</u> se quedaron en las tribunas.

Grupo E _____

1. <u>Primero</u> los atletas deben respetar a los rivales.
2. <u>En segundo lugar</u>, los atletas tienen que mantener las tradiciones del deporte.
3. <u>En fin</u> recomendamos que la Federación controle el comportamiento de los atletas.

Grupo F _____

1. Hay cuatro pescados en una sartén; <u>es decir</u>, las bases están llenas.
2. El experto lo confirmó todo; <u>o sea</u>, que la fractura fue causada por el batazo.
3. Ya no hay entradas. <u>En otras palabras</u> ustedes tendrán que volver a su casa.

Grupo G _____

1. <u>Por supuesto</u>, la conferencia será un paso importante.
2. <u>Sin duda</u> el orgullo deportivo local o regional afecta el comportamiento de los aficionados.
3. <u>Claro</u> que hay que cambiar la situación.

Grupo H _____

1. <u>Con respecto a</u> las conferencias, podemos decir que representan oportunidades, sea para el éxito o para el fracaso.
2. El presidente habló <u>con motivo de</u> resolver la cuestión de la violencia.
3. No estaban de acuerdo en lo <u>tocante al</u> tema de la violencia.

Grupo I _____

1. <u>De esta manera</u>, el orgullo deportivo afecta a todos los aficionados.
2. <u>De tal modo</u>, la intoxicación hace a la persona capaz de cometer actos vandálicos.
3. <u>Igualmente</u>, el patriotismo afecta cómo celebran los aficionados.

Grupo J _____

1. <u>A lo mejor</u> los jugadores estaban preocupados.
2. <u>Quizás</u> el equipo necesita descansar.
3. <u>Al parecer</u>, los rivales estaban muy animados.

Grupo K _____

1. Llevo mi paraguas <u>en caso de que</u> llueva.
2. <u>Con tal de que</u> los rivales no marquen otro gol, ganará nuestro equipo.
3. Vamos a celebrar <u>a menos que</u> tú no quieras.
4. Voy con ustedes <u>a condición de que</u> regresemos lo más pronto posible.

Actividad D   SELECCIONAR LAS EXPRESIONES DE TRANSICIÓN

A continuación se presenta un resumen de un artículo sobre las repercusiones del triunfo de Colombia en la Copa Mundial en Bogotá. Faltan las expresiones de transición. Consulte la lista que sigue y elija los conectores lógicos según el contexto. Habrá varias respuestas posibles. Compare sus selecciones con las de sus colegas.

ya que	a causa de	evidentemente
primero	en efecto	además
al contrario	semejantemente	sólo
también	como consecuencia	por eso
claro	sin duda	en cambio
al parecer	lo anterior	por lo tanto
por otro lado	sin embargo	entonces
por supuesto	en segundo lugar	de tal modo

La tragedia de la semana pasada _____ revela una predisposición a la violencia. Los fanáticos quisieron celebrar el triunfo deportivo. Lo sucedido _____ ha sido muy trágico. La policía señaló _____ que hubo 725 heridos. _____ murieron 82 personas en Bogotá. _____ en Cali el festejo se circunscribió a los tradicionales bailes. _____ el fútbol hace proclive a las personas a cometer actos vandálicos. _____ las investigaciones del Ministerio de Salud nos ofrecen otra perspectiva. _____ la baja autoestima y la intoxicación exacerban la situación. Los expertos _____ afirmaron que las consecuencias de esta celebración muestran el nivel de frustración que existe en Colombia hoy en día.

Las frases de transición tambien ayudan al escritor a concretar las relaciones entre los distintos párrafos de un ensayo. Al emplear las transiciones, el escritor puede facilitar el paso de un párrafo a otro. Asimismo puede orientar al lector más claramente hacia el tópico, ayudándolo de este modo a conectar el párrafo anterior con lo que sigue.

Por ejemplo, en el trozo de borrador que sigue, el escritor observa al final de un párrafo que el gol es un rito abiertamente emotivo para ciertos jugadores. En el párrafo siguiente quiere comparar el comportamiento de éstos con el de otros futbolistas.

> ...En efecto la celebración del gol llega a ser un rito emotivo que expresa el deseo primordial de vencer al enemigo.
> Cuando marcan un gol, algunos jugadores no lo celebran, sino que se comportan como si nada pasara. Celebrarlo es faltarle el respeto al rival.

Aunque el escritor sabe de qué va a hablar, es probable que el lector no vea la conexión lógica entre las ideas expresadas en los dos párrafos. Necesitará más orientación para poder entender la relación entre ellas. Para aclararla, el escritor debe añadir una frase de transición a la primera frase del segundo párrafo. Compare la versión siguiente con la anterior.

> ...En efecto la celebración del gol llega a ser un rito emotivo que expresa el deseo primordial de vencer al enemigo.
> En contraste con el delirio que manifiestan algunos jugadores cuando marcan un gol, otros se comportan como si nada pasara. Para ellos, celebrarlo es faltarle el respeto al rival.

En esta versión existe una transición clara que orienta al lector. Al emplear la frase "En contraste" al comienzo del segundo párrafo, el escritor le señala claramente al lector un cambio de propósito. Además, pone el énfasis en el nuevo propósito, o sea, el contraste con el comportamiento ya mencionado. Produce semejante efecto la inserción de "Para ellos". Al atribuir este sentimiento distinto a otro grupo de jugadores, el escritor ya no se contradice. Las transiciones entonces no sólo sirven de señales al lector de las relaciones entre oraciones sino también entre párrafos u otras secciones del ensayo.

CONECTAR PÁRRAFOS   <u>Actividad E</u>

En esta actividad, practique el desarrollo de transiciones entre párrafos. Se dan en cada caso la última frase de un párrafo y el propósito del párrafo que sigue. Escriba una frase de transición que cuadre (squares with, fits) *con el argumento que se expone. Luego compare sus oraciones en clase con las de sus colegas. ¿En qué se diferencian?*

1. Los jugadores no podían celebrar el triunfo. Estaban muy cansados.
   (Hablar de cómo los aficionados lo celebraron.)

   _____

2. Los datos ofrecieron una variedad de perspectivas.
   (Hablar de la importancia de interpretar estos datos.)

   _____

3. Los aficionados saltaron de las tribunas al terreno de juego para felicitar a los campeones.
   (Hablar de los rivales.)

   _____

4. Era el minuto 103. Y habían marcado un golazo.
   (Hablar de la estrategia en los últimos minutos del juego.)

   _____

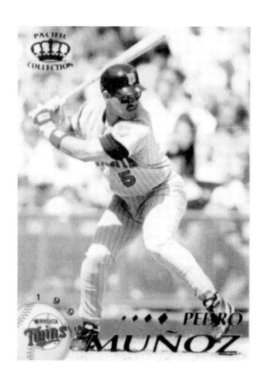

A ESCRIBIR

Primero, siga los pasos ya presentados.

- Considerar bien el tema y escribir sus ideas generales para la escritura.
- Encontrar y contestar las preguntas escondidas para desarrollar sus ideas.
- Seleccionar los datos más convenientes.
- Organizar la información.
- Construir un bosquejo para guiar la escritura.
- Entonces escriba el borrador del proyecto escrito y redáctelo. En ese momento, emplee las técnicas practicadas en este capítulo.
- Expresar las ideas en oraciones complejas al combinar las frases cortas.
- Emplear las transiciones para guiar al lector.

COMUNICACIÓN Y CORRESPONDENCIA

Con estos proyectos practicará la escritura para propósitos personales o profesionales. Según las instrucciones de su profesor/a, emplee las ideas que discutieron en grupo y las técnicas que acaba de practicar. Puesto que todos los temas se relacionan con el **Desarrollo de temas,** se pueden consultar las preguntas correspondientes como fuente de ideas.

1. En esta carta, unos padres, cuyas hijas participan en los programas deportivos de la ciudad, se aprovechan del foro del diario para expresar su oposición a la cancelación del apoyo municipal para los deportes. Otra vez, se nota la fórmula para empezar y el empleo de la forma de cortesía "quisiéramos". Además es frecuente en este tipo de carta la construcción "favor de + infinitivo" para pedir algo. Aquí se encuentra "favor de mostrar su apoyo". Otra muestra de la opinión fuerte de los escritores es su empleo de la palabra *sí* en su sentido insistente: "los programas sí valen el costo". Lea con cuidado las opiniones de ellos y responda con su propia carta al diario.

> Señor Director:
>
> Quisiéramos informar a todos los lectores de los planes de la ciudad de cancelar todos los programas deportivos que actualmente sirven a nuestros hijos, y solicitar su ayuda para apoyar los programas y buscar fondos alternativos para evitar la cancelación. Según la Directora de Información, Rosa Galíndez, la cancelación se debe a una serie de accidentes que aumentaron drásticamente el costo de seguro para tales programas. El alcalde opina que los beneficios de tales programas no justifican los nuevos gastos por parte de la ciudad. Como padres de dos hijas que participan en la liga municipal de fútbol hace tres años, sabemos el valor de estos programas. Espero que los lectores de este diario estén de acuerdo. Si Ud. cree que los programas deportivos sí valen el costo, favor de mostrar su apoyo con cartas y llamadas al alcalde. También buscamos patrones entre los negociantes de nuestra ciudad. Nuestros hijos merecen el apoyo de todos.
>
> *Carlos Antonio Soler y María Rodríguez Soler*
>
> *Padres de dos "Titanes", Julia y Mercedes*

¿Qué lecciones aprenden estos niños en el campo de fútbol?

2. Escriba el reporte del comité de dueños de equipo para evitar la violencia después de los partidos, empleando las ideas que desarrollaron en su discusión del tema.

3. Muchos expertos denuncian los salarios increíbles que se les pagan a los superestrellas del juego. Otros los defienden. ¿Qué piensa usted? Escriba una carta al editor de un diario indicando su postura con respecto a este tema. Recuerde precisar sus puntos con argumentos concretos.

4. Diseñe un programa de deportes de verano para los niños, pensando en todos los aspectos prácticos. Después, prepare un folleto informativo para los padres.

ENSAYOS

Estos proyectos le proporcionan oportunidades para practicar la escritura más académica. Según las instrucciones de su profesor/a, emplee las ideas que discutieron en grupo y las técnicas que acaba de practicar. Puesto que todos los tópicos se relacionan con el **Desarrollo de temas,** se pueden consultar las preguntas correspondientes como fuente de ideas. Note que debe inventar un título que refleje bien el enfoque de su propio ensayo.

1. Analice cómo la violencia afecta ciertos deportes. ¿Qué deportes tienden a ser violentos? ¿Cuáles son más tranquilos? ¿Cómo se explica la popularidad de los deportes muy violentos?

2. En las grandes universidades de Estados Unidos los deportes desempeñan un papel importantísimo. En cambio en los países hispanos tal fanatismo deportivo al nivel universitario no existe. Intente explicarle la importancia de los deportes en las universidades estadounidenses a un estudiante latinoamericano que no conoce muy bien esa cultura. Proporciónele al lector ejemplos concretos que le ayuden a comprender este fenómeno.

3. La televisión ha permitido que los deportes se conviertan en un medio de comunicación social con un impacto propio. ¿Qué mensajes se asocian con los deportes en la televisión? ¿Cómo ha transformado la televisión los deportes? Puesto que son tan famosos, ¿tienen los atletas la responsabilidad de mantener cierta imagen? Explique.

REVISIÓN

Para corregir

Lea con cuidado el siguiente borrador, evaluando las transiciones y cambiándolas si es necesario para que la composición sea lógica y comprensible. Después, proponga un título. Finalmente, corrija el borrador entero, prestando atención especial al vocabulario, a la ortografía y a los elementos gramaticales ya repasados.

Título _____

En nuestra cultura, los atletas siempre han sido símbolos de la excellencia humana. Desde la antigüedad la humanidad ha rendido culto a los jugadores, sean futbolistas o ciclistas es no importante. Al contrario el deber del aficionado es alabar los héroes de los jugos. Como consequencia, el aficionato puede gozar con los jugadores el dilirio de triunfar. Segun algun investigadores, en el trinfo, el espectador experimentar un momento de frenesí colectivo en las cuales se integran los espectadores en un "yo" colectivo. Y el festejo se convierte en una rito social de incorporación.

Algunos expertos ofrecen otra análisis del fenomeno deportivo. Segundo ellos, los desporte libran al espectador de las preocupaciónes. Va al estadio por olvidar. Primero los deportes permiten el hombre común evadir el estrés de su mundo. Al entrando en el estadio el seguidor fiel olvidaba la realidad. Las tribunas de esta manera constituyen un mundo mágico donde el espectador pierde sus inhibiciones, comparte unas cervezas y salchichas con sus amigos y goza las sensaciones del juego. En ambos casos, el deporte satisfacen el deseo de escapar la realidad cotidiana y vivir dentro de un mundo mágico.

Revisión preliminar

Después de completar su borrador utilizando las técnicas ya practicadas, revíselo con cuidado, prestando atención particular a las siguientes preguntas, que también le servirán de guía durante la revisión colaborativa.

- ¿Cuál es el propósito de esta composición? ¿Está claro?
- ¿Qué se puede deducir de la composición, con respecto a los lectores probables? ¿Es apropiada para ellos?
- ¿Resulta interesante leer esta composición? ¿Se puede aumentar el interés del lector de alguna manera?
- ¿Aún queda alguna pregunta escondida sin respuesta? ¿Presenta su composición bastantes detalles concretos?

- ¿Están bien seleccionados los datos y son suficientes para los propósitos del proyecto?
- ¿Hay detalles o comentarios que no concuerden con el mensaje central?
- ¿Están los detalles bien organizados, o se debe cambiar su presentación? ¿Está claro el enfoque de cada párrafo?
- ¿Se deben combinar algunas frases cortas para comunicar ideas completas?
- ¿Hay suficientes transiciones entre ideas y párrafos para guiar a los lectores?

Revisión final

Revise de nuevo su composición y corrija los siguientes elementos, refiriéndose al **Repaso esencial** si necesita repasar algún aspecto.

- Revise con cuidado la concordancia de número y género entre sustantivos y adjetivos, y de número y persona entre verbos y sujetos. ¿Está correcta en todos los casos?
- ¿Se emplean correctamente los artículos definidos e indefinidos? ¿Debe añadirse algún artículo definido u omitirse algún artículo indefinido?
- ¿Está correcto en cada contexto el uso de **ser, estar, tener** y **haber**?
- ¿Se usan los infinitivos de manera correcta? ¿Se ha evitado la sustitución incorrecta del participio presente (gerundio)?
- ¿Se emplea el subjuntivo cuando es necesario?
- Cuando hay negación, ¿se extiende correctamente a lo largo de la oración?
- ¿Las preposiciones **para** y **por** se emplean correctamente?
- Sí se usa el pasado, ¿está clara la distinción entre pretérito e imperfecto?
- ¿Están bien formadas las expresiones temporales con **hacer**?
- ¿Están correctas la ortografía (incluso el uso o no de la mayúscula) y la puntuación?

DESPUÉS DE ESCRIBIR

ANÁLISIS DE COMPOSICIÓN

Cuando su profesor/a le devuelva la composición evaluada, haga lo siguiente.

- Prepare una lista de todos los errores que usted pueda corregir por su propia cuenta o al consultar su libro de texto o diccionario. Indique entre paréntesis la línea en que aparece cada error en su composición. Corrija estos errores.
- Haga otra lista de todos los errores que no pueda corregir.
- Analice los errores en ambas listas, categorizando aquellos que ocurren más frecuentemente en su composición. Indique también los aspectos más positivos de esta composición.
- Compare y contraste esta composición con las anteriores.
- Escriba un plan personal para remediar las dificultades y mejorar la próxima composición.

CAPÍTULO **4**

Las películas: ¿reflejo de la sociedad o fuerza para cambiarla?

¿Dónde estás? La película empieza
en cinco minutos.

ANTES DE ESCRIBIR

LECTURA
DESARROLLO DE TEMAS
TÉCNICAS DE COMPOSICIÓN

A ESCRIBIR

COMUNICACIÓN Y CORRESPONDENCIA
ENSAYOS
REVISIÓN

DESPUÉS DE ESCRIBIR

ANÁLISIS DE COMPOSICIÓN

RECURSOS PARA LOS ESTUDIANTES

REPASO ESENCIAL DE GRAMÁTICA
(143–151)
VOCABULARIO ESENCIAL (189)

LAS PELÍCULAS: ¿REFLEJO DE LA SOCIEDAD O FUERZA PARA CAMBIARLA?

51

ANTES DE ESCRIBIR

LECTURA

Enfoque

Este artículo trata del creciente interés en el mercado hispanohablante de los EEUU, en particular para las películas. Al leerlo, considere y conteste lo siguiente.

- Según el artículo, ¿a qué se debe el nuevo interés por parte de Hollywood en el mercado hispanohablante?
- ¿Quién fue Margarita Cansino? ¿Cómo se contrasta su caso con los de Cameron Díaz y Jennifer López?
- Explique la diferencia entre "ser una actriz que es hispana y ser una actriz hispana".
- ¿Qué le pasó a Luis Valdez, guionista y director de *La Bamba*, mientras se filmaba su película?
- Según John Cones, ya hay mercado e interés por la cultura, los productores, los directores y los actores hispanos. Según él, ¿qué falta para realizar más películas hispanas?
- ¿A qué tipo de lector le va a interesar este artículo?

Fuerza latina: cuando los López, Pérez y García triunfan en Hollywood

Rocío Muso

En Hollywood es conocido como "el gigante dormido", una fuerza en aumento tanto en lo social como en lo económico o en lo político, por no citar la riqueza cultural de un colectivo° que cada día está más presente en Estados Unidos. Su peso es obvio, con 40 millones de personas de origen hispano viviendo en este país, o, lo que es igual, un 14% de su población, y en estos momentos el gigante está a punto de despertar. Al menos en lo que al cine se refiere.

    "Los hispanos van más al cine que los anglohablantes", confiesa Manny González, según los estudios de mercado de *La Opinión*, el principal periódico en español de Los Ángeles. Más palpables que todos los porcentajes son los rostros°. Raúl Julia pasará a la historia como uno de los actores capaces de trascender los estereotipos latinos. La presencia de Edward James Olmos, Jimmy Smits o Hector Elizondo no levanta ninguna sorpresa° entre los telespectadores. Hollywood ya ha aprendido a pronunciar apellidos tan hispanos como el de Andy García, Benicio del Toro, Elizabeth Peña o Jennifer López. "Los hispanos están preparando una gran explosión. Tenemos la oportunidad de cambiar los estereotipos y lo vamos a hacer. Poseemos ese toque° mágico y muchas historias que contar", arenga° la mexicana Salma Hayek.

    Según las crónicas que circulan en esta industria, no se disfrutaba tal ambiente de éxito en la comunidad hispana desde 1940, momento en el que florecieron las mayores leyendas de Hollywood con acento español. "Creo que volvemos a vivir ese período", explica Gilbert Ávila, del sindicato de actores de Hollywood, "un momento en el que vuelven a existir estrellas hispanas que son rentables° para la

Glosas en el margen:
group

the faces

causes no surprise

touch
argues

profitable

industria. Gente joven con talento, como Cameron Díaz o Jennifer López, que han cruzado esa línea en la que se les puede confiar proyectos de alto presupuesto°". Una lástima que Cameron Díaz no tenga ninguna conciencia personal para su linaje hispano, por parte de padre, o que Jennifer López apenas° sea capaz de hablar la lengua de sus antepasados, pero su triunfo anima a una comunidad que cuenta con° otros muchos talentos a punto de florecer.

Al menos en su caso no se ha repetido la historia de Margarita Cansino, transformada en Rita Hayworth para convertirse en una estrella de Hollywood. Díaz o López lucen° con orgullo sus apellidos hispanos junto con los anuncios que piden el voto de los miembros de la Academia para conseguir un Oscar por la calidad de su actuación, no por su origen. "Somos muchos los que seguimos luchando", confiesa Hayek. "Seguimos trabajando para evitar que la maquinaria de Hollywood se salga con la suya° y nos marque nuestro destino".

Este es aún uno de los puntos por aclarar, la definición de hispano en la industria del espectáculo. Como afirma un ejecutivo de Hollywood, la diferencia entre ser una actriz que es hispana y ser una actriz hispana es algo más que semántica, es la diferencia entre protagonizar un filme o ser la criada servil° o la explosiva bomba sexual que acompaña al reparto°. "Cuando Coppola me llamó para trabajar con él no lo hizo porque buscara una actriz latina. Lo hizo porque buscaba una actriz", recuerda Jennifer López. Andy García comparte su opinión, desechando° los estereotipos del latino en Hollywood. "La carrera de galán latino° es aburrida. A mí, dame un personaje y deja de encasillarme°. Soy actor y hago cualquier cosa. Es algo de lo que Hollywood se va enterando° a base de insistir en lo mismo".

El camino por andar aún es muy largo. A Luis Valdez, guionista° y director de *La Bamba*, todavía le impidieron el paso° a las puertas de los Estudios Universal, confundiéndolo con un repartidor° y mandándolo a la entrada de servicios. "Era en 1981 y estaba editando mi propia película en ese estudio. Lo peor es que en el fondo el error no me pilló por sorpresa° porque los únicos hispanos que había visto allí hasta ese momento eran los chicos de los repartos", recuerda. Aunque la situación ha mejorado, el avance es lento a juzgar por los últimos informes del sindicato de directores de Hollywood, donde el porcentaje de realizadores° hispanos no supera° el 2,1%. "Existe un mercado y un interés por nuestra cultura. Hay muchos productores, directores y actores hispanos, pero no hay distribuidoras que garanticen el producto", señaló John Cones en la Conferencia Anual de Cine Latino.

A pesar de los lamentos, el futuro parece prometedor. "Los últimos 10 años han sido mejores que los anteriores. La industria cada vez es más abierta y la audiencia está cambiando, pero las cosas no cambian de repente", dice Nava. Dado que Hollywood se guía mucho por las apariencias, la sensación de auge° creada por la fuerza de las nuevas estrellas latinas es suficiente para crear, entre los ejecutivos de los estudios rivales, esa desazón° que les llevará a preguntar ¿dónde están nuestros proyectos hispanos? "Hollywood acabará abriendo sus puertas a esta vibrante comunidad no sólo porque es de derecho, sino porque es uno de los negocios más lucrativos que se le ha presentado desde hace años", dice la actriz Sonia Braga.

Margin glossary:

budget
scarcely

possesses

show of

triumphs

"the obsequious maid"
stereotypical / cast

shattering / "Latin lover"
pigeonhole me, type
cast me / is coming to
understand
scriptwriter
they blocked his entry
caterer, supplier

came as no surprise to me

filmmakers
is no more than

initiative, increase

uneasiness; frustration

DESARROLLO DE TEMAS

Su profesor/a le señalará los temas que luego se convertirán en proyectos de composición. Al considerar estos temas en casa y hacer las actividades en clase, apunte sus ideas para usarlas más tarde al escribir.

LAS PELÍCULAS: ¿REFLEJO DE LA SOCIEDAD O FUERZA PARA CAMBIARLA?

53

LÁZARO DE TORMES
de José Luis García Sánchez

CINE

La otra mirada de un clásico

Víctor Gallo.—Hace más de ocho años que *El Brujo* encargó a Fernando Fernán Gómez una adaptación cinematográfica de *El Lazarillo de Tormes*. Por motivos de salud, Fernán Gómez tuvo que ceder, comenzado el rodaje, el testigo a José Luis García Sánchez. La película destaca en el protagonista aspectos fundamentales de la persona, desde la dignidad humana, una visión muy positiva de la vida, hasta una irreverente audacia para sobrevivir. El hambre y el sexo son dos elementos muy presentes en la cinta. El segundo de los motivos especialmente, porque se mira lúcida y profundamente esta necesidad básica, que se manifiesta por encima de las convicciones sociales.

La mayor dificultad que tuvo que solventar el heredero de la dirección fue su incorporación a mitad del rodaje. Más aún cuando, antes, Fernando Fernán Gómez la dotara de alma. La producción es una comedia dramática en la que sus directores han reflexionado sobre el género humano, aunque los protagonistas estén concretados en clásicas figuras literarias.

Calificado como un filme complejo por la necesidad de cuidar la imagen, el vestuario y los decorados, *Lázaro de Tormes* rememora el clásico de la literatura de la mano de grandes intérpretes. Rafael Álvarez *El Brujo* tiene experiencia *lazarilla* al haber interpretado a muchos de los personajes de la novela con un solo monólogo sobre un escenario. Completan el reparto Karra Elejalde, Manuel Alexandre y Juan Luis Galiardo, entre otros. Todos ellos contribuyen a que la película, de producción española, ofrezca otra mirada hacia una historia sobre la vida y la naturaleza humana.

1. En la industria cinematográfica, son muy importantes las reseñas en los diarios y revistas, en la televisión y la radio, y ahora también en las páginas-web. En este capítulo puede leer dos reseñas de película. Típicamente, ¿qué detalles o información aparecen en una reseña? ¿Cómo influyen las reseñas al público?

2. Pregúnteles a varios colegas cuál es su película favorita y por qué. ¿Cuáles son las más populares? ¿Se puede discernir alguna tendencia general en las preferencias?

3. ¿Es más prestigioso ser actor/actriz de cine o de televisión? ¿Qué diferencias nota usted entre las películas y los programas de televisión del mismo estilo? En cuanto a la televisión, ¿son más respetados unos programas que otros? ¿Por qué? ¿Son los programas más respetados también los más populares? ¿Existe semejante sistema de valorización para las películas?

4. ¿Qué opina Ud. del sistema de clasificación de películas en los EEUU según la cantidad de violencia y sexo? ¿Qué significa cada categoría? ¿Cómo se compara con la de México que describe Marién Estrada en su artículo "¡Corte!... ¡corte!... ¡y más corte!: La censura en el cine mexicano" en *Revista Mexicana de Comunicación*? ¿Son buenos tales sistemas?, o ¿se necesitan modificaciones?

Actualmente hay cinco clasificaciones con las que se informa al público del contenido de la cinta que va a ver. La clasificación "AA" es para filmes normalmente de dibujos animados, o para documentales educativos que por su contenido pueden ser comprendidos por niños muy pequeños que todavía no saben leer. La "A" es para niños en general; la "B", para adolescentes a partir de los 12 años, en donde hay un poco de sexo, un desnudo velado y un léxico común; las películas clasificadas con "C", aptas para mayores de 18 años, contienen sexo no explícito, contenido fuerte en el lenguaje o violencia muy por encima de lo normal. Finalmente, la "D" es para filmes porno y para acceder a una de estas cintas, es necesario presentar una identificación que certifique la mayoría de edad.

CÓMO SER JOHN MALKOVICH
de Spike Jonze

CINE

En la mente del actor

Luis Jiménez.—El debutante Spike Jonze (quien compagina la labor de realizador con la de actor) dirige esta alocada fábula protagonizada por John Cusack, Catherine Keener y Cameron Díaz. Además, claro está, cuenta con la participación de John Malkovich. El disparatado argumento ha cautivado tanto a crítica como a público, situando esta película en los primeros puestos de taquilla de los Estados Unidos. La idea de meterse en la personalidad de otro siempre ha atraído a cualquiera, y más si se trata de su ídolo, bien musical o bien un actor de moda. Lo que el guionista Charlie Kaufman ha querido retratar en esta historia es eso, una persona que descubre la posibilidad de meterse dentro de la mente de un actor de renombre como es John Malkovich (*En la línea de fuego* y *Juana de Arco,* de Luc Besson).

Un titiritero, cuyo trabajo se desarrolla en la calle, es contratado por una pequeña empresa. Tras una discusión con su compañera sentimental descubre detrás de uno de los muebles de su nuevo despacho una extraña puerta que conduce a la mente del actor John Malkovich. Ese es el inicio de toda la fantástica historia. El director de la cinta es Spike Jonze, acostumbrado a realizar trabajos con imágenes estáticas y algunos vídeos musicales. Además de dirigir esta innovadora película, Spike Jonze también es actor. Su último papel lo encontramos en la reciente *Tres Reyes.* La pareja protagonista está muy bien compenetrada y la forman John Cusack (*Los Timadores, Con Air*) y la actriz Catherine Keener (habitual en películas de Tom Dicillo), cuya interpretación le ha valido ser candidata al Oscar como Mejor Actriz de Reparto.

Al tren de la alocada historia (pero no por ello merecedora de pocos elogios), se suben Cameron Díaz, muy atareada últimamente y a quien veremos en la nueva de Oliver Stone *Un domingo cualquiera*; y por supuesto el protagonista del título: John Malkovich. Las tres candidaturas por las que la película opta en los Oscar (dirección, actriz de reparto y guión original), están muy bien repartidas, y el caso es que *Cómo ser John Malkovich* es una apuesta fuerte por las ideas originales, lo que da a entender que en Hollywood aún quedan originales, lo que da a entender que en Hollywood aún queda talento.

5. Mientras unas películas son pura fantasía o escapismo, otros pretenden analizar o confrontar algún problema social. Hace casi diez años, se estrenó la película *Philadelphia (1993)*, producción norteamericana que aborda el tema de la marginación que padecen los afectados por el SIDA. ¿Existen otros temas o problemas sociales como éste que merecen ser representados en el cine? Con sus colegas, prepare una lista de posibles temas sociales que podrían desarrollarse en el cine. Luego elijan uno y redacten un bosquejo con detalles sobre la trama, los personajes principales, el lugar y el mensaje o propósito del filme.

6. Cada miembro de su grupo tomará papel en una tertulia sobre algún género de película (por ejemplo, el cine bélico, aventuras, las comedias románticas, los dramas, los *thrillers*, las películas de acción, de terror, de desastre, clásicas, musicales, de ciencia-ficción, de monstruos...) desde la perspectiva de un personaje escogido de la lista siguiente. Trate de mantener la discusión basándose en ejemplos concretos.

LAS PELÍCULAS: ¿REFLEJO DE LA SOCIEDAD O FUERZA PARA CAMBIARLA?

55

- aficionado/a a este tipo de película que defiende su género predilecto
- director/a de tales películas que cree que tiene valor el género
- crítico/a que odia este género de películas
- actor/actriz famoso/a del género
- sociólogo/a que ha estudiado la reacción de la gente ante tales películas
- presentador/a que anima a los participantes y mantiene el debate

7. ¿Cómo se presentan los personajes hispanos en las películas y programas de televisión actuales? ¿Se notan estereotipos como los que mencionó el artículo?, o ¿son más variados los papeles?

Ana Castillo: la voz de la mujer chicana
Por Susana Urra Calzada

NUEVA YORK—La voz de Ana Castillo tiene un tono suave que resulta engañoso. Esta escritora lleva un cuarto del siglo alzando esa misma voz con firmeza para hablar de temas tan delicados que muchos políticos ni se atrevan a abordarlos, temas tan espinosos° como el estatus de las mujeres y de los inmigrantes a los Estados Unidos. Nacida en Chicago en el seno de una familia obrera mexicana, esta novelista y poeta, ganadora de varios premios literarios y creadora del término "chicanismo" (combinación de chicano y feminismo), tiene mucho que decir sobre ambos temas. Y casi todo lo que dice es polémico. Como chicanista, Ana Castillo lamenta la imagen que los medios de comunicación ofrecen todavía de la mujer mexicana. "En la televisión, la mujer mexicana siempre ha de ser la criada. No es la abogada, no es la belleza, sino la criada o la madre sufrida de algún malhechor".

¿Pero, y la llamada "explosión latina" de los últimos dos años? ¿Qué hay de las jóvenes superestrellas hispanas, como Ricky Martin y Jennifer López, Salma Hayek y Marc Anthony? ¿Acaso no arrojan ellos luz sobre la cultura hispana? ¿No están impulsando un mejor conocimiento de la realidad latina? Ana Castillo se ríe. "Una explosión de dos artistas y medio, más o menos... es más bien una detonación latina. Siempre se ha dado esta tendencia en esta cultura, como por ejemplo con el movimiento negro pro-derechos civiles. Cuando determinadas personas, por lo que sea, empiezan a acumular demasiada fuerza, los poderes —el gobierno, los medios de comunicación— hacen una de dos cosas: o bien elogian a estas personas y las estimulan, o las matan. Ricky Martin y Jennifer López no suponen una amenaza° para nadie, así que no los van a matar. Los asimilan. Ellos se amoldan a la cultura general". En cualquier caso, Castillo no cree que el empuje° de la música latina vaya a reflejarse en la literatura latina. "Vivimos en un mundo con una capacidad de concentración muy limitada, y el gran momento en que ser escritora latina estaba de moda ya ha pasado. No digo que una autora latina no pueda ser publicada, pero la época en que la gente se fijaba en ti porque eras chicana o llevabas un traje de mariachi ya ha pasado".

threat

impetus, force
thorny

8. ¿Está de acuerdo Ana Castillo con las conclusiones del artículo que abre el capítulo? ¿Qué diferencias se notan entre las dos perspectivas?

TÉCNICAS DE COMPOSICIÓN

Construir la introducción y la conclusión de acuerdo con sus propósitos para la escritura

La introducción

Así como el título, la introducción de la composición sirve para presentarle al lector la tesis o el tema de ésta, para interesarle en la materia y para informarle sobre lo que sigue. Es mejor terminar el ensayo y luego redactar la introducción para que ésta sea más específica y enfocada.

El siguiente artículo ya está completo a excepción de su introducción y conclusión. A continuación se presentan distintas maneras de introducir y concluir el artículo.

> Cecilia Vargas, director del grupo Padres para Películas Responsables, cuestiona los motivos de los ejecutivos de la industria del cine. "Sabemos que al fin y al cabo la meta de ellos es ganar dinero. No los acusamos de ser personas horribles", continúa ella, "y sabemos que muchos tienen sus propios hijos. El problema es que cada vez que hay conflicto entre los valores y el dinero, sale ganando el dinero".
>
> Ese grupo mantiene que por varias razones el sistema actual de letras para indicar si una película es apropiada para los menores de edad no sirve; o mejor dicho, que sólo sirve a la industria porque crea la ilusión de la responsabilidad. "Las categorías son tan vagas y mal definidas", dice una madre, "que no nos dicen nada." Ella se queja que "una película PG-13 puede ser perfectamente apropiada para mi hija de once años, y otra ni siquiera es apropiada para su hermano de quince, así que en mi casa la regla es que en el caso de PG-13 sólo pueden ir si la película la he visto yo. Francamente, me canso de hacer lo que debe hacer la industria".
>
> Francisco Meléndez, padre de tres hijos, está de acuerdo. "Lo que quiero es más información concreta sobre las películas dirigidas a los adolescentes. Con mi hija de kinder casi no hay problema —es aficionada a Disney— pero no es justo limitar a los mayores a las películas de clasificación G. Quieren mirar la película del momento, y yo no tengo tiempo para revisar cada una antes de llevarlos. Para mí, lo que quiero saber es más el contexto en que se presenta el sexo o la violencia. No me gusta que miren las películas que refuercen la irresponsabilidad ni la crueldad."
>
> Otro padre, Pablo Reyes, se preocupa de algo que por ahora no afecta la categorización —la presencia ubicua del cigarrillo en la mano de las estrellas del cine. "Según un artículo que leí recientemente, en 60% de las películas populares uno de los actores principales está fumando. Todos los adolescentes quieren emularlos —así que mientras el gobierno limita los anuncios directos de cigarrillos, de veras las compañías ya no los necesitan. En efecto hacen anuncios de dos horas en forma de película".
>
> Al ser confrontados con tales cuestiones después de una reunión reciente, los ejecutivos respondieron que no era justa la acusación de que ellos no se preocuparon del efecto de las películas en los adolescentes. Dijeron que habían comisionado varios estudios sobre los problemas identificados por los padres, pero que eran muy complejos. "No podemos sustituir a los padres", insistió uno de los ejecutivos.

Para empezar la introducción:

- Resuma la tesis o el tema de la composición entera en una oración completa. Esta oración no se usará tal como es, sino que servirá de base para enfocar la introducción. El artículo que sirve de ejemplo se puede resumir así:

> Mientras los ejecutivos de la industria cinematográfica insisten en su interés en la protección de los niños y en la capacidad de su industria para la autorregulación, varios grupos de padres no están de acuerdo.

LAS PELÍCULAS: ¿REFLEJO DE LA SOCIEDAD O FUERZA PARA CAMBIARLA?

57

- Busque una manera de interesarle al lector. ¿Por qué querrá leer su composición? Emplean los escritores profesionales varias estrategias, entre ellas la sorpresa, la confirmación, la contradicción y el suspenso.

Sorpresa   Busque el hecho más notable o imprevisto de la composición y exprésalo de la manera más asombrante posible.

En cuanto al efecto de las películas en los adolescentes, una de las preocupaciones más grandes de los padres ni siquiera entra en las clasificaciones de la industria.

Confirmación   Básese en la información que el lector ya sabe.

Con respecto a la industria cinematográfica muchos padres creen que las grandes empresas no hacen lo suficiente para proteger a los adolescentes de temas inapropiados.

Contradicción   Empiece con una idea común pero errónea y corríjala.

A pesar de las nuevas clasificaciones para las películas, muchos padres no están satisfechos.

Suspenso   Dé los datos poco a poco, dejando abierta la pregunta clave, tal vez planteándosela al lector.

La industria cinematográfica afirma que sus clasificaciones ayudan a los padres a seleccionar las películas apropiadas para sus hijos. Sin embargo ¿qué opinan los padres?

A veces se puede emplear una citación literal para lograr los mismo efectos.

- Después de despertar el interés del lector con dichas estrategias, se puede resumir brevemente la composición en general, basándose en la frase de resumen ya preparada.

ANÁLISIS DE INTRODUCCIÓN   Actividad A

Lea con cuidado la introducción al artículo que abre este capítulo. Señale todas las técnicas empleadas en la introducción.

La conclusión

En la conclusión se invierte la fórmula de la introducción: se empieza con el resumen de la composición y se termina con una frase bien pensada para llamarle la atención al lector al punto clave del artículo. También le deja al lector con una impresión de conclusión en vez de una parada abrupta. La última frase debe reflejar bien el enfoque de la composición y muchas veces sirve para situar la idea central de la composición dentro de un contexto más amplio. Pero esto no significa plantear generalizaciones tan vagas que no tienen sentido. Compare las siguientes oraciones.

Así se ve que según los padres, la industria ya tiene mucho que hacer.
Así se ve que los ejecutivos no hacen nada.

ANÁLISIS DE CONCLUSIÓN   Actividad B

Ahora lea la conclusión de "Fuerza latina". ¿Cómo logra su autor la meta de ampliar el contexto sin caerse en generalizaciones demasiado amplias? Señale las técnicas empleadas.

Escoger el título para despertar el interés del lector

Muchas veces los ensayos periodísticos o académicos llevan un título doble, en que la primera mitad del título sirve para despertar el interés del lector, y la segunda para precisar el tema, o vice versa. Por ejemplo, un ensayo sobre las películas de terror podría titularse "El monstruo que cautiva el corazón del mundo: análisis sicológico de la popularidad perdurable de las películas de Godzilla".

Actividad C   AÑADIR EL TÍTULO, LA INTRODUCCIÓN Y LA CONCLUSIÓN

Lea el siguiente segmento y escriba un título, una introducción y una conclusión apropiados. Compare sus versiones con las de sus colegas, identificando y explicando las técnicas empleadas.

Título _____

Introducción _____

_____

_____

_____

Recientemente, el grupo Padres para Películas Responsables patrocinó una encuesta profesional de unos 500 padres de todos los EEUU sobre lo que querían en cuanto a las clasificaciones de película. La gran mayoría estaba a favor de algún sistema de clasificación. Sólo 2% estaba en contra. A la pregunta, "¿Qué cosa le parece más inapropiada en las películas para los adolescentes?", las respuestas más frecuentes incluyeron "el abuso sexual", "la violencia contra los niños o animales", y "la violencia sin consecuencias". Otros mencionaron las palabrotas y la ropa demasiado reveladora, especialmente en el caso de los actores adolescentes.

Sin embargo, pocos padres estaban de acuerdo con la frase "Las películas violentas nunca son apropiadas para los adolescentes". En el espacio para dar su explicación, muchos mencionaron películas específicas que consideraron apropiadas a pesar de la violencia, entre ellos *Salvar al Soldado Ryan*, *Pearl Harbor* y *La lista de Schindler*. Según ellos, la violencia de estas películas, principalmente históricas o militares, ocurrió dentro de un contexto moral muy claro, y también se mostraron sus consecuencias.

Casi 70% de los padres dijeron que habían llevado a sus hijos a una película que resultó inapropiada, pero sólo 10% de ellos se marcharon al descubrirlo. 50% hablaron después con sus hijos sobre los aspectos que consideraron inapropiados. 60% dijeron que después del incidente revisaron la película con anticipación o consultaron a algún amigo que la había visto antes de llevar a los hijos. Una madre escribió que no dijo nada a sus hijos después porque estaba avergonzada de hablar de lo que vieron, y un padre admitió que resolvió el caso "informalmente —en los momentos inapropiados, le propuse a mi hija que fuéramos a comprar más dulces".

Al añadir sus propias sugerencias sobre las categorías útiles, una madre dijo que en su círculo de amigos se había desarrollado un sistema de comparaciones con programas de televisión. "Así es fácil identificar el tipo de película". ¿Sus categorías? "Son cinco: como los dibujos animados de sábado por la mañana, como los programas *after-school special* que muestran por la tarde, como las comedias de situación, como los dramas médicos o policíacos,... y como los que muestran en los canales que hemos bloqueado".

Conclusión _____

_____

_____

LAS PELÍCULAS: ¿REFLEJO DE LA SOCIEDAD O FUERZA PARA CAMBIARLA?

59

Esta tienda de vídeo promete "Novedades".

A ESCRIBIR

Primero, siga los pasos ya presentados.

- Considerar bien el tema y escribir sus ideas generales para la escritura.
- Encontrar y contestar las preguntas escondidas para desarrollar sus ideas.
- Seleccionar los datos más convenientes.
- Organizar la información.
- Construir un bosquejo para guiar la escritura.
- Expresar las ideas en oraciones complejas por combinar las frases cortas.
- Emplear las transiciones para guiar al lector.
- Entonces escriba el borrador del proyecto escrito y redáctelo. En ese momento, emplee las técnicas practicadas en este capítulo.
- Construir la introducción y la conclusión de acuerdo con sus propósitos para la escritura.
- Escoger el título para captar el interés del lector.

COMUNICACIÓN Y CORRESPONDENCIA

Con estos proyectos practicará la escritura para propósitos personales o profesionales. Según las instrucciones de su profesor/a, emplee las ideas que discutieron en grupo y las técnicas que acaba de practicar. Puesto que todos los temas se relacionan con el **Desarrollo de temas,** se pueden consultar las preguntas correspondientes como fuente de ideas.

1. Aquí se encuentra una carta formal. La formalidad es indicada por el saludo "Estimada", y por la fórmula de despedida "Atentamente", además del estilo general. Después de leer esta carta, escriba su propia carta para recomendar una película, inventando el tema de la serie, y escribiendo su propia sinopsis original. Si quiere, incluso puede inventar la película.

Profesora Mercedes Rubio Delgado   17 de mayo de 20—

Directora, Serie de Películas

Universidad de Granada

Apdo. de Correos 1978

045078 GRANADA

Estimada Profesora Rubio,

    Siempre he seguido con gran interés la serie de películas de la universidad. Entiendo que el tema de la nueva serie será "El amor en la gran pantalla", y que actualmente se solicitan títulos para incluir. Sin duda alguien ya va a sugerir esta película, pero no puedo dejar de añadir mi propio apoyo para *Sopa de tortilla* (2001). Esta película de la directora María Ripoll fue inspirada por *Comer Beber Hombre Mujer* de Ang Lee, pero en vez de Taiwán aquí se sitúa en el contexto latino de Los Ángeles, donde el patriarca viudo, Martín Naranjo (representado por Hector Elizondo), vive con sus tres hijas, Leticia, Carmen y Maribel (Elizabeth Peña, Jacqueline Obradors y Tamara Mello). Naranjo es un conocido jefe de cocina, y las escenas en que prepara la comida para la familia son verdaderos banquetes visuales, acompañados por una banda sonora que incorpora la tradición latina. Sin embargo, siempre pasa algo para interrumpir la cena. Hay complicaciones con las hijas, pero los escritores, Tom Musca, Ramón Menéndez y Vera Blasi evitaron los excesos a favor de una película más compleja y sutil que celebra la vida cotidiana. Sé que muchas veces la segunda versión de una película ya conocida desilusiona a los aficionados, pero no es el caso con *Sopa de tortilla*. Ripoll da homenaje a la película de Lee, pero con toques muy suyos. Creo que después de verla van a coincidir todos los que asisten al festival con los críticos que ya predicen varios premios para esta película. Además, siendo que es apropiado para casi todos (en EEUU su clasificación fue PG-13, con la que se admiten a los adolescentes), va a atraer un público amplio. Aprecio mucho la oportunidad de recomendar tal película para su serie, que aporta tanto al panorama cultural de la ciudad universitaria.

                       Atentamente

                       Alejandra Torres Mejía
                       Estudiante de la Facultad de Medicina

LAS PELÍCULAS: ¿REFLEJO DE LA SOCIEDAD O FUERZA PARA CAMBIARLA?

61

2. Escriba una reseña de película reciente para un periódico o para la Red.

3. Escriba el diálogo para la tertulia (sobre un género de película) que se describe en **Desarrollo de Temas.**

4. Escriba una reseña ficticia para la película de mensaje social que inventaron en **Desarrollo de Temas.** Incluya los nombres de los actores que representan los papeles y otros detalles para que parezca una película real.

ENSAYOS

Estos proyectos le proporcionan oportunidades para practicar una composición más académica. Según las instrucciones de su profesor/a, emplee las ideas que discutieron en grupo y las técnicas que acaba de practicar. Puesto que todos los tópicos se relacionan con el **Desarrollo de temas,** se pueden consultar las preguntas correspondientes como fuente de ideas. Note que debe inventar un título que refleje bien el enfoque de su propio ensayo.

1. Describa y critique la representación hispana en las películas y televisión actuales.
2. Describa y critique el sistema de clasificación de películas por la cantidad de sexo y violencia.
3. Juzgando por las películas más populares del momento, ¿es importante el mensaje social en el cine de hoy? Explique.
4. Comente los personajes de las películas de hoy. ¿Apoyan los estereotipos o rompen con ellos?
5. Explique la perspectiva de Ana Castillo ante la "explosión latina". Según la cultura popular del momento, ¿tenía ella razón en declarar que dicha explosión latina no fue nada más que moda? ¿O ha tenido efectos más perdurables en la industria del entretenimiento?

REVISIÓN

Para corregir

Unos estudiantes planean una serie de películas y redactan una noticia de prensa para hacer publicidad. Piensan publicarla en el diario estudiantil. Lea con cuidado su borrador, evaluando los datos y moviéndolos o eliminándolos si es necesario para que la composición sea lógica y comprensible. También evalúe el título. Finalmente, corrija el borrador, prestando atención especial al vocabulario, a la ortografía y a los elementos gramaticales ya repasados.

Serie de películas

Unos estudiantes de español están empezando un Sociedad de Cine. El jefe del Departamento nos está dando $300 para semestre por el costo de las películas, y estamos vendiendo refrescos para ganar mas dinero. Va a presentar películas en español para todo la comunidad universidad. Algunos van a tener subtítulos para los que no pueden entender el español. Van a ser películas clásicas y nuevas. Invitamos a todos a participar. También pueden hacer sugerencias sobre las películas.

Hasta este momento no hay ninguna oportunidad local de mirando las películas en español en el gran pantalla. Claro, pueden ir a Chicago durante el fin de semana, o alquilar un vídeo, sino resulta caro viajar, y la experiencia de mirar la película en la televisión solo o con unos amigos no equivale a la experiencia social del auditorio. Si haya interés, pensamos de organizar un grupo de discusión después de cada película para cenar y charlar juntos.

Es muy buena idea venir mirar las películas. Algunos proffesores dan crédito extra. Puedes practicar la comprensión. Va aprender sobre las culturas de Espana y Hispanoamerica. El cine de esta región es muy rico. Incluye melodramas clásicas, películas compromeditas y experimentales de los sesentas, y grandes sucesos contemporaneos. Estamos empezando con *Cría cuervos*, *Retrato de Teresa*, *Como agua para chocolate*, *Lázaro de Tormes y Amores perros*. Unas películas vienen de libros. Van a leer estos libros en las clases de literatura. No cuesta nada porque para los estudiantes españoles la entrada es libre. Los refrescos están muy baratos. Todos deben venir. Traen sus amigos. Recuerda que haya subtítulos por los que no hablan español.

Las películas estarán en el auditorio. Van a ser jueveses a las seite de la tarde. Esperamos a ofrecer muchas películas interesantes.

Revisión preliminar

Después de completar su borrador utilizando las técnicas ya practicadas, revíselo con cuidado, prestando atención particular a las siguientes preguntas, que también le servirán de guía durante la revisión colaborativa.

- ¿Cuál es el propósito de esta composición? ¿Está claro?
- ¿Qué se puede deducir de la composición, con respecto a los lectores probables? ¿Es apropiada para ellos?
- ¿Resulta interesante leer esta composición? ¿Se puede aumentar el interés del lector de alguna manera?
- ¿Aún queda sin respuesta alguna pregunta escondida? ¿Presenta su composición bastantes detalles concretos?
- ¿Parecen los datos bien seleccionados y suficientes para los propósitos del proyecto?
- ¿Hay detalles o comentarios que no concuerden con el mensaje central?
- ¿Están los detalles bien organizados, o se debe cambiar su presentación? ¿Está claro el enfoque de cada párrafo?
- ¿Se deben combinar algunas frases cortas para comunicar ideas completas?
- ¿Hay suficientes transiciones entre ideas y párrafos para guiar a los lectores?
- Evalúe la técnica empleada en la introducción. ¿Va a atraer el interés de los lectores?
- ¿Sirve la conclusión para situar las ideas en un contexto más amplio sin caer en un exceso de generalizaciones?
- ¿Refleja el título un enfoque particular de la composición? ¿Captará la atención del lector?

LAS PELÍCULAS: ¿REFLEJO DE LA SOCIEDAD O FUERZA PARA CAMBIARLA?

63

Revisión final

Revise de nuevo su escritura y corrija los siguientes elementos, refiriéndose al **Repaso esencial** si necesita repasar algún aspecto.

- Revise con cuidado la concordancia de número y género entre sustantivos y adjetivos, y de número y persona entre verbos y sujetos. ¿Está correcta en todos los casos?
- ¿Se emplean correctamente los artículos definidos e indefinidos? ¿Debe añadirse algún artículo definido u omitirse algún artículo indefinido?
- ¿Está correcto en cada contexto el uso de **ser, estar, tener** y **haber**?
- ¿Se usan los infinitivos de manera correcta? ¿Se ha evitado la sustitución incorrecta del participio presente (gerundio)?
- ¿Se emplea el subjuntivo cuando es necesario? ¿Está correcto el tiempo del subjuntivo?
- Cuando hay negación, ¿se extiende correctamente a lo largo de la oración?
- ¿Las preposiciones **para** y **por** se emplean correctamente?
- Si se usa el pasado, ¿está clara la distinción entre pretérito e imperfecto?
- ¿Están bien formadas las expresiones temporales con **hacer**?
- ¿Se incluye la **a personal** para cada complemento de persona?
- ¿Las conjunciones (inclusos **pero, sino** y **sino que**) se emplean correctamente?
- ¿Están correctas la ortografía (incluso el uso o no de mayúscula) y la puntuación?

DESPUÉS DE ESCRIBIR

ANÁLISIS DE COMPOSICIÓN

Cuando su profesor/a le devuelva la composición calificada, haga lo siguiente.

- Prepare una lista de todos los errores que usted pueda corregir por su propia cuenta o al consultar su libro de texto o diccionario. Indique entre paréntesis la línea en la que aparece cada error en su composición. Corrija estos errores.
- Haga otra lista de todos los errores que no pueda corregir.
- Analice los errores en ambas listas, categorizando aquellos que ocurren más frecuentemente en su composición. Indique también los aspectos más positivos de esta composición.
- Compare y contraste esta composición con las anteriores.
- Escriba un plan personal para remediar las dificultades y mejorar la próxima composición.

El futuro del español
¿y el español del futuro?

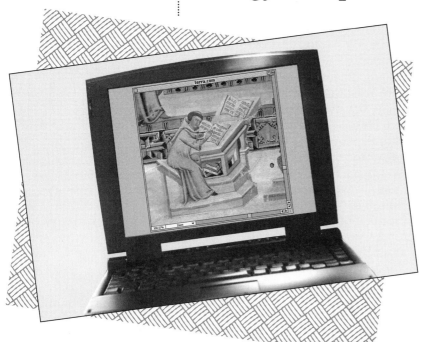

En esta imagen procedente del códice del
Libro de los Privilegios del reino de
Mallorca, *vemos escribiendo, en 1334, a*
Romeu des Paol, transcriptor de esta
compilación de privilegios.

ANTES DE ESCRIBIR

LECTURA
DESARROLLO DE TEMAS
TÉCNICAS DE COMPOSICIÓN

A ESCRIBIR

COMUNICACIÓN Y CORRESPONDENCIA
ENSAYOS
REVISIÓN

DESPUÉS DE ESCRIBIR

ANÁLISIS DE COMPOSICIÓN

RECURSOS PARA LOS ESTUDIANTES

REPASO ESENCIAL DE GRAMÁTICA
(152–166)
VOCABULARIO ESENCIAL (190)

ANTES DE ESCRIBIR

LECTURA

Enfoque

La Real Academia Española no es una escuela, sino un conjunto de autoridades sobre la lengua. Actualmente hay 22 academias —la academia original de España, las 19 de los países hispanoamericanos, la norteamericana y la filipina. Este artículo traza la historia de la Academia y la de la lengua que intenta gobernar. Al leerlo, tome en cuenta los siguientes detalles y conteste las preguntas.

- Según su director, ¿cuáles son los propósitos de la Real Academia?
- ¿Cuándo nació y cómo ha cambiado tras los años?
- ¿Qué opina el director sobre la diversidad del español de diferentes regiones?
- Según él, ¿representan los préstamos de otros idiomas alguna amenaza al español?
- ¿A qué tipo de lector le va a interesar este artículo?

Diálogo con el director de la Real Academia Española: "El inglés es una lengua de usar y tirar"
Diego Gandara

Víctor García de la Concha sostiene que el español "es un idioma pujante° y en expansión".

De paso por Buenos Aires para presentar la nueva Ortografía de la Real Academia Española, Víctor García de la Concha, el flamante° director de la institución, explica que desde que abrieron la página en Internet, las consultas sobre el uso de nuestro idioma se han multiplicado, lo cual los ha llevado a clarificar algunos puntos y presentarlos de manera más clara y más esquemática. Desde su nacimiento en 1713, y bajo la advocación de su lema° fundacional, "limpia, fija y da esplendor", la Real Academia ha tratado de aclarar las dudas de los hispano-hablantes y ha fijado, a veces de manera poco flexible, el uso correcto del español. Sin embargo, con el paso del tiempo la Real Academia aceptó e introdujo cambios en el uso del idioma, que quedaron fijados en 1959, cuando se publicó la última edición de la ortografía de la lengua española. Cuarenta años después, una nueva edición de la ortografía española acaba de llegar a nuestro país, con el valor agregado de que esta vez la ortografía no ha partido de una perspectiva peninsular, españolista, sino que ha nacido del consenso entre la Real Academia Española y las diecinueve academias de los países hispanoamericanos más las academias norteamericana y filipina de la lengua española. De este modo, esta nueva edición recoge, ordena y clarifica lo que la Academia Española tenía disperso en los últimos tiempos y refuerza la atención hacia las variantes de uso americanas.

Unidad y diferencia

Según García de la Concha, con la nueva perspectiva que presenta la "Or-tografía" aparecen "todas las modalidades o variantes que no afectan a la unidad

expanding, lit. "pushing"

brand new

motto

pero que son manifestaciones de esa variedad, de realización de la lengua española en el habla de las distintas personas. Este cambio de perspectiva hace más rica a la ortografía. Porque resalta° o subraya° la unidad, pero al mismo tiempo reconoce las diferencias. Y eso es lo que justifica que en algunos casos se conceda opcionalidad°".

—¿En cuáles, por ejemplo?— En "guión". Es un ejemplo que traduce una mentalidad. Nosotros pronunciamos "guión" como una palabra bisílaba y por lo tanto acentuada, pero todos aquellos hispanohablantes que pronuncian "guion" como una palabra monosílaba, como es el caso de Centroamérica, no tienen por qué acentuarla. ¿Rompe eso la unidad de la lengua? No, son manifestaciones de variedades, de realización en el habla.

—¿Eso significa que en algún momento la Real Academia va a optar por el criterio fonético° de un término?— Eso es un poquito más complicado. Vamos a ver. La lengua es un río que fluye, pero es un río continuo. Y por tanto la fuerza de la tradición es muy importante en la lengua. De la misma manera que la lengua es una cuestión de racionalidad°, también hay un gran componente de sentimiento.

Préstamos° y modas

—¿Cómo ve el futuro del idioma español?—Como una lengua en pujanza, en expansión. Así como hay otras lenguas que están en retroceso°, como el francés, la lengua española está en expansión, y la fuerza la tiene a partir de Hispanoamérica. En Estados Unidos, el avance del español es imparable°. Plantea los problemas que tiene toda lengua en contacto con otras, como es el caso del portuñol° o del spanglish, pero operan de distinta manera. Un publicista mexicano que controla gran parte de la publicidad hispana en Estados Unidos me decía que el comercio de hispanos en Estados Unidos mueve anualmente 270.000 millones de dólares. En un país en el que el dinero es todo, o casi todo, esto puede significar lo que ello refleja.

—¿El hecho de que el inglés se haya convertido en la "lingua franca"° es un riesgo para el idioma español?— El inglés se ha convertido en la lengua de la técnica, de la industria y de las finanzas, y no tiene nada que ver con el inglés de Shakespeare o de Faulkner. Es una lengua de usar y tirar. Lo que ocurre es que a veces un cierto prurito° de snobismo lleva a tomar en préstamo elementos innecesarios. El español, y todas las lenguas, han tomado préstamos. El español tiene cuatro mil arabismos, centenares de italianismos, de germanismos, miles de galicismos°. Ahora toma préstamos del inglés. No está mal, pues hay términos, como "hardware" o "software", que son de uso corriente entre los hispanohablantes. Ahora bien, los préstamos pueden tomarse de dos maneras: tomar una palabra y españolizarla, como el caso de fútbol, o puede tomarse una palabra y respetarla como tal. No pasa nada en ninguno de los dos casos. En el primero, pasamos a sentir la palabra como parte del idioma español. En el otro caso, es una palabra que tomo prestado y uso, y registro como una letra cursiva, como una señal de que no es una palabra española aunque sea de uso generalizado en el español. Con este doble criterio de orientación no hay problema, pues las lenguas están constantemente prestándose. El español también presta al inglés, al francés y al alemán. Estamos continuamente prestándonos cosas. Lo que hace más daño es que uno tome préstamos innecesarios. Lo mismo ocurre con la lengua. No debe tomarse en préstamo aquello que tenemos. Eso es lo que ya constituye un cierto snobismo que hoy es el inglés como ayer fue el francés. Ahora es la moda del anglicismo° innecesario.

Glosses (margin):
foregrounds, emphasizes / underscores
optional status

phonetic, based on sound

rationality

loans

decline

unstoppable
mix of Portuguese and Spanish

Latin for "language that serves as common ground"

strong desire, lit."itch"

French (Gallic) influences

English influence

DESARROLLO DE TEMAS

Su profesor/a le señalará los temas que luego se convertirán en proyectos de escritura. Al considerar estos temas en casa y hacer las actividades en clase, apunte sus ideas para usarlas más tarde al momento de escribir.

Comunicación intercultural para un mercadeo internacional

Leopoldo Bermudez Buitrago

Hoy en día, se discute mucho sobre el proceso de globalización que experimenta el mundo. Para ello, cada nación, al momento de comercializar sus productos, debe preocuparse por fomentar una atmósfera de respeto y mutuo entendimiento que procure un clima de apertura entre los pueblos que conforman esta aldea° global. Aun así, a la hora de comunicarse pueden surgir problemas aun para las personas que hablan la misma lengua. Por ejemplo, si un panameño enviase un e-mail a un venezolano preguntando en dónde puede adquirir una hermosa y gran "cuchara" para su colección; el mensaje sería recibido con una cara muy expresiva, pues "cuchara" en Venezuela es el órgano sexual de la mujer. Asimismo, existen docenas de palabras que mientras que para un panameño son de uso diario; para otro hispanoparlante adquieren un significado diferente. La misma situación puede repetirse en el mercadeo y la publicidad on-line. En este sentido se debe ser cuidadoso al redactar cualquier mensaje para Internet que llega simultáneamente a todas partes del mundo. Lo mismo sucede con los programas estadounidenses que son doblados° en un país de acuerdo al lenguaje de esa nación. Muchas veces estos programas contienen información incomprensible para otras personas que no sean de donde se dobló el programa. Es famoso en los anales del mercadeo y la publicidad internacional el caso de una famosa gaseosa que vendía en un país oriental su producto bajo el slogan "Come alive with..." lo que el público entendía era que sus ancestros vendrían del más allá. Por otra parte, la pasta dental CUE que se promovía en Francia sin saber que CUE es el nombre de una revista pornográfica en este país. Lo mismo sucedió con una aerolínea que promocionaba sus servicios rendezvous lounges sin saber que en portugués rendezvous es un pequeño cuarto para tener sexo. McDonald's es tal vez una de las franquicias° más importantes del mundo y que realiza investigaciones profundas de mercadeo antes de realizar cualquier movimiento comercial. Hace poco tiempo, la franquicia estadounidense lanzó su primer restaurante en la India. Por supuesto, sirviendo cordero en lugar de carne de res, pues la vaca es un animal sagrado en la India. La misma empresa lanzó hace poco en Malasia la promoción de sus cajitas felices con los peluches° Hello Kitty, personaje japonés que está super pegado° en Asia en estos momentos. Los tacos, la popular comida mexicana son servidos a un vasto público en Japón. Entre la comida latinoamericana sólo existen restaurantes mexicanos. De hecho, en los supermercados se pueden encontrar todos los productos para preparar unas buenas enchiladas. En los supermercados japoneses también encontrará detergentes hechos en América Latina y mercadeo con instrucciones en español y japonés, al mercado nihongo°. Hoy en día, la importancia del mercadeo global radica en adaptarse a la idiosincrasia del país en el que se quiere introducir el producto sea éste de cualquier tipo o uso. Vayamos juntos hacia un mundo sin barreras; pero, sin perder nunca nuestra identidad cultural.

village
franchise

stuffed toys

(slang) extremely popular

dubbed

Japanese

1. Al distribuir sus productos en el extranjero, muchas compañías suelen exportar anuncios realizados por una agencia publicitaria en su país de origen. A veces gustan los anuncios, pero en algunos casos la propaganda extranjera simplemente

"no sirve para nada". Teniendo en cuenta las diferencias culturales, analice algunos de los anuncios comerciales más populares actualmente en EEUU o Canadá. ¿Cuáles tendrían sentido y posible éxito en Latinoamérica o en España? ¿Cuáles resultarían ofensivos? En cada caso, explique por qué.

2. En varias partes de EEUU hay movimientos contra el uso del español por las agencias gubernamentales. Sus partidarios intentan promulgar nuevas leyes para demandar el uso exclusivo del inglés. ¿Qué opina Ud. sobre estos movimientos? ¿Qué los motiva? ¿Qué efecto tendrán en la sociedad si logran sus metas?

Espanglish	Español	Inglés
antibaby	píldora anticonceptiva	birth control pill
ancorman	presentador de noticias	tv news personality
babay	adiós	bye-bye
beseler	éxito de librería o de ventas	best-selling item
brainstormear	considerar ideas	to think intently
brode	hermano, amigo	pal, friend
cibernauta	usuario de la internet	web navigator
databais	base de datos	database
drinquear	beber	to drink
estufiar	inhalar drogas	to sniff drugs
fletera	coqueta	female flirt
guachear	observar con cuidado	watch out
gufear	bromear	to joke, to kid
hood/hud	barrio	neighborhood
imail	correo electrónico	e-mail
imailiar	enviar correo electrónico	to send e-mail
jaina	cariño	honey, sweetheart
lis	renta	lease
lobi	cabildear	lobby
lonchear/lonche	almuerzo	to lunch
maicrogüey	horno de microondas	microwave oven
maus	elemento de computadora	computer mouse
mopa	trapear	mop
mula	dinero	money
nerdio	estudioso/tímido	nerd
parisear	festejar/ir a una fiesta	to hang around parties
printear	imprimir	to print
queki/queque	pastel	cake
ringuear	llamar por teléfono	to ring
sochal	número del Seguro Social	Social Security number
taipear	teclear	to type
tiquetero	vendedor de boletos	ticket seller
troka	camión	truck
ufo	ovni	unidentified flying object
víbora	pene	penis
vate	agua	water
wachear	ver/observar	to watch
yanitor	empleado de limpieza	janitor
yoguear	trotar	to jog
yuca	cubanoamericano	young urban cuban american

Algunas palabras del **Diccionario de espanglish** *por Ilan Stavans, traducidas por Jorge Ramos*

3. Debate. El espanglish es una cuestión palpitante hoy en día. Mientras unos sostienen que es una evolución natural e inevitable del contacto habitual entre dos idiomas, otros insisten en que va a destruir un idioma u otro. Formen grupos para investigar y debatir las consecuencias del espanglish. Su profesor/a les señalará a cuál grupo pertenecerán. En grupo, prepárense para debatir.

Grupo 1: En contra del espanglish

- Señale las desventajas del uso del espanglish.
- Trate de anticipar los argumentos a favor del espanglish que el otro grupo presentará. ¿Cómo va a responder su grupo punto por punto?

Grupo 2: A favor del espanglish

- Señale las ventajas del uso del espanglish.
- Trate de anticipar los ataques que va a armar el otro grupo. ¿Cómo responderán Uds.?

4. El bilingüismo es más común entre los jóvenes, y a veces les toca traducir las conversaciones entre sus maestros y su familia sobre su comportamiento, notas y actitud en la clase. Si todo va bien, es solamente un poco incómoda la situación, pero en caso de críticas puede ser muy difícil para los hijos comunicarles a los padres las "malas noticias". ¿Qué pueden hacer las escuelas para resolver esta dificultad ahora mismo? ¿Y para el futuro?

5. La Constitución Española de 1978 afirma que el castellano "es la lengua española oficial del Estado" (Art. 3.1) y que las demás lenguas españolas "serán también oficiales en las respectivas Comunidades Autónomas de acuerdo con sus Estatutos" (Art. 3.2). Ya que el pueblo español ratificó esta legislación, el gobierno ha tenido que sostener el concepto de cooficialidad mediante legislación que admite la normalización de las distintas lenguas españolas. Pero en otras naciones no se admiten lenguas cooficiales ni se reconocen los distintos idiomas indígenas como lengua oficial de un país. ¿Cómo se debe determinar el idioma oficial de una región? ¿Qué criterio se debería aplicar? ¿Quiénes deberían decidirlo? ¿Cómo se regula este asunto?

6. En España, los que planean el currículum para las escuelas primarias y secundarias ahora confrontan la cuestión del empleo de varios idiomas regionales en adición al castellano, que corresponde más con el español del resto del mundo hispanoparlante. Lidian (*They argue*) con el concepto de la cooficialidad de las lenguas españolas y el derecho a la enseñanza en la lengua deseada. Esta cuestión es particularmente complicada debido al ambiente político español de los últimos cincuenta años, ya que bajo el régimen de Francisco Franco (1939–1975) hubo represión política de todos los idiomas menos el castellano; así que para muchos la enseñanza de otros idiomas tiene gran significado. ¿Qué opina Ud.? ¿Cómo se debe determinar el idioma oficial de enseñanza de una escuela? ¿Quiénes deben decidir? ¿Qué piensa sobre el derecho a la enseñanza en el idioma deseado o el requisito de estudiar otros idiomas junto con el idioma oficial?

Ejemplos de los cuatro idiomas más comunes de España
Extracto del documento fundamental de las Naciones Unidas

ESPAÑOL
330.000.000 hablantes en España, Guinea Ecuatorial, Hispanoamérica y las Filipinas

Declaración Universal de Derechos Humanos

Todos los seres humanos nacen libres e iguales en dignidad y derechos y, dotados como están de razón y conciencia, deben comportarse fraternalmente los unos con los otros.

Toda persona tiene los derechos y libertades proclamados en esta Declaración, sin distinción alguna de raza, color, sexo, idioma, religión, opinión política o de cualquier otra índole, origen nacional o social, posición económica, nacimiento o cualquier otra condición.

CATALÀ (CATALÁN)
4.353.000 hablantes en Cataluña, las Islas Baleares, Valencia (valenciano), partes de Aragón y Murcia, la región Roussillon de Francia, Andorra, y la ciudad italiana de Alguer, Sardinia.

Declaració Universal de Drets Humans

Tots els éssers humans neixen lliures i iguals en dignitat i en drets. Són dotats de raó i de consciència, i han de comportar-se fraternalment els uns amb els altres.

Tothom té tots els drets i llibertats proclamats en aquesta Declaració, sense cap distinció de raça, color, sexe, llengua, religió, opinió política o de qualsevol altra mena, origen nacional o social, fortuna, naixement o altra condició.

GALEGO (GALLEGO)
4.000.000 hablantes en Galicia, partes de Asturias y Castilla-León

Declaración Universal dos Dereitos das Persoas

Tódolos seres humanos nacen libres e iguais en dignidade e dereitos e, dotados como están de razón e conciencia, díbense comportar fraternalmente uns cos outros.

Toda persoa ten os dereitos e liberdades proclamados nesta Declaración, sen distinción ningunha de raza, cor, sexo, idioma, relixión, opinión política ou de calquera outra índole, orixe nacional ou social, posición económica, nacemento ou calquera outra condición.

EUSKERA (VASCO)

588.000 hablantes en las provincias de Guipúzcoa, Vizcaya, Navarra, partes de Álava y unas regiones francesas de los Pirineos

Giza Eskubideen Aldarrikapen Unibertsala

Gizon-emakume guztiak aske jaiotzen dira, duintasun eta eskubide berberak dituztela; eta ezaguera eta kontzientzia dutenez gero, elkarren artean senide legez jokatu beharra dute.

Gizaki orori dagozkio Aldarrikapen honetan adierazitako eskubide eta askatasunak, eta ez da inor bereziko arraza, larru-kolorea, sexua, hizkuntza, erlijioa, politikako edo bestelako iritzia, sorterria edo gizarteko jatorria, ekonomi maila, jaiotza edo beste inolako gorabeheragatik.

El texto entero del documento se encuentra en http://www.unhchr.ch/udhr/navigate/alpha.htm

Además de estos idiomas, el gobierno central de España reconoce también la presencia del bable en Asturias, y la diversidad lingüística de Aragón. Algunos residentes del norte de los Pirineos hablan aranés (*Occitan*).

TÉCNICAS DE COMPOSICIÓN

Escoger las estrategias para persuadir al lector

Las estrategias persuasivas casi siempre recurren al lenguaje figurado, a las imágenes vivas, a las metáforas y a otras figuras retóricas para conmover al lector. Al emplear estas estrategias emotivas, el objetivo del escritor sigue siendo convencer al lector de que acepte los méritos de una idea, pero en vez de apoyarse solamente en datos concretos, el escritor trata de estructurar su ensayo de una manera más bien afectiva. Le

"Hay solamente un camino": anuncia el cartel en la mesa en esta agencia publicitaria. ¿Qué será el producto?

ofrece al lector una serie de impresiones o imágenes, generalmente sensoriales, que apoyan los puntos del ensayo. La acumulación de inferencias y asociaciones lleva al lector hacia el convencimiento. En gran parte, la persuasión se logra mediante asociaciones en vez de argumentos explícitos o datos concretos. Las estrategias emotivas pueden tener un gran efecto en el lector siempre y cuando el escritor tenga una clara idea del propósito de lo que escribe.

Para tener éxito en la escritura persuasiva, es esencial tener en mente a un lector específico. Los escritores profesionales que practican el arte de la persuasión son observadores astutos de la humanidad y aprenden a distinguir entre sus propios deseos y los de su público. La persuasión se logra cuando el lector adopta el punto de vista del escritor. Por ejemplo, al redactar un ensayo sobre la situación de los que no tienen hogar, puede definirse el problema, citando datos concretos que expliquen por qué es importante ayudar a la gente sin hogar. O en vez de amontonar una serie de datos que expliquen esta situación, uno puede aducir argumentos emotivos que llevarán al lector a reconocer el estado lamentable de la gente sin hogar y sugerirle cómo prestarles ayuda. El siguiente ejemplo ofrece una posible táctica que apela al valor de la justicia.

> Usted ya tiene todo lo que necesita. La justicia exige lo mismo para aquéllos que no tienen hogar. Actúe y cambie las condiciones de vida de aquellos pobres.

Asimismo se puede aludir a otros que se han esforzado por mejorar la situación de la gente sin hogar, apelando al deseo del lector de asociarse con personas admiradas.

> Fulano de Tal, estrella de tele y cine, ha dedicado varios años de trabajo para esta causa. Usted también podrá dedicarse a la lucha contra la lamentable condición de la gente sin hogar.

La publicidad típicamente se vale de semejantes estrategias asociativas para convencer a su público del objetivo. Imagínese un anuncio que presente a un cantante popular bebiendo un refresco. El mensaje es inequívoco: si bebe tal refresco, va a estar de moda porque tal cantante también lo bebe. ¿O es que se cree que el cantante tenga un paladar especialmente sensible a los sabores y por eso se confía en sus juicios? Sin duda, el anuncio no comunica el mensaje explícitamente, pero sí lo sugiere a través de una imagen que hace al público pensar en la relación entre el refresco y el cantante que lo está consumiendo.

Actividad A   PERSUADIR AL LECTOR

Lea cada oración y decida a qué deseo o valor apela. Luego compare sus observaciones con las de sus colegas.

1. "Amor a primera pista. De la vista nace el amor. Y en la pista, el Accord Coupe te robará el corazón".
2. "Norteamérica es indiscutiblemente la primera potencia económica mundial. Un mercado fuerte y dinámico, formado por empresas muy innovadoras, que han permitido mantener el dólar inquebrante en su posición de moneda refugio".
3. "Como decía mi papá, el que a buen árbol se arrima, buena sombra le cobija. Se trata de más que conexiones claras y rápidas... Es cuestión de darle prioridad al cliente. De entender su idioma. De tratarlo con respeto. Se trata de anticipar sus necesidades y ayudarlo a sacar el mayor provecho de nuestra experiencia como proveedores de servicios de larga distancia".
4. "Los trajes de El Corte Inglés. El estilo más atrevido. La combinación de diseños nuevos con colores audaces. Una firma muy exclusiva. El último grito. El Corte Inglés. Especialistas en ti".

LA PUBLICIDAD NO SIRVE PARA NADA

...si no es inteligente, atrevida, profesional, moderna, ambiciosa,
práctica, vendedora, veraz, enamorada del producto, creativa,
ingeniosa, con personalidad, dinámica, impactante, ágil,
despierta, convincente, curiosa y sobre todo honesta;
muy honesta con los dientes.

C R E A   I M A G E N   P U B L I C I D A D
C A L I

Prestar atención a la connotación de las palabras

Cada palabra tiene una denotación particular, es decir, el sentido estricto tal como lo
define el diccionario. A veces la misma palabra puede tener otro significado como
consecuencia de las asociaciones unidas a ella. Este segundo significado se denomina
el sentido connotativo de la palabra. Lea los siguientes ejemplos de este fenómeno.

Hoy **andamos** por el parque.

Hoy **paseamos** por el parque.

Los dos verbos denotan la actividad de caminar de un lugar a otro. Sin embargo, al
nivel connotativo cada verbo porta un mensaje muy distinto. El verbo *andar* sugiere
el movimiento sencillo de un lugar a otro. En cambio, *pasear* le hace al lector pensar
en algo más divertido, en andar por diversión, por ejemplo, o en una excursión por
el parque.

A veces la misma palabra posee múltiples significados. La palabra *casa* denota un
edificio que sirve de vivienda a las personas. La misma palabra también tiene un
sentido más figurado. Es posible asociar *casa* con el concepto de comodidad, seguridad o protección. Asimismo, *casa* puede comunicar la idea de unidad, estabilidad o
herencia.

El escritor siempre debe tener en cuenta la connotación cuando decide elegir una
palabra para conseguir cierto efecto deseado. Lea la siguiente oración.

Cuando entras en nuestro restaurante, estás en tu casa.

No quiere decir que el cliente entra en una vivienda, sino que en el restaurante el
cliente va a encontrar un ambiente simpático e informal, tal como si estuviera en su
casa. El escritor logra este mensaje mediante la función connotativa de "estar en su
casa". El lector, por su parte, identifica ciertas asociaciones con "estar en su casa" y
entiende lo que el escritor quiere comunicar. Esta identificación positiva ocurre si la
selección de palabras concuerda con lo que el escritor desea decir.

Same name, different game

It's all about brand performance... with a kick! However, when playing in the Hispanic field your brand needs the strength of a consumer-driven, experienced and strategically-oriented team like The Bravo Group. Our unique marketing tool, the BrandAsset® Valuator, is the largest across-category brand database for helping build and integrate global and Hispanic strategies. The result is Gold Effie-winning advertising. Contact Linda De Jesús at (212) 614-6014 or linda-ny_de_jesus@yr.com. Because whether it's Football or "Fútbol," winning is the name of the game.

The Bravo Group
New York   San Francisco   Miami

Member of the Young & Rubicam group of companies

Para llegar a dominar las connotaciones, hay que dedicarse a la lectura atenta del español, notando el uso, el tono y las asociaciones que se manifiestan en relación con las palabras. Además es imprescindible disponer de un buen diccionario. Hay que fijarse bien en las connotaciones para evitar el uso de palabras que no corresponden al contexto o que no tienen sentido dentro de éste.

Actividad B   EXPLICAR EL SIGNIFICADO

Lea con cuidado las siguientes oraciones y explique las diferencias de connotación entre las tres palabras en negrita. Entonces escriba en el espacio en blanco en la última frase la palabra más apropiada según el contexto y prepárese para explicar su decisión.

1. **sabio, listo, astuto**
    a. Mi abuelo es muy **sabio.** Siempre hablo con él cuando tengo un problema.
    b. ¡Qué **listos** son los alumnos de su clase! Saben toda la tabla de multiplicación.
    c. Los mejores corredores de bolsa son muy **astutos.** Saben cuándo comprar o vender las acciones.
    d. Nuestro banco le ofrece la seguridad de cincuenta años de experiencia. Aprovéchese de nuestros consejos _____ hoy.
2. **comunicar, contar, decir**
    a. Después del accidente, la policía nos **comunicó** lo sucedido.
    b. Vi a mis amigos en el Café Oriente y ellos me **contaron** la historia de Miguel.
    c. Después de una larga historia, Miguel me **dijo** la verdad.
    d. Fue un episodio largo, pero mi amiga me lo _____ todo.
3. **disminuir, caer, bajar**
    a. El número de estudiantes no **disminuyó,** sino que se quedó igual.
    b. Después de la batalla **cayó** la ciudad.
    c. Anoche **bajó** la temperatura y tuvimos que cerrar las ventanas.
    d. Después de la invasión el gobierno _____.

4. **costoso, precioso, valioso**
   a. Me gusta aquella blusa de seda de mangas rojas, pero no voy a comprarla. Es demasiado **costosa.**
   b. Tiene ojos azules y pelo rubio. Y se comporta como un caballero. ¡Qué niño tan **precioso!**
   c. Me han dicho que la moneda que encontré en la playa es muy **valiosa.**
   d. Muchísimas gracias por su ayuda _____.

5. **antiguo, viejo, anciano**
   a. Los textos son muy **antiguos.** Se escribieron en el siglo XIII.
   b. Hace dos años que compré el abrigo azul. No es tan **viejo.**
   c. Es un tío **anciano.** Nació en 1898.
   d. Compré un Mustang de los sesenta. Por ser tan _____ el coche, no tengo que pagar impuestos.

A ESCRIBIR

Primero, siga los pasos ya presentados.

- Reflexionar sobre el tema y preparar un bosquejo con las ideas generales.
- Encontrar y contestar las preguntas escondidas para desarrollar sus ideas.
- Seleccionar los datos más convenientes.
- Organizar la información.
- Construir un bosquejo para guiar la escritura.
- Expresar las ideas en oraciones complejas, eliminando así la proliferación de frases cortas.
- Emplear las transiciones para guiar al lector.
- Construir la introducción y la conclusión de acuerdo con sus propósitos para la escritura.
- Escoger el título para despertar el interés del lector.
- Entonces escriba el borrador del proyecto escrito y redáctelo. En ese momento, emplee las técnicas practicadas en este capítulo.
- Escoger las estrategias para persuadir al lector.
- Prestar atención a la connotación de las palabras.

COMUNICACIÓN Y CORRESPONDENCIA

Con estos proyectos practicará la escritura para propósitos personales o profesionales. Según las instrucciones de su profesor/a, emplee las ideas que discutieron en grupo y las técnicas que acaba de practicar. Puesto que todos los temas se relacionan con el **Desarrollo de temas,** se pueden consultar las preguntas correspondientes como fuente de ideas.

1. En las páginas siguientes hay ejemplos de una carta para solicitar empleo y de un currículum. Empleándolos como modelos, redacte su propia carta, solicitando algún puesto como si fuera recientemente anunciado en el periódico *El País* e inventando su currículum vitae para acompañar la carta.

2. Usted ha notado durante una visita reciente a la sala de emergencia que el hospital necesita alguien que hable español para trabajar en la recepción. Le parece una buena oportunidad de crear su propio empleo. Una amiga suya que es médica le informa que la directora de la sala de emergencia habla español.

17 de noviembre de 2001

Alicia Márquez Soto
Avenida de la Independencia, 42 Ciudad Juárez
006600 MÉXICO D.F.

Director de Recursos Humanos
Europublicidad Torre Picasso 9-1
28080 MADRID

Muy señor mío:

Con referencia al puesto de Director de Márketing que anunciaron recientemente en *El País*, me dirijo a usted ahora para comunicarle que quisiera presentar mi candidatura. En el adjunto currículum vitae se encontrarán detalles de mi carrera hasta la fecha. Tengo las siguientes calificaciones y experiencias:

Después de finalizar mis estudios universitarios en 1993, trabajé como subdirectora de márketing para una empresa multinacional norteamericana. Desde 1996, dirijo el departamento de gestión en la empresa Publicidad Internacional S.A. Además he coordinado campañas publicitarias, así como asistencia al cliente. Tengo perfecto dominio del inglés y sólidos conocimientos del francés hablado. Domino el entorno MAC y PC, y los sistemas ADOBE.

Agradezco a Ud. la atención que me pueda dispensar, y quedo a su disposición para ampliar datos. Por supuesto, le proporcionaré cualquier otra información detallada que necesite.

A la espera de su respuesta, le saludo muy atentamente.

Alicia Márquez Soto

Anexo: Currículum Vitae

Escríbale a ésta para convencerla de la necesidad de crear este puesto y presentarle sus habilidades como candidato/a.

3. Un amigo suyo que es maestro en una escuela primaria le pide que lo ayude durante sus reuniones con los padres de algunos de sus alumnos. Dos o tres de las familias hablan solamente un poco de inglés y quiere que usted le sirva de traductor/a al hablar con ellos de sus hijos. Al saber de su éxito durante esta experiencia, el director de la escuela le pide que prepare usted una carta para ofrecer a otras familias sus servicios de traducción y convencerlos de la utilidad de éstos a la hora de hablar con los maestros de sus hijos.

4. Escríbale al editor de su diario una carta en la que presenta su postura a favor o en contra del movimiento *English-only* y procura convencer a los lectores de su punto de vista.

5. En la sección editorial de cierto diario recientemente apareció la carta de un escritor que expresaba su temor de que, al incluir el estudio de otras culturas en las escuelas primarias, los niños perdieran la oportunidad de estudiar temas más tradicionales. Responda a esta carta, expresando su opinión.

CURRÍCULUM VITAE

Datos personales

NOMBRE Y APELLIDOS: Alicia Catalina Márquez Soto
FECHA DE NACIMIENTO: 20 / 3 / 70
LUGAR: México, D.F.
ESTADO CIVIL: soltera
DOMICILIO ACTUAL: Avenida de la Independencia 42
                    Ciudad Juárez
                    MÉXICO DF
TELÉFONO: 52 5 234 4567

Estudios universitarios

1991–1993:   M.A. en International Marketing, por la University of Texas, Austin
1986–1991:   Licenciatura en Ciencias Empresariales, por la Universidad
              Autónoma de México

Experiencia profesional

1996 hasta el presente: Jefa de Gestión, Publicidad Internacional S.A., México,
                          DF. Responsable de los proyectos cooperativos entre
                          Mercadeo Internacional y MERCOTEX.
1993–1996:   Sub-directora de Márketing, MERCOTEX Marketing,
                          Dallas, Texas, EEUU. Responsable de la elaboración de
                          informes y presupuestos para una campaña multina-
                          cional y coordinadora de asistencia al cliente.

Idiomas

ESPAÑOL: Idioma materno.
INGLÉS: Dominio total, hablado y escrito.
FRANCÉS: Hablado.

Aficiones

Viajar, leer, tenis, dibujar.

ENSAYOS

Estos proyectos le proporcionan oportunidades para practicar la composición más académica. Según las instrucciones de su profesor/a, emplee las ideas que discutieron en grupo y las técnicas que acaba de practicar. Puesto que todos los tópicos se relacionan con el **Desarrollo de temas,** se pueden consultar las preguntas correspondientes como fuente de ideas. Note que debe inventar un título que refleje bien el enfoque de su propio ensayo.

1. Escriba un ensayo sobre la importancia de desarrollar campañas publicitarias que reflejen el ámbito socio-cultural de destinatario.
2. Escriba un ensayo persuasivo a favor o en contra del uso de "espanglish" en las clases universitarias de español.
3. Escriba un editorial defendiendo o atacando los reglamentos que garantizan acceso a los documentos oficiales estatales y federales en español para los que no puedan leer inglés.

4. Escriba un ensayo convincente que comente sobre los esfuerzos para mantener la "pureza" de los idiomas ante el avance del inglés. Por ejemplo, ahora en la región francohablante de Canadá, hay leyes contra el uso del inglés en los anuncios y letreros, y en Francia algunos intentan sustituir con palabras francesas los préstamos de inglés en cuanto a los términos de computación.

5. Escriba un ensayo que intenta explorar y evaluar la presencia de préstamos de otros idiomas en el inglés de los EEUU. ¿Está de acuerdo con Diego Gandara que muchas veces tales préstamos son consecuencias de la moda y de cierto "snobismo" por parte de la gente que los adopta?

REVISIÓN

Para corregir

Lea con cuidado el siguiente borrador, moviendo u omitiendo datos y combinando frases si es necesario para que resulte bien organizado y unido. Luego corrija el borrador entero, prestando atención especial al vocabulario, a la puntuación, la ortografia y a los elementos gramaticales ya repasados.

Estimado colego,

Estoy completamente de acuerdo con lo que dijo usted en la reunión ayer en cuánto a la importancia de ayudando nuestros empleados con la transicion a una otra cultura. Es imprescindible que saben más de las normas sociales para representar nuestra empresa en otros país, punto que explicó Usted muy claromente. Sin embargo, no puedo concurrir completamente con su sugerencia de resolviéndola por darles clases de orientación aquí y contratar a una compañía de consulta internacional. Tal cursos sí serían útiles y debemos ofrecerlos, pero de necesidad es bastante general, proporcionandoles a los empleados información sobre la cultura y los negocios. He observado que los empleos nuevos necesitan casi sies meses de experiencia de acompañar a otros vendedores antes de poder trabajar completamente independientes. Esta demora es demasiado largo y disminuye las ganancias de la compañía. Si les proporcionamos a los empleados el conocimiento necesario más rápidamente, podrían adaptarse mucho más rápido a los demandas del trabajo.

Lo que propongo es una orientación formal dirigida por los gerentes que ya tienen experiencia en la sucursal adónde van los empleados nuevos Así pueden aprender directamente sobre los detalles importantes de la venta farmaceútica allí y aprovecharse de la experiencia y de los consejos de los gerentes. Sé que ya hagan orientaciónes informales unas sucursales, pero aunque unas son muy bien hechos yo he descubierto que en otros casos son mímimos, y en algunos casos simplemente no se hacen, especialmente para los empleados ubicados fuera de los capitales donde están las sucursales mas grandes. He investigado los costos de la falta de capacitación inmediata. ¿Sabe usted que cada semana que el empleado no puede trabajar independiente nos cuesta casi mil dólares? La planificación de reuniones más formales para todos les ayudará mucho a todos.

Además, al planear estas sesiones formales, debemos pedir que cada una se preserve en forma de videocasete con una copia para la división de capacitación. De esta manera, se va creando una biblioteca de información cultural para el uso de la compañía. Si se añade también elementos como un viaje video por el ciudad y entrevistas con el personal de la sucursal, estos videos servirán de introducción preliminar para los empleados que anticipan el movimiento. Al llegar, ya reconocerán a sus colegas por las entrevistas y ya sabrán algo de la ciudad.

Le agradezco la consideración de estas recomendaciones y espero puedo hablar con usted sobre sus reacciones. Tal vez podemos reunirse durante la conferencia en Nueva York. Mi secretario le llamaré para fijar la cita.

Atentamente,

Luisa Martínez B.

Revisión preliminar

Después de completar su borrador utilizando las técnicas ya practicadas, revíselo con cuidado, prestando atención particular a las siguientes preguntas, que también le servirán de guía durante la revisión colaborativa.

- ¿Cuál es el propósito de esta composición? ¿Está claro?
- ¿Qué se puede deducir de la composición, con respecto a los lectores probables? ¿Es apropiada para ellos?
- ¿Resulta interesante leer esta composición? ¿Se puede aumentar el interés del lector de alguna manera?
- ¿Aún queda alguna pregunta escondida sin respuesta? ¿Presenta su composición bastantes detalles concretos?
- ¿Parecen los datos bien seleccionados y suficientes para los propósitos del proyecto?
- ¿Hay detalles o comentarios que no concuerden con el mensaje central?
- ¿Están los detalles bien organizados, o se debe cambiar su presentación? ¿Está claro el enfoque de cada párrafo?
- ¿Se deben combinar algunas frases cortas para comunicar ideas completas?
- ¿Hay suficientes transiciones entre ideas y párrafos para guiar a los lectores?
- Evalúe la técnica empleada en la introducción. ¿Va a atraer el interés de los lectores?
- ¿Sirve la conclusión para situar las ideas en un contexto más amplio sin caer en un exceso de generalizaciones?
- ¿Se emplean las estrategias de persuasión aquí? ¿Es apropiada cada estrategia para el propósito de la escritura y para sus lectores?

- ¿Se ha prestado suficiente atención a la connotación de las palabras? ¿Se repite excesivamente alguna palabra cuando se podría sustituir un sinónimo de ella?
- ¿Refleja el título el enfoque particular de la composición? ¿Despierta el interés del lector?

Revisión final

Revise de nuevo su escritura y corrija los siguientes elementos, refiriéndose al **Repaso esencial** si necesita repasar algún aspecto.

- Revise con cuidado la concordancia de número y género entre sustantivos y adjetivos, y de número y persona entre verbos y sujetos. ¿Está correcta en todos los casos?
- ¿Se emplean correctamente los artículos definidos e indefinidos? ¿Debe añadirse algún artículo definido u omitirse algún artículo indefinido?
- ¿Está correcto en cada contexto el uso de **ser, estar, tener** y **haber**?
- ¿Se usan los infinitivos de manera correcta? ¿Se ha evitado la sustitución incorrecta del participio presente (gerundio)?
- ¿Se emplea el subjuntivo cuando es necesario? ¿Está correcto el tiempo del subjuntivo?
- Cuando hay negación, ¿se extiende correctamente a lo largo de la oración?
- ¿Las preposiciones **para** y **por** se emplean correctamente?
- Si se usa el pasado, ¿está clara la distinción entre pretérito e imperfecto?
- ¿Están bien formadas las expresiones temporales con **hacer**?
- ¿Se incluye la **a personal** para cada complemento de persona?
- ¿Las conjunciones **y, pero, sino** y **sino que** se emplean correctamente?
- En cuanto a los pronombres, ¿están bien escogidos según su categoría y su referente? ¿Están en el lugar correcto? ¿Se necesita añadir algún acento?
- ¿Se emplean el futuro y el condicional cuando es apropiado?
- ¿Se emplea correctamente el perfecto?
- Si hay cláusulas con **si**, ¿se distingue entre las que van en contra de la realidad y las que expresan una posibilidad, empleando las formas verbales correspondientes?
- ¿Están correctas la ortografía (incluso el uso o no de la mayúscula) y la puntuación?

DESPUÉS DE ESCRIBIR

ANÁLISIS DE COMPOSICIÓN

Cuando su profesor/a le devuelva la escritura evaluada, haga lo siguiente.

- Prepare una lista de todos los errores que usted pueda corregir por su propia cuenta o al consultar su libro de texto o diccionario. Indique entre paréntesis la línea en la que aparece cada error en su composición. Corrija estos errores.
- Haga otra lista de todos los errores que no pueda corregir.
- Analice los errores en ambas listas, categorizando aquellos que ocurren más frecuentemente en su composición. Indique también los aspectos más positivos de esta composición.
- Compare y contraste esta composición con las anteriores.
- Escriba un plan personal para remediar las dificultades y mejorar la próxima composición.

Los estereotipos culturales: orígenes, efectos, remedios

Nadie nace con prejuicios.

ANTES DE ESCRIBIR

LECTURA
DESARROLLO DE TEMAS
TÉCNICAS DE COMPOSICIÓN

A ESCRIBIR

COMUNICACIÓN Y CORRESPONDENCIA
ENSAYOS
REVISIÓN

DESPUÉS DE ESCRIBIR

ANÁLISIS DE COMPOSICIÓN

RECURSOS PARA LOS ESTUDIANTES

REPASO ESENCIAL DE GRAMÁTICA
(167–173)
VOCABULARIO ESENCIAL (190)

ANTES DE ESCRIBIR

 LECTURA

Enfoque

Después de comentar los estereotipos y su origen, este artículo de Hispanoamérica comenta los estereotipos de turistas de otros países —estadounidenses, alemanes, austríacos, suecos, noruegos e ingleses. Al leerlo, tome en cuenta la siguiente información y conteste las preguntas.

- El título se refiere a un refrán popular: "Dime con quién andas y te diré quién eres". Explique la relación entre el tema del artículo y ese refrán.
- El artículo empieza con unos ejemplos del uso de estereotipos. Describa los incidentes y sus consecuencias.
- Según el artículo, ¿a qué responden los estereotipos? ¿De qué manera se forman? ¿En qué se basan?
- ¿Qué estereotipo se presenta para cada grupo de turistas mencionado anteriormente?
- ¿De dónde procede la información sobre los estereotipos?
- ¿A qué tipo de lector le va a interesar este artículo?

Dime de dónde vienes...

Francisca de la Paz

shuddered

Hace poco más de un mes, el ambiente latino se estremeció° tras conocerse una guía de referencia que American Airlines difundió entre su personal y en la cual se calificaba a los hispanohablantes de impuntuales, acostumbrados a beber en exceso y ser capaces, incluso, de llamar avisando sobre una supuesta bomba en el avión con tal de no perder el vuelo.

La compañía no tuvo otra opción que disculparse públicamente en esa ocasión. Pero cuando parecía que el asunto estaba olvidado, un nuevo incidente despertó ahora la ira de otros grupos étnicos: una circular interna de la empresa telefónica AT&T, en la que se advertía a sus funcionarios sobre el comportamiento de judíos y orientales. "No hacer creer a un judío que está perdiendo el tiempo y jamás rechazar un café a un japonés", fueron algunas de las recomendaciones que podían leerse en dicho texto. Aunque este tipo de comentarios provoca gran indignación

referred to
employed

en los aludidos°, lo cierto es que los estereotipos existen y, verdaderos o no, son manejados° y utilizados por muchas personas.

does not make room for

Definidos como un conjunto de características que se atribuyen a determinados grupos humanos y que no dan cabida° a las excepciones, para los especialistas resulta difícil establecer con exactitud de qué manera se forman. Hasta qué punto

to shed light on, to analyze / clues

los estereotipos responden a la realidad es una interrogante difícil de dilucidar° incluso para los especialistas. Pero, algunas pistas° pueden obtenerse conociendo las conductas de las distintas etnias y nacionalidades al turistear o cuando las em-

to invest

presas de un determinado país deciden invertir° en otro y estudian sus formas de negociación.

Americanos: individualistas, consumistas y trabajólicos

Aunque los sociólogos se empeñan° en explicar que debido a la realidad multi- **make an effort**
cultural y racial de Estados Unidos es casi imposible clasificar a sus habitantes de
un solo modo, lo cierto es que los estudios tienden a confirmar la percepción ge-
neralizada que existe sobre los norteamericanos. Una investigación sobre el estilo
de liderazgo gerencial° en ese país demostró que el énfasis de los estadounidenses **management (adj)**
está puesto en el individuo y que entre ellos existe la creencia de que cada uno **every one should be able**
debe valérselas por sí mismo°. La razón está en que tienden a valorar más las ini- **to fend for one's self**
ciativas y los logros° de cada persona, que los alcanzados° por el grupo. Este indi- **achievements / achieved**
vidualismo es el que los lleva a ser fanáticos del trabajo: una de las cosas más
importantes es cumplir con los compromisos del empleo, no importa a qué costo.

Fuera del país, además de buscar casi frenéticamente los McDonald's, un informe de la Cámara de Comercio de Austria asegura que a los norteamericanos
les gusta ser llamados correctamente por su nombre (aunque ellos nunca lo
hagan con los extranjeros), siempre esperan que se les hable en inglés, les
agradan los city tours e ir de compras. También buscan la belleza del paisaje y los
museos al momento de viajar y, una vez que lo hacen, se aseguran de llevar bajo
el brazo alguna de sus revistas "home made": *Modern Maturity, National Geographic,
Time* o *Newsweek*.

Nórdicos: fríos, rígidos y ordenados

Un informe de la Cámara de Comercio de Austria demuestra que, efectiva-
mente, alemanes, austríacos, suecos° y noruegos° son adictos al orden y a la orga- **Swedish / Norwegian**
nización. Mientras los primeros son muy puntuales y les gusta acostarse y
levantarse temprano (además de comer en abundancia), los austríacos son aún
más rígidos en este aspecto, de acuerdo con un estudio del lingüista Helmut
Kuzmics, de la Universidad de Graz.

Sin embargo, el asunto no es tan claro en todos estos países cuando se trata de
la frialdad. Una investigación del diario *El País*, de España, califica a los austríacos
y noruegos como emotivos, comprometidos en sus relaciones afectivas y amantes
de los niños. Algo que queda en evidencia con sólo considerar la ley noruega respecto del nacimiento de los hijos: es obligatorio que el padre tome seis semanas
con sueldo íntegro° para cuidar al bebé y, además se estipula que se ausente del **at full salary**
trabajo tres semanas antes del parto°. Otro punto destacable° en este aspecto es lo **birth / notable**
habitual con que las familias noruegas suelen ofrecer su hogar a niños en situaciones de riesgo.

En quienes sí se cumple la rigidez en el pensamiento y la frialdad es en los suecos. La investigación del diario español define a este pueblo como impenetrable,
aunque preocupado por la ecología. Tanto así, que se sienten orgullosos de que su
país sea uno de los más exigentes en el uso de pesticidas. Son educados, disimu- **they hide**
lan° lo que piensan y los mismos europeos aseguran que son los más inteligentes
del continente. Pero, el rasgo° más distintivo es su aplastante° lógica nórdica. **trait / overwhelming**

Inglaterra

Inglaterra, dada su condición de isla y origen sajón, tiene varias características
únicas dentro del continente europeo. Según Helmut Kuzmics, los británicos son
reservados y la privacidad es su tesoro° más preciado. De hecho, no aceptan que **treasure**
nadie interfiera en sus asuntos, pues ellos no se meten en problemas ajenos. Pero,
uno de sus rasgos más característicos es su control afectivo°: para los ingleses **emotional**
cualquier exuberancia debe ser evitada°, porque es vista como algo vergonzoso. **avoided**
Así, si en Inglaterra alguien se exalta°, es débil. Sin embargo, para algunos sicólo- **gets excited**
gos, este rasgo se debe más al temor al rechazo° que a la vergüenza. **rejection**

Fiesta cultural, St. Paul, Minnesota, EEUU

DESARROLLO DE TEMAS

Su profesor/a le señalará los temas que luego se convertirán en proyectos para escribir. Al considerar estos temas en casa y hacer las actividades en clase, apunte sus ideas para usarlas más tarde al escribir.

1. El etnocentrismo es la propensión a considerar su grupo o país superior a los demás. ¿Cómo se diferencian el etnocentrismo y el orgullo cultural? ¿Qué se puede hacer en las escuelas, las universidades y la sociedad en general para promover éste y luchar contra aquél?

2. ¿Qué estereotipos aparecen en los programas televisivos, las canciones, los anuncios comerciales o las películas populares? ¿Cuáles son los estereotipos más comunes? ¿Hasta qué medida responden a una realidad?

3. ¿Cómo se forman los estereotipos? ¿Por qué son tan perdurables? ¿Qué efecto tienen en la gente que los cree?

4. Según una investigación reciente, los estereotipos tienen varios efectos en la gente que es estereotipada. No sólo se trata de cómo hacer frente a los prejuicios, sino que también el individuo tiene que resistir los efectos causados por la ansiedad y el estrés. También le puede afectar un tipo de ansiedad que se llama "amenaza de estereotipo". Según esta investigación, el individuo experimenta más tensión cuando se enfrenta con estos estereotipos negativos y se encuentra incapaz de lograr cuanto quiere. Comente las implicaciones de esta investigación.

5. Recientemente un diario español invitó a sus lectores a responder en una lista electrónica a la pregunta "¿Somos racistas los españoles?". Unas respuestas siguen a continuación. Comente las ideas expresadas.

Debemos considerar tal pregunta en términos relativos. Diría yo que sí, pero insisto en que aquí somos menos racistas que los ingleses y estadounidenses.
José Carlos, Granada

Creo que entre los españoles no es cuestión de considerarnos superiores, sino de no hacernos caso de los otros grupos. O sea, no somos racistas por intención sino por ignorancia. Yo tengo amigos y compañeros de trabajo de muchas razas, y al visitar a mis padres en España siempre me da pena oír los chistes racistas. Los que conocen a gente de muchas razas siempre son menos racistas.
Alicia, Londres

Tengo que responder al mensaje de *José Carlos*. El hacer tales comparaciones con los anglosajones es como intentar minimizar el racismo de su propio país. Para los que experimentan los prejuicios aquí, no es ningún consuelo decirles que sería peor en otro lugar. No debemos felicitarnos en ser "menos racistas" que otro país. Esto se permitiría justificar cualquier acción por decir que siempre hay otro que hace algo peor. El vivir aquí en Alemania me recuerda todos los días lo que puede resultar del racismo.
María, Berlín

Al estudiar la historia de España queda claro que es país de inmigrantes y de gran mezcla cultural. ¿Cómo podemos en un momento felicitarnos en nuestra rica herencia de diversas culturas y al momento siguiente rechazar a los inmigrantes? La diversidad no es sólo histórica sino también actual.
José María, Salamanca

Ofrezco como respuesta la experiencia de mi propio grupo étnico romaní, los que Uds. llaman "gitanos". Expulsado hace muchos siglos del norte de India, y señalado para exterminación durante el Holocausto, este grupo ya no ha encontrado ningún lugar para vivir libre de los prejuicios de los que nos estereotipan de ladrones y charlatanes. A pesar de nuestra gran contribución a la cultura española, que muchas veces figura en los anuncios turísticos, no nos respetan los otros españoles.
Kalo orgulloso, Granada

Soy de Castilla y mi esposo vino de Kenia. Pasamos cuatro años en Madrid antes de mudarnos aquí en 2000 para trabajar en una universidad. De mi propia experiencia, tengo que decir que experimentamos menos prejuicio en Madrid, especialmente en cuanto a nuestros hijos, y que allá fue más fácil encontrar un vecindario en que todos nos sentíamos cómodos. Ya buscamos lugar semejante en este país.
Susana, Chicago

6. ¿Cómo se forman los estereotipos en los niños? ¿Es posible controlar los estereotipos especialmente en las escuelas?¿Cómo? Ahora en muchas escuelas primarias se inician programas para lidiar contra los estereotipos. Con sus colegas, hagan sugerencias para ese tipo de programa en un caso específico, precisando la edad de los alumnos y las actividades y lecturas.

7. A veces los estereotipos a primera vista pueden parecer positivos —por ejemplo, que algún grupo tiene un talento o personalidad especial. ¿Qué efecto tiene esta clase de estereotipos en los miembros del grupo estereotipado? ¿y en los que no pertenecen al grupo?

PAPÁ, ¿QUÉ ES EL RACISMO?

Tahar Ben Jelloun

LIBROS

Más vale prevenir que curar

J. A. Aguado.—Una niña de pocos años, perpleja, durante una manifestación contra el racismo, le pregunta a su padre. ¿Papá, qué es el racismo? Cuando el padre es un gran escritor como Tahar Ben Jelloun, autor marroquí de lengua francesa, el resultado es una explicación de un centenar de páginas claras, concisas, con las palabras exactas, con las ideas perfectamente perfiladas; un libro que no sólo explica a los niños esta terrible lacra humana de todas las épocas.

Lo único positivo es educar a los niños para que les resulten odiosas desde sus primeros años palabras como diferencia, genocidio o racismo. Este libro, un diálogo entre un novelista y su hija, puede ser muy útil para los educadores que quieran prevenir contra el racismo. Como decía un poeta mejicano, contra el atávico impulso racista que detesta al extraño no hay mejor remedio que el mestizaje que une en lazo amoroso a los diferentes y diluye los antagonismos culturales aparentemente irreductibles. En las últimas líneas de esta obra se condensa en ocho palabras lo fundamental de la cuestión: nadie tiene el derecho de humillar a nadie. De humillarle por su color de piel, por su lengua o por su acento, por su lugar de nacimiento, por su hábitos de vida, por sus orígenes y tradiciones. Ni mucho menos, desde luego, por sus pobreza o desamparo que le hacen buscar refugio entre nosotros. La raza más detestada de todas, la más perseguida y discriminada, es la raza de los pobres.

8. Como indica el artículo que abre este capítulo, muchas veces la gente forma sus ideas sobre los extranjeros a base de su experiencia con los turistas que visitan el país. ¿Forman los turistas un grupo representativo de todos los habitantes de un país? En cuanto a la conducta, ¿qué factores podrían afectar el comportamiento de un turista? ¿Piensa que un turista podría portarse igual a los habitantes del país que se visita?

9. En su turno, los turistas muchas veces forman sus ideas sobre los habitantes de un país a base de su propia experiencia con la gente local. ¿En qué consiste esta experiencia? ¿Qué límites se interponen? ¿Se puede llegar a conocer un pueblo sólo por impresiones turísticas? ¿o es la experiencia del turista más selectiva? ¿Cuáles son las consecuencias de esta experiencia?

TÉCNICAS DE COMPOSICIÓN

Comparar y contrastar

La estrategia de comparar y contrastar se emplea en muchos géneros de escritura. No sólo sirve para aclarar, sino muchas veces también para convencer a su lector a favor de sus argumentos. Convencionalmente, la comparación se enfoca en las semejanzas mientras el contraste llama la atención del lector a las diferencias. Juntos, los dos ofrecen una visión más completa de la relación entre sus dos o más objetos.

Para organizar este tipo de escritura, prepare dos listas: una de las diferencias, y otra de las semejanzas. Teniendo en cuenta el propósito del ensayo, decida cómo va a acortar la materia. Si es caso de persuadir, muchas veces el escritor se enfoca sólo en los aspectos más importantes, omitiendo los otros detalles. En el caso de una descripción científica, los detalles minuciosos también van a ser importantes. Después de eliminar la materia innecesaria, se puede pasar a la exposición de información. Aquí las posibilidades van a variar según los elementos particulares. Unas posibilidades son organizar la materia según...

- su relativa importancia para algún proyecto identificado
- su relación cronológica o espacial
- las diferentes perspectivas (de diferentes personas o grupos, o según la perspectiva económica, política, ecológica, etc.)
- la evidencia correspondiente, desde lo más factible hacia lo menos evidente

También se pueden incorporar otras estrategias retóricas para convencer al lector. Por ejemplo, un escritor señala primero unas diferencias superficiales para después insistir en que son más fundamentales las semejanzas. Así se infiere que la gente que se enfoca en las diferencias es menos astuta. Claro, esta estrategia también se emplea al revés, hablando primero de las semejanzas superficiales para insistir luego en la importancia de las diferencias. Y se da a entender que el lector inteligente va a reconocer las diferencias claves sin dejarse engañar por las aparentes semejanzas.

Al momento de escribir, van a ser útiles las transiciones del Capítulo 3. Por ejemplo:

Para ordenar: primero, en segundo lugar, en fin
Para presentar el tema: con respecto a, tocante a, en cuanto a
Para presentar una antítesis: al contrario, sino, sino que

Otras expresiones útiles son

Punto de vista: aparentemente, superficialmente, parece que, a primera vista, se asemeja que, al parecer
Contraste: mejor visto/a, de hecho, en realidad, en efecto, efectivamente, sin embargo, Sí..., pero...
Semejanza: de manera/modo semejante, semejantemente, de un modo parecido, igualmente
Diferenciación: a diferencia de, en contraste, en cambio

Normalmente se termina su comparación/contraste con una síntesis, y con la elaboración de una conclusión para iterar sus implicaciones para el lector.

COMPARAR Y CONTRASTAR   Actividad A

Un museo latinoamericano acaba de celebrar el Día de la Raza con una exposición sobre la comunidad mexicana, la población más numerosa de su vecindad. Ahora, uno de los visitantes le escribe una carta a la directora del museo en la cual se acusa al museo de fomentar el etnocentrismo y la discriminación contra otros grupos latinos. Para responder, la directora quiere comparar y contrastar el etnocentrismo con el orgullo cultural. En grupo, planeen su estrategia, hagan las listas de elementos posibles, escojan los más importantes y anticipen una organización eficaz.

A ESCRIBIR

Primero, siga los pasos ya presentados.

- Considerar bien el tema y escribir sus ideas generales para la escritura
- Encontrar y contestar las preguntas escondidas para desarrollar sus ideas
- Seleccionar los datos más convenientes
- Organizar la información
- Construir un bosquejo para guiar la escritura
- Expresar las ideas en oraciones complejas al combinar las frases cortas
- Emplear las transiciones para guiar al lector
- Escoger las estrategias para persuadir al lector
- Prestar atención a la connotación de las palabras
- Construir la introducción y la conclusión de acuerdo con sus propósitos para la escritura
- Escoger el título para captar el interés del lector

Entonces escriba el borrador del proyecto escrito y redáctelo. En ese momento, emplee las técnicas practicadas en este capítulo.

COMUNICACIÓN Y CORRESPONDENCIA

Con estos proyectos practicará escribir para propósitos personales o profesionales. Según las instrucciones de su profesor/a, emplee las ideas que discutieron en grupo y las técnicas que acaba de practicar. Puesto que todos los temas se relacionan con el **Desarrollo de temas,** se pueden consultar las preguntas correspondientes como fuente de ideas.

1. Escriba una carta al diario que inició la lista electrónica sobre el racismo, respondiendo a las ideas expresadas en los mensajes. Para repasar la organización de tal carta, vea el modelo del Capítulo 2.

2. Prepare un folleto informativo para los padres cuyos hijos entran en la escuela: "Contra los estereotipos: consejos para padres".

3. Ud. es director de un programa de estudios internacionales en Latinoamérica. Al momento prepara un folleto informativo sobre el curso, y sobre la programación que se hace para que los estudiantes se puedan integrar dentro de la comunidad. Escriba el segmento del folleto dirigido a los estudiantes, describiendo cómo su programa va más allá de la experiencia turística.

4. ¿Qué hace su propia universidad contra los estereotipos? ¿Parecen eficaces estas medidas? ¿Debe desarrollar otros programas? Escriba una carta al diario, expresando sus opiniones.

ENSAYOS

Estos proyectos le proporcionan oportunidades para practicar la escritura más académica. Según las instrucciones de su profesor/a, emplee las ideas que discutieron en grupo y las técnicas que acaba de practicar. Puesto que todos los tópicos se relacionan con el **Desarrollo de temas,** se pueden consultar las preguntas correspondientes como fuente de ideas. Note que debe inventar un título que refleje bien el enfoque de su propio ensayo.

1. Lea otra vez los mensajes que contestan la pregunta sobre el racismo en España. En un ensayo, compare y contraste las opiniones expresadas por los que respondieron.
2. ¿Cree Ud. que los ciudadanos estadounidenses responderían de manera semejante a la pregunta "¿Somos racistas los estadounidenses"? Explique por qué en un ensayo.
3. Sabemos que los estereotipos negativos causan daño. Hay unos que parecen ser inofensivos. ¿Deberíamos admitir los estereotipos inofensivos? ¿O son tan perjudiciales como los otros estereotipos?¿Benefician de alguna manera a las personas que pertenecen al grupo estereotipado? ¿Sufre grandes prejuicios aun cuando el estereotipo le atribuye algún talento especial?
4. Compare y contraste el orgullo cultural y el etnocentrismo. Con ejemplos y análisis, aclare la distinción.

REVISIÓN

Para corregir

Está redactando una carta de reclamación debido a una situación que sucedió durante unas vacaciones. Lea con cuidado su borrador, evaluando el contenido y haciendo cualquier cambio necesario para que la carta sea lógica y convincente. Finalmente, corrija el borrador, prestando atención especial al vocabulario, a la ortografía y a los elementos gramaticales ya repasados.

Omar Conner

Queen Mary Drive, 28

Bristol, Great Britain G4 0NB

Bristol, Noviembre 24 de 2001

Director, Atención al Cliente

Hotel Miguel

Calle de la Princesa, 23—2° izgdr.

Madrid 28010

Muy senores mios:

Lamento que tener dirígeles una carta de queja, pero estamos muy pocos contentos con respecto al trato que recibamos mi familia y yo durante la visita a Mardid la semana del 12 de octubre.

En segundo lugar, habíamos solicitado una reserva de dos habitaciones con baño, media pensión y todas las comodidades en la zona muy tranquila del hotel. Consideramos que su establecimiento unos de los majores en Madrid. A la llegado y sin previo aviso, la recepción nos proporcionaste unas habitaciones muy pequeño sin baño privado y en una zona la más ruidosa, sobre todas por las noches. Intentamos cambiar la reserva a otro piso, pero según el encargado, Sr. Juan Moreno, no había habitaciones disponibles al momento. Resulto difícil comprender eso.

Además, el encargado nos trató con poco cortesia de acuerdo con la situación. Su manera de hablar y conducta era muy brusca y en nungún momento nos mostró la cortesia debido a unos clientes. Nos comento que el hotel atrae mas turistas extranjeros como nacionales, y por eso se alojan los extranjeros en los pisos mas ruidos para que no molesten a los otros clientes. Tambien indicó que los turistas británicos siempre causan tantas problemas que los alemanes, y por eso la gerencia quería tener separado los ingleses.

Sin duda, soy de origin británico, y me esposa es procedencia japonesa, la cual no justifica el trato tan áspero y prejudicial. Es un verdadera lastima que su gerente se haya comportado así. No nos parece bien la manera de actuar por parte de su personal. Sólo pasamos una noche en su hotel, y al otra día nos trasladamos al Hotel Inglés, donde disfrutamos de um servicio estupendo y un trato excelente.

Después de trasladarnos, intentabamos contactar con ustedes para comunicar nuestro descontento, pero su oficina permanecerán cerrado durante la semana que estuvamos en Madrid.

Consideramos que su Hotel no nos ha proporcionado el servicio que esperábamos. En la vista de lo sucedido, nos vemos obligado a pedirte la devolución de la totalidad del importe de la habitación, 57, 87 EUR. Esperamos que se sirvan revisar esta reclamación con el fin de aclarar nuestra cuenta con ustedes.

Sin otro particular, les saludamos muy atentamente,
Omar Conner

Revisión preliminar

Después de completar su borrador utilizando las técnicas ya practicadas, revíselo con cuidado, prestando atención particular a las siguientes preguntas, que también le servirán de guía durante la revisión colaborativa.

- ¿Cuál es el propósito de esta composición? ¿Está claro?
- ¿Qué se puede deducir de la composición, con respecto a los lectores probables? ¿Es apropiada para ellos?
- ¿Resulta interesante leer esta composición? ¿Se puede aumentar el interés del lector de alguna manera?

- ¿Queda alguna pregunta escondida sin respuesta? ¿Presenta su composición bastantes detalles concretos?
- ¿Parecen bien seleccionados y suficientes los datos para los propósitos del proyecto?
- ¿Hay detalles o comentarios que no concuerden con el mensaje central?
- ¿Están bien organizados los detalles, o se debe cambiar su presentación? ¿Está claro el enfoque de cada párrafo?
- ¿Se deben combinar algunas frases cortas para comunicar ideas completas?
- ¿Hay suficientes transiciones entre ideas y párrafos para guiar a los lectores?
- Evalúe la técnica empleada en la introducción. ¿Va a atraer el interés de los lectores?
- ¿Sirve la conclusión para situar las ideas en un contexto más amplio sin caer en un exceso de generalizaciones?
- ¿Se emplean las estrategias de persuasión aquí? ¿Es apropiada cada estrategia para el propósito de la escritura y para sus lectores?
- ¿Se ha prestado suficiente atención a la connotación de las palabras? ¿Se repite excesivamente alguna palabra cuando se podría sustituir un sinónimo de ella?
- ¿Parecen bien construidos y organizados las comparaciones y los contrastes?
- ¿Refleja el título el enfoque particular de la composición? ¿Captará la atención del lector?

Revisión final

Revise de nuevo su composición y corrija los siguientes elementos, consultando el **Repaso esencial** si necesita repasar algún aspecto.

- Revise con cuidado la concordancia de número y género entre sustantivos y adjetivos, y de número y persona entre verbos y sujetos. ¿Está correcta en todos los casos?
- ¿Se emplean correctamente los artículos definidos e indefinidos? ¿Debe añadirse algún artículo definido u omitirse algún artículo indefinido?
- ¿Está correcto en cada contexto el uso de **ser, estar, tener** y **haber**?
- ¿Se usan los infinitivos de manera correcta? ¿Se ha evitado la sustitución incorrecta del participio presente (gerundio)?
- ¿Se emplea el subjuntivo cuando es necesario? ¿Está correcto el tiempo del subjuntivo?
- Cuando hay negación, ¿se extiende correctamente a lo largo de la frase?
- Las preposiciones **para** y **por**, ¿se emplean correctamente?
- Si se usa el pasado, ¿está clara la distinción entre pretérito e imperfecto?
- ¿Están bien formadas las expresiones temporales con **hacer**?
- ¿Se incluye la **a personal** para cada complemento de persona?
- Las conjunciones (inclusos **pero, sino** y **sino que**), ¿se emplean correctamente?
- En cuanto a los pronombres, ¿están bien escogidos según su categoría y su referente? ¿Están en el lugar correcto? ¿Se necesita añadir algún acento?
- ¿Se emplean el futuro y el condicional cuando es apropiado?
- ¿Se emplea correctamente el perfecto?
- ¿Se evita el uso excesivo de las formas progresivas?
- Si hay cláusulas con **si**, ¿se distingue entre las que van en contra de la realidad y las que expresan una posibilidad, empleando las formas verbales correspondientes?
- ¿Se usan correctamente las construcciones pasivas, reconociendo que para las generalizaciones se favorece la voz pasiva con **se**?
- ¿Están correctas la ortografía (incluso el uso o no de la mayúscula) y la puntuación?

DESPUÉS DE ESCRIBIR

ANÁLISIS DE COMPOSICIÓN

Cuando su profesor/a le devuelva la composición evaluada, haga lo siguiente.

- Prepare una lista de todos los errores que usted pueda corregir por su propia cuenta o al consultar su libro de texto o diccionario. Indique entre paréntesis la línea en que aparece cada error en su composición. Corrija estos errores.
- Haga otra lista de todos los errores que no pueda corregir.
- Analice los errores en ambas listas, categorizando aquellos que ocurren más frecuentemente en su composición. Indique también los aspectos más positivos de esta composición.
- Compare y contraste esta composición con las anteriores.
- Escriba un plan personal para remediar las dificultades y mejorar la próxima composición.

La inmigración: fuente de diversidad cultural

Ceremonia de ciudadanía.

ANTES DE ESCRIBIR

LECTURA
DESARROLLO DE TEMAS
TÉCNICAS DE COMPOSICIÓN

A ESCRIBIR

COMUNICACIÓN Y CORRESPONDENCIA
ENSAYOS
REVISIÓN

DESPUÉS DE ESCRIBIR

ANÁLISIS DE COMPOSICIÓN

RECURSOS PARA LOS ESTUDIANTES

REPASO ESENCIAL DE GRAMATICA
(174–181)
VOCABULARIO ESENCIAL (191)

ANTES DE ESCRIBIR

LECTURA

Enfoque

La inmigración a España ha aumentado mucho en los años recientes. Según el escritor de este artículo, Madrid empieza a parecerse a Nueva York o París en cuanto a la diversidad de gente. Al leer el artículo, considere y conteste lo siguiente.

- Según el artículo, ¿por qué es importante la inmigración para la economía española?
- ¿De dónde viene la mayoría de inmigrantes?
- ¿Qué significa "crecimiento negativo"?
- ¿Cuáles son las consecuencias del aumento de población en las ciudades españolas?
- ¿Cómo se describe el proceso de buscar trabajo y mantener situación legal?
- En cuanto a la inmigración, ¿qué actitud muestra el escritor?
- ¿A qué tipo de lector le va a interesar este artículo?

rate (n.)

El país con la tasa° de nacimientos más baja del mundo, España crece gracias a los inmigrantes

En el metro de Madrid de las nueve de la noche no cabe un alma más. Sin embargo, en cada estación suben más personas de las que bajan e intentan hacerse campo a como dé lugar. Madrid cada vez se parece más a las ciudades que, como Nueva York, París, Los Ángeles o Miami albergan° personas de diversas razas, de muchos países, de diferentes culturas.

shelters (v.)

Se trata de una convivencia nueva, que casi nadie preveía unos años atrás. Es el mismo fenómeno que se ve en otras ciudades españolas y que permite que la balanza de nacimientos y muertes esté en equilibrio hoy por hoy en el país. Gracias a los hijos de los inmigrantes, España no llega al "crecimiento negativo": a ellos debe el superávit° importante de población que se presentó el año pasado, según datos del Instituto Nacional de Estadística (INE).

increase

Las cifras° oficiales de 1999 no se conocen todavía, pero el INE adelanta que demostrarán un afianzamiento° de lo que se vio en las de 1998, cuando se inscribieron 364.427 hijos de padres españoles. El número de muertos llegó ese mismo año a los 357.950. Con los 20.054 bebés de padres extranjeros (árabes y latinoamericanos en su mayoría) hubo un excedente de 6.477 personas. Algo que se debe agradecer en el país que mantiene el récord mundial de baja natalidad, donde una mujer tiene 1,2 hijos en promedio°.

figures (n.)
similarity

on average

La importancia de un bebé

Cada hijo de extranjero es más importante de lo que muchos creen. No se trata simplemente de que ayude a que la población española no envejezca, que ya es bastante; también implica algunas consecuencias para sus vecinos, ya que el Estado reparte subvenciones° guiado por el número de habitantes de la región. Una población con más de cinco mil habitantes, por ejemplo, tiene derecho a los mismos servicios de las demás, pero puede agregar otros: un parque público, una biblioteca, un mercado, una planta de tratamiento de residuos y dos concejales° adicionales. En palabras de José Juan Toharia, catedrático de sociología de la Universidad Autónoma de Madrid, "los bebés de los inmigrantes mantienen la demografía en términos saludables, bastasen° la demanda de empleo en una economía creciente y contribuirán de forma decisiva al mantenimiento del sistema de pensiones".

La información se da a conocer en momentos en que la inmigración es un tema candente° en España, adonde llegan miles de extranjeros, procedentes en su mayoría del norte de África y de Latinoamérica. La socióloga española Pilar Fuertes Rodríguez señala que "es un dato que en otro momento no habría dicho nada, pero que cobra notoriedad ahora porque sale a colación en una temporada en que los inmigrantes aparecen en bandadas y los medios difunden° imágenes de africanas embarazadas recién llegadas a España".

De cualquier manera, recalca° que "lo importante de estas estadísticas es la valoración que se hace de ellas". Y explica que hay que analizar la conveniencia de que una población crezca con ayuda foránea° y no por sí misma.

Vía crucis° para inmigrantes

La vida para los inmigrantes no es fácil en España. Conseguir un trabajo es poco menos que una odisea° y, cuando alguno lo logra, está expuesto a abusos por parte de los jefes, como sueldos por debajo de lo permitido, carencia de seguro° y un horario más extendido que el normal. Tampoco es fácil mantener una situación legal en materia de papeles. Un inmigrante visita cerca de quince oficinas estatales para regularizar su situación, hace colas interminables desde la madrugada y soporta el mal trato de muchos funcionarios con actitudes xenófobas.° Aparte de ello, debe malgastar tiempo y dinero en trámites que se complican más con la desinformación reinante°.

Pero, a pesar de ello, siguen llegando. Se les puede ver amontonados° en pequeños apartamentos, vendiendo collares en los parques o entrando al metro de las nueve de la noche en Madrid. Sólo que ahora saben que sus hijos juegan un papel clave° en la población de España.

grants	
representatives	
be sufficient	
hot	
circulate, spread	
stresses, emphasizes	
foreign	
difficult path (*latín* "way of the cross")	
odyssey	
lack of insurance	
xenophobic, afraid of strangers	
prevailing	
crowded	
key role	

DESARROLLO DE TEMAS

Su profesor/a le señalará los temas que luego se convertirán en proyectos para escribir. Al considerar estos temas en casa y hacer las actividades en clase, apunte sus ideas para usarlas más tarde al escribir.

1. Al formular o cambiar las leyes con respecto a la inmigración, algunos mantienen que deben responder estrictamente a las necesidades laborales del país. Muchos otros insisten en tomar en cuenta la situación personal o familiar del inmigrante. ¿Qué opina Ud.? ¿Qué factores deben considerar los legisladores? ¿Se les debe dar prioridad a ciertos inmigrantes? Y ¿en qué circunstancias se debe moderar la inmigración?

2. Imagine una reunión de legisladores donde algunos están a favor de liberalizar las leyes en cuanto a la inmigración, y otros van en contra de los cambios. Su profesor/a les señalará a qué grupo pertenecerán. En grupo, prepárense para debatir.

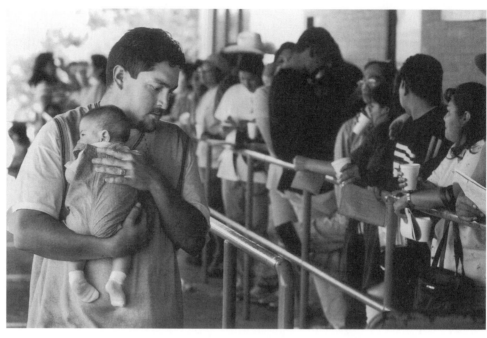

Para los padres que esperan con sus hijos, esta cola está especialmente larga.

Grupo 1: A favor de leyes más liberales

- Señale las desventajas de las leyes estrictas para los inmigrantes y para el país.
- Trate de anticipar los argumentos que van a montar los otros contra las leyes liberales. ¿Cómo responderán, punto por punto?

Grupo 2: A favor de leyes más estrictas

- Señale las desventajas de las leyes liberales.
- Intente anticipar los argumentos de la oposición. ¿Cómo responderán Uds.?

Recuerde que es importante presentar sus argumentos de modo convincente para persuadir al otro grupo.

Hace cuatro generaciones que la familia Luna se mudó de México a Chicago, donde estableció su negocio de transporte.

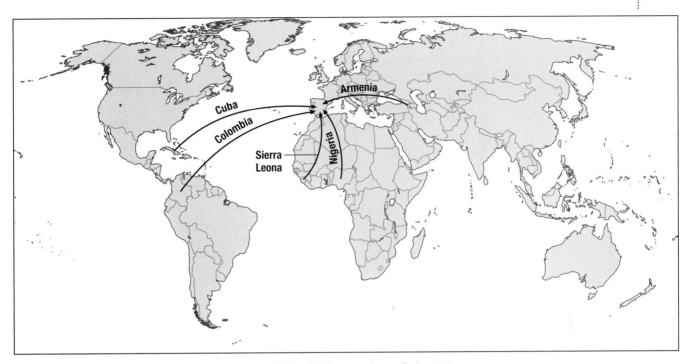

Países de origen más comunes entre los que solicitaron refugio oficial en España en el año 2000

3. Dentro de la Unión Europea, los derechos de inmigración y las leyes de asilo difieren sustancialmente de un país a otro. Muchos países reconocen a los refugiados como categoría distinta bajo sus leyes de inmigración y les ofrecen asilo a los que satisfacen ciertos requisitos. Por lo general, el asilo se ofrece sólo a los que pueden demostrar que corren gran peligro al quedarse en su propio país, típicamente por razones políticas, étnicas o religiosas. Ahora unos proponen nuevas categorías de "refugiados económicos" cuyos países no tienen recursos suficientes para su gente, y "refugiados sociales", que van a sufrir discriminación en su propio país por otras razones que no sean políticas, étnicas ni religiosas. ¿Qué opinan Uds. de la expansión de la categoría de refugiado? ¿Deben tener la misma prioridad que se les concede a los refugiados ya reconocidos?

4. En el artículo que abre este capítulo, se menciona la tasa de natalidad de España para aquel año. En 2001 se notó un aumento modesto. Los sociólogos españoles explican la baja tasa de fecundidad por dos factores principales. Los dos, el ingreso de las mujeres en la fuerza laboral, y las dificultades económicas que hacen escaso el trabajo estable para los jóvenes, reducen lo que llaman el "período real de fertilidad", o sea, los años en que la mayoría intenta tener hijos. La edad media para la maternidad en España gira alrededor de 30,56 años. La socióloga Pilar Fuerte Rodríguez dice que hay que analizar las implicaciones sociales de que una población crezca por la inmigración en vez de la natalidad. ¿Qué serán las consecuencias de tal aumento? ¿Qué diferencia social hará el crecimiento por una causa u otra? Y ¿qué tal la alternativa? Sin aumentarse la natalidad y/o la inmigración, se proyecta que dentro de 50 años habrá 25% menos españoles. ¿Qué implicaría este cambio demográfico para la vida española? ¿Qué opciones hay?

España da prioridad a los inmigrantes de Iberoamérica

Lo dijo el Defensor del Pueblo español · Y afirmó que se integran mejor al país por razones culturales y vínculos históricos

Juan Carlos Algañaraz, Madrid. Corresponsal.

El Defensor del Pueblo, Enrique Múgica, manifestó que España debe "dar preferencia a la inmigración procedente de Iberoamérica porque su integración en el país es mejor".

La posición de Múgica, un veterano dirigente socialista, que goza de un gran prestigio y respeto en el gobierno de José María Aznar, se produce en un momento de gran polémica en torno a la inmigración y por la aprobación de la nueva Ley de Extranjería que, a partir de enero próximo, endurecerá las condiciones para obtener el visado para trabajar en España y poder obtener la residencia.

Este proceso es de gran importancia porque el Código Civil español establece que con dos años de residencia "legal y continua" los ciudadanos iberoamericanos y los judíos sefarditas pueden obtener la ansiada nacionalidad española que también significa la ciudadanía de la Unión Europea.

El Defensor del Pueblo, durante una reunión organizada por el Club Internacional de Prensa, puso de relieve las afinidades culturales, de lengua, los estrechos vínculos históricos y una serie de acuerdos entre los estados de la Comunidad Iberoamericana.

Esta situación favorece que los iberoamericanos deban tener prioridad ante los inmigrantes provenientes de otras naciones.

Un ejemplo de esos lazos a los que aludía Múgica los proporcionó ayer el Consejo de Ministros que aprobó la aplicación del Protocolo Adicional entre España y Argentina, que modifica el Convenio de Nacionalidad de 1969.

Este acuerdo se convino durante la visita del presidente Fernando de la Rúa a España. Los argentinos que gocen de doble nacionalidad podrán obtener y revalidar sus documentos de identidad y pasaportes en cualquiera de los dos países o ambos al mismo tiempo.

El gobierno español también manifestó una actitud favorable a los inmigrantes iberoamericanos. Las solicitudes de residencia aprobadas benefician en primer lugar a ciudadanos de Brasil, Argentina, Colombia y Ecuador.

En total, 2.927 ciudadanos argentinos presentaron un pedido para que se les conceda la residencia provisional y fue aceptado el 80,25% de estas solicitudes, o sea 2.349. En total, existen 18.639 residentes argentinos, una cantidad no muy grande si se tiene en cuenta que el total de marroquíes alcanza casi las 195.000 personas.

Los chinos (31.000), ecuatorianos (27.000) y colombianos (25.000) superan a los argentinos.

Estas cifras forman parte de un informe del secretario para la Inmigración, Enrique Fernández Miranda, sobre la operación realizada para normalizar a los residentes extranjeros sin papeles.

5. Según el artículo "España da prioridad a los inmigrantes de Iberoamérica", las nuevas leyes de extranjería le dan preferencia a este grupo de inmigrantes. ¿Por qué favorecen este grupo? ¿Está Ud. de acuerdo con las razones citadas en el artículo? ¿Se presentan argumentos convincentes sobre el trato preferencial de algunos inmigrantes? ¿Cómo se deben determinar tales preferencias? o ¿por qué se opone Ud. a tales preferencias?

6. España es uno de los países de la Unión Europea con más inmigrantes irregulares. La inmigración en España es un fenómeno bastante nuevo, relacionado en parte a su ingreso en la UE, donde el entrar en un país puede facilitar el acceso a todas las otras naciones del grupo. ¿Cómo compara su situación con la de los EEUU?

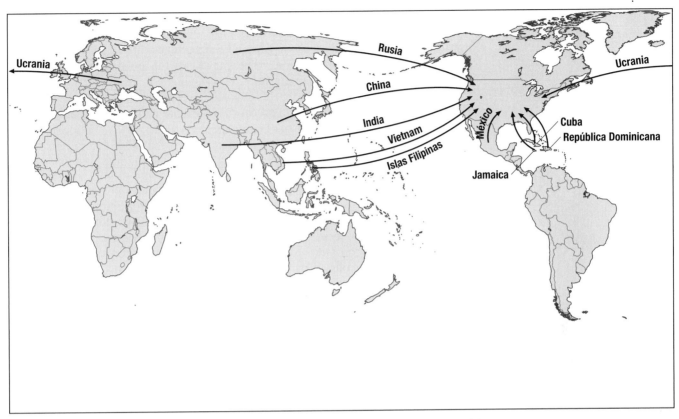

Países de origen más representados entre los que solicitan entrada a los EEUU: cifras más recientes del INS

TÉCNICAS DE COMPOSICIÓN

Desarrollar su propio estilo

El desarrollo de su propio estilo no se acaba con este texto ni con esta clase, sino que continuará durante toda la vida por medio de la lectura y sus escritos personales y profesionales. Igual que el desarrollo del estilo en cualquier otro campo de la actividad humana, el estilo del escritor es una amalgama de su experiencia e intención, de la influencia de otros y de su propia personalidad. Por una parte esta evolución es consciente y por otra parte es inconsciente. Sin embargo, se pueden señalar ciertas actividades que favorecen al desarrollo del estilo particular.

- Lea muchas cosas, de estilos muy diversos de escritura. Fíjese en lo que le gusta y lo que no le gusta del estilo de otros.
- Escriba mucho. Con el tiempo y la práctica evolucionará su estilo.
- Experimente con la escritura, ensayando conscientemente diversos estilos, así como se prueba un traje antes de comprarlo para saber si le queda bien.
- Escriba sobre temas que le importan mucho, aunque no piense compartir lo escrito con nadie.
- El método convencional para decidir entre dos alternativas por hacer una lista de sus respectivas ventajas y desventajas refleja el reconocimiento de que el acto de escribir es una buena ocasión de aclarar sus pensamientos sobre una cuestión o decisión.
- Trate de captar en palabras el ambiente o la emoción de los momentos importantes de su vida. El deseo de hacerle justicia a la ocasión le obligará a encontrar el lenguaje preciso. Al viajar, por ejemplo, muchas personas inician la costumbre

de mantener un diario de las experiencias y de las ideas que se les ocurren para así poder recordar lo sucedido durante el viaje.

- Escriba cartas a sus familiares y en especial a sus amigos. El escribir una carta personal, por su naturaleza misma, exige que el escritor tenga en cuenta al lector y la manera de comunicar el mensaje.

En resumen, deje de considerar la escritura solamente como una tarea académica y hágala una parte de su vida personal cotidiana.

Mantener y mejorar su nivel de composición

En el prefacio de este libro, el proceso de aprender a escribir fue comparado con el proceso de aprendizaje de los artesanos. Según la costumbre, después de practicar por algún tiempo bajo la dirección de un maestro, los aprendices llegaron a ser jornaleros (*journeymen*). Es decir, podían viajar y trabajar independientemente, pero su aprendizaje no estaba completo. Seguían fijándose en los productos y las técnicas de otros maestros y de sus colegas, con objeto de mejorar así sus creaciones artísticas. En este momento su propio aprendizaje formal está a punto de terminar: usted será jornalero/a del arte de la composición, la cual practicará en otras clases o en la vida profesional y personal. He aquí unas sugerencias para mejorar sus escritos. Usted ya ha dedicado muchas horas para alcanzar su presente nivel de pericia en la composición. Vale la pena mantenerlo.

- Lea todo lo que pueda en español. Si no tiene acceso a libros y revistas en español, subscríbase a una revista o diario hispano para mantenerse en contacto con la lengua. Al leer, fíjese en las construcciones más interesantes o poco familiares y en las palabras nuevas para Ud. o llamativas. Mantenga un diccionario personal en un cuaderno. Repase la gramática de vez en cuando.
- Si anticipa utilizar el español en su carrera (la medicina, la mercadería o la industria, por ejemplo), lea artículos relacionados en español para aprender más sobre su profesión y conocer mejor la forma de expresar conceptos y vocabulario especializados. Compre un diccionario especializado si existe alguno relacionado con su profesión.
- Siga el proceso que aprendió aquí al escribir para otros propósitos. La escritura profesional raras veces es espontánea.
- Escriba frecuentemente, aun cuando no tenga que hacerlo para la clase ni el trabajo. Algunos escriben un párrafo todos los días en un diario. Otros mantienen una correspondencia en español con algún amigo para mantener su nivel de desarrollo lingüístico.

A ESCRIBIR

Primero, siga los pasos ya presentados.

- Considerar bien el tema y escribir sus ideas generales para la escritura
- Encontrar y contestar las preguntas escondidas para desarrollar sus ideas
- Seleccionar los datos más convenientes
- Organizar la información
- Construir un bosquejo para guiar la escritura
- Expresar las ideas en oraciones complejas al combinar las frases cortas
- Emplear las transiciones para guiar al lector
- Escoger las estrategias para persuadir al lector

- Comparar y contrastar si se presta al tema y al propósito
- Prestar atención a la connotación de las palabras
- Construir la introducción y la conclusión de acuerdo con sus propósitos para la escritura
- Escoger el título para captar el interés del lector

Entonces escriba el borrador del proyecto escrito y redáctelo.

COMUNICACIÓN Y CORRESPONDENCIA

Con estos proyectos practicará escribir para propósitos personales o profesionales. Según las instrucciones de su profesor/a, emplee las ideas que discutieron en grupo y las técnicas que acaba de practicar. Puesto que todos los temas se relacionan con el **Desarrollo de temas,** se pueden consultar las preguntas correspondientes como fuente de ideas.

1. Una asociación de abogados especialistas en la inmigración quiere publicar una serie de folletos informativos en español con información preliminar sobre los visados, para los que vienen con preguntas. A Ud. le han encargado que prepare un folleto sobre la solicitud de visados para los ciudadanos de otros países que piensan casarse con un/a ciudadano/a de los EEUU. En el folleto se deben explicar las reglas, los requisitos y los pasos básicos para los que necesitan conseguir este tipo de visado (todo en lenguaje accesible, sin términos técnicos) junto con un anuncio para sus propios servicios. A continuación se adjunta un extracto informativo en inglés con los reglamentos más importantes, el cual servirá como guía en su labor.

A citizen of a foreign country who would like to come to the United States to marry an American citizen and reside in the U.S. will have to obtain a K-1 visa.

APPLYING FOR A FIANCE(E) VISA
The consular officer will notify the beneficiary when the approved petition is received and provide to the beneficiary the necessary forms and instructions to apply for a "K" visa. A fiance(e) visa applicant is an intending immigrant and, therefore, must meet documentary requirements similar to the requirements of an immigrant visa applicant. The following documents are normally required:

—Valid passport
—Divorce or death certificate of any previous spouse
—Medical examination
—Evidence of valid relationship with the petitioner

—Birth certificate
—Police certificate from all places lived since age 16
—Evidence of support
—Photographs*

*Two photographs 1 and 1/2 inches square (37×37 mm), showing full face, against a light background.

OTHER INFORMATION
Both petitioner and beneficiary must be legally able and willing to conclude a valid marriage in the United States. The petitioner and beneficiary must have previously met in person within the past two years unless the Attorney General waives that requirement.

As soon as the processing of a case is completed and the applicant has all necessary documents, a consular officer will interview the fiance(e). If found eligible, a visa will be issued, valid for one entry during a period of six months. A non-refundable $45.00 application fee is collected.

2. Un amigo suyo, ciudadano de la Argentina, le escribe para pedirle información sobre su universidad, donde piensa inscribirse en su especialización. En particular, quiere saber algo del proceso de conseguir el visado estudiantil. Busque la información necesaria y escríbale.

3. Mientras Ud. estudia en España, una revista universitaria solicita cartas sobre las actitudes de los estudiantes sobre la inmigración. Sus amigos allí lo instan para que responda Ud. para representar una perspectiva de otro país. Escriba una carta expresando sus propias opiniones sobre la inmigración en el contexto de los EEUU.

4. Ud. es director/a de un programa de estudios internacionales y está preparando unas aportaciones sobre los visados y las leyes de extranjería en otros países hispánicos. Consiga la información necesaria y prepare un escrito con información describiendo cuáles son las reglas para los estudiantes.

ENSAYOS

Estos proyectos le proporcionan oportunidades para practicar la escritura más académica. Según las instrucciones de su profesor/a, emplee las ideas que discutieron en grupo y las técnicas que acaba de practicar. Puesto que todos los temas se relacionan con el **Desarrollo de temas,** se pueden consultar las preguntas correspondientes como fuente de ideas. Note que debe inventar un título que refleje bien el enfoque de su propio ensayo.

1. Escriba un ensayo comparando y contrastando las situaciones de España y de los EEUU en cuanto a la inmigración.

2. ¿Está Ud. a favor del establecer nuevas categorías de refugiados sociales y/o económicos? Escriba un ensayo detallando su punto de vista.

3. Escriba un ensayo expresando su propio punto de vista con respecto a las preferencias nacionales correspondientes al acogimiento de inmigrantes. ¿Deben favorecerse los de una nación u otra? Explique.

4. Redacte una aportación sobre el aumento de la población en España debido a la llegada de ciudadanos extranjeros. ¿Cómo impacta este incremento en la sociedad española? Explique.

REVISIÓN

Para corregir

Lea con cuidado este borrador. Evalúe la carta, transladando u omitiendo datos y combinando frases para que resulte bien organizada y unida. Luego corrija el borrador entero, prestando atención al vocabulario, a la ortografía y a los elementos gramaticales.

2 de octobre, 20—

Dr. María Mercedes Martínez Flores

Director de Programas para Extranjeros

Universidad de Barcelona

Barcelona, España

Querida Dr. Flores,

Me intereso mucho las posibilidades de estudiando a su universidad para al año que viene. Soy una estudiante de cuarto año a la Universidad de California. Yo tengo una doble especializacion en linguistica y ciencia política. Quisiera llevar a cabo una investigación de los factóres que influien las actitudes sobre el bilinguismo. Los factores son políticos y históricos. También tengo algunos amigos que viven en Barcelona. La situacción de Barcelona le parece lugar ideal para mi proyecto, y tambien para ampliando mi conocimiento del español. Ademas quisiera empezar aprendiendo catalán, para satisfacer los requisitos de la programa doctoral en sociolinguistica. Pienso entrar en ella después de regresando.

He notada que su universidad ofrecen muchas programas para los estudiantes de otros países, así espero que me puede informar sobre lo básico de consiguiendo el visado necesario. Además, quisiera saber si está posible trabajar mientras soy una estudiante. ¿Y si es posible, necesito algún permiso especial para haciéndolo? Idealmente, quiero enseñar clases informal de conversación para los que quieren a practicar el ingles.

Aprecio mucha todo la información que puedes mandar a mí. Además quiero saber algo sobre las residencias estudiantiles y cuanto cuestan.

Sinceramente,

Alice Wei

Revisión preliminar

Después de completar su borrador utilizando las técnicas ya practicadas, revíselo con cuidado, prestando atención particular a las siguientes preguntas, que también le servirán de guía durante la revisión colaborativa.

- ¿Cuál es el propósito de esta composición? ¿Está claro?
- ¿Qué se puede deducir de la composición, con respecto a los lectores probables? ¿Es apropiada para ellos?

- ¿Resulta interesante leer esta composición? ¿Se puede aumentar el interés del lector de alguna manera?
- ¿Queda alguna pregunta escondida sin respuesta? ¿Presenta su composición bastantes detalles concretos?
- ¿Parecen los datos bien seleccionados y suficientes para los propósitos del proyecto?
- ¿Hay detalles o comentarios que no concuerden con el mensaje central?
- ¿Están los detalles bien organizados, o se debe cambiar su presentación? ¿Está claro el enfoque de cada párrafo?
- ¿Parecen bien seleccionados y suficientes los datos para los propósitos del proyecto?
- ¿Hay detalles o comentarios que no concuerden con el mensaje central?
- ¿Están bien organizados los detalles, o se debe cambiar su presentación? ¿Está claro el enfoque de cada párrafo?
- ¿Se deben combinar algunas frases cortas para comunicar ideas completas?
- ¿Hay suficientes transiciones entre ideas y párrafos para guiar a los lectores?
- Evalúe la técnica empleada en la introducción. ¿Va a atraer el interés de los lectores?
- ¿Sirve la conclusión para situar las ideas en un contexto más amplio sin caer en un exceso de generalizaciones?
- ¿Se emplean las estrategias de persuasión aquí? ¿Es apropiada cada estrategia para el propósito de la escritura y para sus lectores?
- ¿Se ha prestado suficiente atención a la connotación de las palabras? ¿Se repite excesivamente alguna palabra cuando se podría sustituir un sinónimo de ella?
- ¿Parecen bien construidos y organizados las comparaciones y los contrastes?
- ¿Refleja el título el enfoque particular de la composición? ¿Captará la atención del lector?

Revisión final

Revise de nuevo su composición y corrija los siguientes elementos, consultando el **Repaso esencial** si necesita repasar algún aspecto.

- Revise con cuidado la concordancia de número y género entre sustantivos y adjetivos, y de número y persona entre verbos y sujetos. ¿Está correcta en todos los casos?
- ¿Se emplean correctamente los artículos definidos e indefinidos? ¿Debe añadirse algún artículo definido u omitirse algún artículo indefinido?
- ¿Está correcto en cada contexto el uso de **ser, estar, tener** y **haber**?
- ¿Se usan los infinitivos de manera correcta? ¿Se ha evitado la sustitución incorrecta del participio presente (gerundio)?
- ¿Se emplea el subjuntivo cuando es necesario? ¿Está correcto el tiempo del subjuntivo?
- Cuando hay negación, ¿se extiende correctamente a lo largo de la frase?
- Las preposiciones **para** y **por,** ¿se emplean correctamente?
- Si se usa el pasado, ¿está clara la distinción entre pretérito e imperfecto?
- ¿Están bien formadas las expresiones temporales con **hacer**?
- ¿Se incluye la **a personal** para cada complemento de persona?
- Las conjunciones (inclusos **pero, sino** y **sino que**), ¿se emplean correctamente?
- En cuanto a los pronombres, ¿están bien escogidos según su categoría y su referente? ¿Están en el lugar correcto? ¿Se necesita añadir algún acento?
- ¿Se emplean el futuro y el condicional cuando es apropiado?
- ¿Se emplea correctamente el perfecto?
- ¿Se evita el uso excesivo de las formas progresivas?

- Si hay cláusulas con **si**, ¿se distingue entre las que van en contra de la realidad y las que expresan una posibilidad, empleando las formas verbales correspondientes?
- ¿Se usan correctamente las construcciones pasivas, reconociendo que para las generalizaciones se favorece la voz pasiva con **se**?
- ¿Están correctas la ortografía (incluso el uso o no de la mayúscula) y la puntuación?

DESPUÉS DE ESCRIBIR

ANÁLISIS DE COMPOSICIÓN

Cuando su profesor/a le devuelva la composición evaluada, haga lo siguiente.

- Prepare una lista de todos los errores que usted pueda corregir por su propia cuenta o por consultar su libro de texto o diccionario. Indique entre paréntesis la línea en que aparece cada error en su escritura. Corrija estos errores.
- Haga otra lista de todos los errores que no pueda corregir.
- Analice los errores en ambas listas, categorizando aquellos que ocurren más frecuentemente en su composición. Indique también los aspectos más positivos de esta escritura.
- Compare y contraste esta composición con las anteriores.
- Escriba un plan personal para remediar las dificultades y mejorar la próxima composición.

Repaso esencial

Repaso esencial

INTRODUCTION

The explanations in the **Repaso esencial** have been prepared so that you can work through them independently. Note that grammar points are reentered for review in the **Para corregir** exercises in the composition section.

This preliminary chapter contains a brief review of basic grammatical terms and of the mechanics of writing in Spanish to help you make optimum use of *Aprendizaje*. Other terms will be introduced and defined in later chapters. Work through the following preliminary sections now and return to them for reference as needed.

TERMS

NOUNS AND PRONOUNS

- **Nouns** name a person, place, thing, or abstract concept.
  1. **Common nouns** name them by category.
     mujer, profesora, coche, playa
  2. **Proper nouns** are names of a particular person, place, thing, or event.
     Alicia, Sr. García, Fiat, San Sebastián
  3. **Noun phrases** are nouns with all of their modifiers.
     la boda reciente, mi tío que vive en Colombia, el pastel que acaban de preparar
- **Pronouns** substitute for nouns—already used or implied.
     ella, le, nosotros, se, éste

VERBS

- **Verbs** denote action or existence.
  1. **Infinitives** are the base forms of verbs.
     trabajar, vivir, ser
  2. **Conjugated verbs** show person, number, and tense.
     hablo, continuaron, tengamos
  3. In Spanish, the verb ending indicates the **subject** (who or what performs the action).
     Hablo. *I speak.*
  4. **Auxiliary verbs** and **main verbs** are used together. The auxiliary or first verb is conjugated for person, number, and tense; the main verb follows.
     estaba escuchando, había salido
  5. **Linking verbs** do not convey action. In sentences like **El padrino es su tío,** the verb serves as an equal sign between the two nouns, **padrino** and **tío.**

ADJECTIVES

- **Adjectives** describe nouns or pronouns.
    alto, rubia, esta, el, mía, unos
- **Articles** are a subcategory of adjectives.
    1. **Definite articles** indicate particular persons, places, things, or abstract concepts.
        el, la, los, las
    2. **Indefinite articles** indicate any nonspecific member of a class of persons, places, or things.
        un, una, unos, unas
    3. **Demonstrative adjectives** point out specific persons, places, or things on the basis of proximity or distance.
        este, esta, estos, estas
        ese, esa, esos, esas
        aquel, aquella, aquellos, aquellas
    4. **Adjectival phrases** are groups of words that modify a noun or pronoun.
        que vive en Colombia, que tiene el pelo rubio

ADVERBS

- **Adverbs** modify verbs, adjectives, or other adverbs. Often they describe the time, circumstances, or conditions in which an action takes place.
    fácilmente, muy, ahora
- **Adverbial phrases** are groups of words that function as adverbs.
    después de la fiesta, después de que María vino del mercado, hasta que sepamos la verdad

PREPOSITIONS

- **Prepositions** demonstrate a relationship between a noun or pronoun and another word in the sentence.
    el regalo sobre la mesa, los invitados en la sala
- **Prepositions** may function as adjectives or adverbs.
    El regalo adentro me sorprendió.   (*adjective*)
    Trabajan afuera.   (*adverb*)
- **Prepositional phrases** are groups of words beginning with a preposition.
    en la iglesia, detrás de la casa,
    cerca del edificio que acaban de construir
- **Prepositional phrases** may function as adverbial phrases or adjectival phrases.
    Preparan el pastel en la cocina.   (*adverbial*)
    El regalo en mi coche es para ellos.   (*adjectival*)

Práctica 1

Lea las frases a continuación y categorice cada segmento entre corchetes con las abreviaturas de la lista. Si el segmento consiste en múltiples palabras, indique la categoría del segmento en vez de las de sus elementos individuales.

N	noun	**NP**	noun phrase
P	pronoun	**V**	verb
ADJ	adjective	**ADJ P**	adjectival phrase
ADV	adverb	**ADV P**	adverbial phrase
PRE	preposition	**PRE P**	prepositional phrase

1. [Ayer], [Rosario] [compró] [un regalo] [en una tienda] [cerca de nuestra casa].
2. Mi [prima], [quien vive en Colombia], [acaba de casarse].

3. [Mis parientes de Chile] me [mandaron] [un recorte] [reciente] [que describe la boda].
4. [Ya] [llegaron] [los] [novios] [de la luna de miel].
5. [Todos los regalos] [todavía] [están] [en la casa de mis tíos].
6. Rosario va a mandarles [el nuestro] [hoy].
7. [Ella] [escogió] [el regalo de boda] [después de hablar con los otros parientes].
8. ¿[Sabe] [Ud.] qué [compró]?
9. Sí, [mis] [parientes] [dijeron] que los novios necesitaban más vasos.
10. Rosario sabe que Miguel y [Rosa] prefieren los vasos [más] [informales] en vez del cristal [tradicional].
11. [Hoy en día], las ideas [en cuanto a los regalos] son menos [estrictas] que antes.
12. Ella se decidió por unos platos [hechos a mano] por un [artesano] [local] que es [amigo] de sus padres, [los Martínez].

COMPLETE SENTENCES

- A complete sentence has a subject and at least one conjugated verb that is not part of any adverbial or adjectival phrase. Since the verb ending indicates the subject in Spanish, it does not have to be expressed separately. Thus **Escribimos** (*We are writing*) is a complete sentence. **Después de que María y su esposo llegaron a la iglesia** is not a sentence because its conjugated verb appears within an adverbial phrase and it does not express a complete idea.
- Indirect commands such as **Que te vaya bien** (*[I hope everything] goes well for you*, or literally, *May it go well for you*) and impersonal directions such as **Favor de no fumar** (*No smoking, please*) are considered complete sentences.

Práctica 2

Tache las oraciones incompletas.
1. Habla el sacerdote con la pareja.
2. Hasta que llegaron los invitados.
3. A los que vinieron temprano, les sirvieron unas tapas.
4. Quien es la hija adoptada de unos amigos de mi hermana que vive en Cuba.
5. Está aquí para celebrar la misa de boda.
6. Antes de que empiece la misa, la organista va a tocar.
7. Con tal de que (*Provided that*) no llueva.
8. Llegaron casi immediatamente.
9. Te invito.
10. Después de que salgan de la fiesta, quieren felicitarlo.

MECHANICS OF SPANISH COMPOSITION

STRESS

- To determine stress and accent, each of the following units counts as one syllable.
  1. A *strong vowel* (**a, e,** or **o**), no matter where it occurs. For example, **lee** and **sea** each have two syllables: **le-e, se-a.**
  2. A *weak vowel* (**i** or **u**) when it is separated from other vowels by one or more consonants or by the space at the beginning or end of a word. For example, **viva** and **uva** each have two syllables: **vi-va, u-va.**
  3. A *diphthong* or *triphthong* (a combination of a weak vowel or vowels with a strong vowel or of two weak vowels). For example, **cautivo** has three syllables: **cau-ti-vo,** and **ciudad** has two syllables: **ciu-dad.**

- Two basic rules determine which vowel normally receives emphasis in Spanish words.
  1. For words ending in a vowel, **-n,** or **-s,** the stress falls on the next-to-last syllable.

     hijas   vestido   bautizo   boda   cumplen

  2. For words ending in a consonant other than **-n** or **-s,** the stress falls on the last syllable.

     bautizar   pastel   ciudad   cumplir   reloj

WRITTEN ACCENT MARKS

- Words that do not follow the preceding rules require an accent mark.

     papá   religión   ataúd   árbol   Perú   última   fáciles

- When a written accent appears on the unstressed vowel of a pair that would normally form a diphthong, each vowel is pronounced separately.

     tío   continúa   país   María   Raúl

- A written accent distinguishes certain words from their unaccented counterparts, as in the case of **sí** (*yes*) and **si** (*if*). Accent marks on these words do not change their pronunciation.

aquel (*that*)   aquél (*that one*)
el (*the*)   él (*he, it*)
esta (*this*)   ésta (*this one*)
mi (*my*)   mí (*me*)
se (*himself, herself, themselves*)   sé (*I know*)
te (*you*)   té (*tea*)
tu (*your*)   tú (*you*)

- Accent marks are written over the stressed vowel in interrogative words in both explicit and implied questions, as well as in exclamations.

     ¿Dónde está? No sé dónde está.
     ¿Por qué me preguntas si sé dónde está?
     ¡Qué bien!

Práctica 3

En cada palabra que sigue ya está indicada la vocal en que cae el énfasis. Según las reglas, determine si la palabra necesita un acento escrito y escríbalo.

1. nacer	5. domingo	9. composiciones
2. bisabuelo	6. mama	10. joven
3. sabado	7. composicion	11. jovenes
4. dificil	8. quinceañera	12. casar

- When pronouns are attached to commands, infinitives, or gerunds, an accent may also be needed. To determine whether to add an accent, follow these steps.
  1. Write the verb without the pronoun(s) and apply the appropriate stress rule. Underline the stressed vowel.
  2. Write the verb with any attached pronouns and apply the appropriate stress rule. Underline the stressed vowel.
  3. If the stress rule points to the same vowel both times, no additional accent mark is needed.
  4. If the stress rule points to a different stressed vowel after you attach the pronoun(s), restore the verb's original stress by writing an accent over the vowel that was stressed when the verb stood alone.
  5. If the verb already had an accent mark when it stood alone, keep it.

EXAMPLES

- Is an accent needed when **nos** and **lo** are attached to **prepara**?
  1. Apply the stress rule to the verb alone: **prepara.**

2. Apply the stress rule to the verb with the attached pronoun: **preparan<u>o</u>slo**.
3. To maintain the original stress of the verb, add an accent: **prepáranoslo**.
- Is an accent needed when **lo** is added to **olvidar**?
  1. Apply the stress rule to the verb alone: **olvid<u>a</u>r**.
  2. Apply the stress rule to the verb with the attached pronoun: **olvid<u>a</u>rlo**.
  3. Because the same vowel was stressed both times, no accent mark is needed: **olvidarlo**.
- Is an accent needed when **las** is added to **oír**?
  Because the original verb has an accent, you must keep it when you attach the pronoun: **oírlas**.

Práctica 4

¿Necesitan acento las siguientes combinaciones? Siga el proceso descrito en esta sección para decidirse. Si hace falta un acento, añádalo.

1. explicarselo
2. denmelo
3. entenderla
4. contandote
5. entregarmelas
6. oirme
7. añadiendoselos
8. hagasela
9. irte
10. entregamelas

CAPITALIZATION

Similarities to English Capitalization
- The first word of a sentence is always capitalized.
    Ahora vamos.
    Bautizamos al bebé.
- Proper names are capitalized.
    Tomás   Anita   Martí   García Ibáñez
    Guatemala   Buenos Aires   Managua
- Names of and references to divinities are capitalized.
    Dios   Cristo   la Virgen María   Jehová   Alá
    Bendito sea Tu Nombre.

Differences from English Capitalization
- Titles of persons are not capitalized unless they are abbreviated.
    don   doña   señor (Sr.)   señora (Sra.)   señorita (Srta.)
- Pronouns are not capitalized unless they begin a sentence or are abbreviated.
    Susana y yo comimos muy bien, ¿y usted?
    Vamos con Uds.
- In titles of literary works, films, television programs, and so on, only the first word and proper nouns are capitalized.
    Cien años de soledad   *Como agua para chocolate*
    Don Quijote   *El Aleph*
- Nouns and adjectives indicating language or nationality are not capitalized.
    Lola es dominicana. Vive en la República Dominicana.
    Hablo italiano muy bien y estudio inglés.
- Adjectives and nouns formed from proper names are not capitalized.
    el grupo peronista   el conocido marxista
- Days of the week and months are not capitalized.
    Volvimos el jueves, 14 de agosto.

Práctica 5

Lea las oraciones que siguen y corrija los errores del uso de la mayúscula.
1. La boda de Luisa y Tomás es el Sábado, 5 de octubre.

2. El Viernes que viene, Magda y Yo vamos a la librería flores para comprarles *La Cocina Catalana*.
3. Los Padres de la novia, los Señores Martínez, son Dominicanos pero hablan Inglés.
4. Su Tío, el Doctor Gómez, llegó de Nueva York el Lunes para la boda.

EXCLAMATION POINTS AND QUESTION MARKS

Only those words in a sentence that are part of a question or exclamation are enclosed by the punctuation marks (**¿ ?**, and **¡ !**).

¿Por qué no me llamaste anoche?

María, ¿trajiste el regalo?

Raúl se acostó, ¿no?

Si tienen un niño, ¿qué nombre le pondrán?

Lo tienes, ¿verdad?

¡Me admitió la facultad de Derecho!

Mi hermana nos preparó un café y ¡qué café!

Luis, ¡felicidades!

Práctica 6

Lea el diálogo que sigue y añada la puntuación apropiada.

—— Carmen, cuándo vas a la boda
—— Pues, a las once, y tú
—— No voy   No recuerdas que tengo que trabajar   Me puedes llevar al trabajo cuando salgas
—— Claro Hay algún problema con tu coche no
—— Sí   Hubo un choque   No lo sabías
—— No   Qué horror   Cuándo sucedió
—— Ayer   Pero no fue tan malo   Estoy bien y el coche estará listo mañana

WRITTEN DIALOGUE

In Spanish, dialogue is often indicated by a regular paragraph indent, followed by a dash before the first word. The paragraph continues until the speaker stops. If another speaker answers or interrupts, a new paragraph introduced with a dash begins. To return to description or narration, the regular paragraph indentation is used once again. Words such as **respondió** and **dijo** are preceded by a dash (or enclosed between dashes when the same speaker continues) to set them apart from what is being said.

Todos los invitados esperaban a los novios mientras el calor iba aumentando de un momento a otro.

—¿Dónde estarán? ¿No saben que todos esperamos? Salieron de la iglesia a las tres y ya son casi las cinco.

Era la tía Julia la que hablaba, pero hablaba para todos. La paciencia del grupo tenía sus límites.

—Si no llegan inmediatamente —dijo—, voy a cortar el pastel de boda yo misma.

—Siempre la impaciente —respondió mi abuela.

Quotations that are not parts of a dialogue are indicated with quotation marks, as in English.

QUOTATION MARKS

In English quotations, the period that ends a sentence is placed before the closing quotation mark. In Spanish, the quotation mark generally precedes the period.

¿Quién dijo: "La poesía es como el pan"?

Según Roque Dalton, "La poesía es como el pan".

Repaso esencial

AGREEMENT

NOUNS AND ADJECTIVES

- An adjective normally agrees in number and gender with the noun it modifies, no matter how much distance separates the two.

el hijo político	*the son-in-law*
Las mujeres que se sentaron con mis primos durante la boda son muy simpáticas.	*The women who sat with my cousins during the wedding are very nice.*

- **Cada** and most adjectives ending in **-ista** do not have distinct masculine or feminine endings.

cada invitado	*each guest*
el partido peronista	*the Peronist party*

- In Spanish, nouns seldom modify other nouns directly. If no adjectival form exists, an adjectival phrase is formed with **de** + *noun.*

reloj de oro	*gold watch*
anuncio de boda	*wedding announcement*

SUBJECTS AND VERBS

- Subjects and verbs agree in number and person.

Ella tiene dos hijos gemelos.	*She has twin sons.*
Las amigas de Mario visitan a su abuela.	*Mario's friends are visiting his grandmother.*

- Collective nouns that stand for more than one person or thing, such as **familia, clase,** and **grupo,** require singular verbs.

La clase estudió la materia.	*The class studied the subject.*
La familia asistió a la boda.	*The family attended the wedding.*

COMMON ERRORS OF AGREEMENT

- Losing track of the noun/adjective relationship

  Correct: **La chica** a quien conocí en la boda de mi primo es **chilena.**
  Mis **nietas,** que nos visitaron la semana pasada, son muy **listas.**

  Incorrect: La chica a quien conocí en la boda de mi primo es chileno.
  Mis nietas, que nos visitaron la semana pasada, son muy listos.

- Agreement of adjectives that do not change gender

  Correct: **cada** tío   el gobierno **comunista**

  Incorrect: cado tío   el gobierno comunisto

- Nouns incorrectly treated as adjectives

  Correct: la misa **de boda**   la joya **de plata**

  Incorrect: la misa boda   la joya plata

- Plural verbs with collective nouns
  Correct: La familia **planea** la boda.
                   El grupo se **levanta.**
  Incorrect: La familia planean la boda.
                   El grupo se levantan.

Práctica 1

Lea las oraciones a continuación y corrija cualquier error de concordancia que usted note.

1. El madrina de mis nieto Julio, a quien usted conoció en el bautizo, es tan amistoso.
2. La suegras en general tienen mal fama. Aunque ésta sea merecido, a veces influye en los pensamientos de la nuera nuevo, quien llega a la casa, como se puede comprender, un poco aprehensivo.
3. De manera semejante, las madrastras, cuyo situación con respecto a los hijos de su esposo es sin duda delicado y difícil, en la imaginación populares son malo y están identificado con la brujas de los cuentos juvenil.
4. Sus abuela es maestra de arte. Es muy conocido por su paisajes de Chile.

DEFINITE AND INDEFINITE ARTICLES

- Articles, a subcategory of adjectives, agree with the nouns they modify.

  DEFINITE ARTICLES   INDEFINITE ARTICLES
  el, la, los, las   *the*   **un, una**   *a, an*
                                    unos, unas   *some*

- Definite articles are used much more often in Spanish than they are in English. The definite article is used
  1. with people's titles (except for **don** and **doña**) when speaking *about* a person. It is not used when speaking *to* the person.
La doctora Soto es cirujana.	*Dr. Soto is a surgeon.*
Mucho gusto, doctora Soto.	*Pleased to meet you, Dr. Soto.*
  2. with nouns used in a general or abstract sense.
Los abuelos tienen fama de mimar a los nietos.	*Grandparents have the reputation of spoiling their grandchildren.*
  3. with days of the week, except when they follow **ser.**
Los sábados hay muchas fiestas.	*On Saturdays there are many parties.*
Hoy es miércoles.	*Today is Wednesday.*
  4. with names of languages, except when they directly follow **hablar, aprender, comprender, escribir, enseñar, estudiar, leer, en,** or **de.**
El portugués es semejante al español.	*Portuguese is similar to Spanish.*
Mi familia habla portugués y español.	*My family speaks Portuguese and English.*
  5. instead of the possessive adjective with articles of clothing, personal belongings, and parts of the body, except when it is not clear from context to whom an item belongs.
Alicia se puso la chaqueta y salió.	*Alicia put on her jacket and left.*
Alicia se puso mi chaqueta porque se le olvidó la suya.	*Alicia put on my jacket because she forgot hers.*

- Indefinite articles are used less often in Spanish than in English. The indefinite article is omitted
  1. before **otro, cierto, cien, mil, tal,** and **qué.**
¡Qué día!	*What a day!*
Necesito otro libro.	*I need another book.*

2. with professions, social class, nationality, religion, and political affiliation unless they are modified by an adjective.

Es demócrata.	*He is a Democrat.*
Es un demócrata conservador.	*He is a conservative Democrat.*
Es maestra.	*She is a teacher.*
Es una maestra magnífica.	*She is a magnificent teacher.*

COMMON ERRORS IN THE USE OF DEFINITE AND INDEFINITE ARTICLES

- Use of the indefinite article with an adjective that does not require one

Correct:	**otro** cuñado	**cierto** tío
Incorrect:	un otro cuñado	un cierto tío

- Use of the indefinite article with an unmodified profession, nationality, etc.

Correct:	**Soy estudiante.**
	Soy estadounidense.
Incorrect:	Soy una estudiante.
	Soy un estadounidense.

- Omission of the definite article

Correct:	**La** señorita García es la nuera de mi amiga.
	La quinceañera es una celebración muy importante en la sociedad hispana.
	Los domingos, la familia va a la iglesia.
Incorrect:	Señorita García es la nuera de mi amigo.
	Quinceañera es una celebración muy importante en la sociedad hispana.
	Domingos la familia va a la iglesia.

- Use of a possessive instead of a definite article

Correct:	La novia se puso **el** vestido.
	Se pone las flores en **el** pelo.
Incorrect:	La novia se puso su vestido.
	Se pone las flores en su pelo.

DEMONSTRATIVE ADJECTIVES AND PRONOUNS

Demonstrative adjectives and pronouns are used to point out specific people, places, and things on the basis of proximity and distance.

DEMONSTRATIVE ADJECTIVES

- Demonstrative adjectives precede the nouns they modify and agree with them in gender and number.

este, esta, estos, estas	*this, these*
ese, esa, esos, esas	*that, those*
aquel, aquella, aquellos, aquellas	*that, those (over there)*

este nieto	esa tía	aquel niño
aquellos libros	estos hermanos	estas flores

DEMONSTRATIVE PRONOUNS

- Demonstrative pronouns refer to a previously stated person or thing. They agree in number and gender with the noun that they replace. Demonstrative pronouns have accent marks.

éste, ésta, éstos, éstas	*this (one), these (ones)*
ése, ésa, ésos, ésas	*that (one), those (ones)*

aquél, aquélla, aquéllos, aquéllas	*that (one), those (ones)*
Tengo dos anillos. Aquél es de oro y diamantes.	*I have two rings. That one (referring to the ring over there) is made of gold and diamonds.*
Hablé con éste.	*I spoke with this one (referring to a person nearby).*

NEUTER DEMONSTRATIVE PRONOUNS

- The neuter demonstrative pronouns refer to an unidentified item or to an entire statement. The neuter forms never modify nouns and do not have an accent.

esto	*this*
eso, aquello	*that*
¿Qué es esto?	*What is this?*
Ella llegó tarde sin explicación. Eso no me gusta.	*She arrived late without an explanation. I don't like that.*

THE FORMER, THE LATTER

- To express "the former...the latter," refer to the former with the appropriate form of **aquel**, and to the latter with the appropriate form of **este**. If both are mentioned in the sentence, the form of **este** comes first.

    Hay vino rojo y blanco; aquél (*referring to the red*) es de la Rioja.

    Las damas son Graciela y Alicia: ésta (*referring to Alicia*) es su hermana, y aquélla es su prima.

COMMON ERRORS IN THE USE OF DEMONSTRATIVE ADJECTIVES AND PRONOUNS

- Use of the neuter demonstrative pronoun in place of the adjective

Correct:	**este** hombre	**ese** anillo
Incorrect:	esto hombre	eso anillo

- Placement of an accent mark on a demonstrative adjective

Correct:	**este** anillo	**aquella** mujer
Incorrect:	éste anillo	aquélla mujer

SER, ESTAR, TENER, AND HABER

The verbs **ser, estar, tener,** and **haber** are all translated in some contexts as *to be,* but they are not interchangeable.

USES OF SER

- As an equal sign (=) to link two nouns or a noun and pronoun

Mi bisabuelo es su tío.	*My great-grandfather is his uncle.*
Luis es actor.	*Luis is an actor.*

- To state the site of an event

La boda es en la capilla de la iglesia.	*The wedding is in the chapel of the church.*

USES OF ESTAR

- To state the location of a person or thing

La iglesia está en la calle Paulina.	*The church is on Paulina Street.*

- In the expression **estar de** + *occupation* to show that someone is working in a capacity other than his or her primary occupation or position

Luis es actor, pero ahora está de camarero.	*Luis is an actor, but now he is (working as) a waiter.*
La señora Flores está de directora durante las vacaciones de la señorita Castro.	*Ms. Flores is the director during Ms. Castro's vacation.*

SER AND ESTAR WITH ADJECTIVES

- **Ser** is used to describe characteristics seen as normal or inherent. **Estar** is used to describe characteristics viewed as special cases apart from the norm.

SER	ESTAR
El pastel de boda es muy dulce. (*usually*)	Este pastel de boda está muy dulce. (*This particular wedding cake tastes very sweet.*)
El helado es frío. (*normally*)	Este helado está muy frío; no puedo servirlo todavía. (*This particular ice cream is too cold for me to serve yet.*)
El novio es guapo. (*normally*)	El novio está muy guapo hoy. (*The groom looks especially handsome today.*)

- Some adjectives have different meanings depending on whether they are used with **ser** or with **estar.**

ADJECTIVE	WITH **SER**	WITH **ESTAR**
aburrido	*boring*	*bored*
bueno	*good*	*in good health; tasty*
interesado	*selfish*	*interested*
listo	*clever*	*ready*
loco	*silly, wild*	*frantic, mentally unhealthy*
malo	*bad*	*in poor health*
verde	*green*	*unripe*
vivo	*lively*	*alive*

- **Ser** and **estar** are *not* distinguished by "permanent vs. temporary" states as illustrated in the following examples.

Él es estudiante.	*He is a student.*
Ella es joven.	*She is young.*
Él está muerto.	*He is dead.*

TENER

- **Tener** is used in certain idiomatic expressions to describe states or conditions that are expressed in English with the verb *to be.*

Tengo hambre.	*I am hungry.*
Ana tiene frío.	*Ana is cold.*
Tienen miedo.	*They are frightened.*
Tenemos calor.	*We are warm.*
Tienes sed.	*You are thirsty.*
Luis tiene cinco años.	*Luis is five years old.*

HABER

- **Hay,** the impersonal form of **haber,** means both *there is* and *there are.*

Hay un restaurante en la ciudad.	*There is a restaurant in the city.*
Hay trescientos invitados.	*There are three hundred guests.*

COMMON ERRORS IN THE USE OF *SER, ESTAR, TENER,* AND *HABER*

- Use of **estar** to connect nouns or pronouns
  Correct: Carmen **es** estudiante. Va a graduarse en una semana.
  Incorrect: Carmen está estudiante. Va a graduarse en una semana.
- Use of **ser** with **muerto**
  Correct: Mi bisabuelo **está** muerto.
  Incorrect: Mi bisabuelo es muerto.
- Use of **ser** for location of objects or buildings
  Correct: La iglesia **está** en la calle Paulina.
  Incorrect: La iglesia **es** en la calle Paulina.
- Use of **estar** for location of events
  Correct: La fiesta **es** en la casa de mis abuelos.
  Incorrect: La fiesta **está** en la casa de mis abuelos.
- Use of **ser** or **estar** instead of **tener** in idiomatic expressions
  Correct: **Tengo** veintiún años.
                    Tengo sueño.
  Incorrect: Soy veintiún años.
                    Estoy sueño.
- Use of a conjugated form of **haber** instead of **hay**
  Correct: **Hay** tres invitados.
  Incorrect: Han tres invitados.

INFINITIVES USED AS NOUNS AND AFTER PREPOSITIONS

- The gerund (*-ing* form of a verb) is frequently used in English as a noun. The equivalent in Spanish is the infinitive form, which may take the article **el** when it is used as the subject of a sentence.
  (El) Ver es creer.   *Seeing is believing.*
  Es difícil elegir.   *Choosing is difficult.*
- In Spanish, the infinitive form is used after a preposition.
  Antes de irse, los invitados   *Before leaving, the guests received a*
     recibieron un regalo.   *gift.*
  Después de bailar, cenamos.   *After dancing, we ate supper.*
- In English, the infinitive marker "to" coincides with the preposition "to" and only one of them is expressed in the sentence. In Spanish, the infinitive marker is **"-r"**, which does not coincide with any preposition, so the Spanish preposition is not omitted.
  Se prepara para ir.   *She is preparing to go.*
  Para recordar el momento,   *(In order) to record the moment, they*
     emplearon a dos fotógrafos.   *hired two photographers.*

COMMON ERRORS INVOLVING INFINITIVE FORMS

- Use of a gerund as a noun
  Correct: **Bailar** es divertido.
  Incorrect: Bailando es divertido.
- Use of a gerund after a preposition
  Correct: Después de **salir,** fueron a un restaurante.
  Incorrect: Después de saliendo, fueron a un restaurante.
- Omission of required prepositions before infinitives
  Correct: **Para** reservar la sala, quieren un depósito de $500.
  Incorrect: Reservar la sala, quieren un depósito de $500.

Traduzca las siguientes observaciones al español sin recurrir a las explicaciones anteriores.

1. This is a photograph of a wedding. In Hispanic culture weddings are very important, and this one is particularly important because the groom is my brother Antonio. He is twenty-five years old and the bride, Jeanne, is twenty-six. She is French, but she speaks Spanish very well. The wedding is at my family's house in Chicago.

2. This group right here is my family, and the one over there is the bride's family. Waiting is not their favorite pastime. Not all of the guests are there because of an error on the invitation cards. The bridegroom is frantic, and the caterers (**los abastecedores**) are not ready. The dinner is at 9:00 and it is 8:45 already. Some of the guests are taking off their jackets because they are so hot.

3. In that photograph they are serving the cake. My aunt is insisting that it is too sweet, and my grandmother is saying that all wedding cakes are sweet.

4. In this photograph you see the two rings. This one is made of silver. The one over there is made of gold. After discovering that the groom doesn't like gold, the bride bought another made of silver for him.

5. What a day! Here Antonio and Jeanne are finally happy because they're leaving for their honeymoon.

PRESENT INDICATIVE

- In Spanish, the present tense refers to events that are not yet completed, that are habitual or customary, or that will take place in the near future.

Preparan la comida para la boda.
$\left\{\begin{array}{l}\textit{They prepare the food for the wedding.} \\ \textit{They will prepare the food for the wedding.} \\ \textit{They are preparing the food for the wedding.} \\ \textit{They do prepare the food for the wedding.}\end{array}\right.$

- Spanish employs the simple present tense much more frequently than does English, which often substitutes the present progressive. See Chapter 5 for discussion of the present progressive.

PRESENT INDICATIVE FORMS

-ar verbs	-o, -as, -a, -amos, -áis, -an
-er verbs	-o, -es, -e, -emos, -éis, -en
-ir verbs	-o, -es, -e, -imos, -ís, -en

VERBS WITH IRREGULAR *YO* FORMS

agradecer	agradezco	nacer	nazco
caber	quepo	ofrecer	ofrezco
caer	caigo	poner	pongo
cocer	cuezo	saber	sé
conocer	conozco	traducir	traduzco
crecer	crezco	traer	traigo
dar	doy	valer	valgo
hacer	hago	ver	veo

VERBS WITH STEM CHANGES AND SPELLING CHANGES

- Stem-changing verbs ending in **-ar** and **-er** change **e → ie** or **o → ue** in all forms except **nosotros/as** and **vosotros/as.**

  e → ie

comenzar	comienzo, comienzas, comienza, comenzamos, comenzáis, comienzan
perder	pierdo, pierdes, pierde, perdemos, perdéis, pierden

  o → ue

mostrar	muestro, muestras, muestra, mostramos, mostráis, muestran
poder	puedo, puedes, puede, podemos, podéis, pueden

- Stem-changing verbs ending in **-ir** change **e → ie, o → ue,** or **e → i** in all forms except **nosotros/as** and **vosotros/as.**

  e → ie

divertirse	me divierto, te diviertes, se divierte, nos divertimos, os divertís, se divierten

  o → ue

dormir	duermo, duermes, duerme, dormimos, dormís, duermen

  e → i

pedir	pido, pides, pide, pedimos, pedís, piden
reír	río, ríes, ríe, reímos, reís, ríen
sonreír	sonrío, sonríes, sonríe, sonreímos, sonreís, sonríen

- Verbs ending in **-uir** (but not **-guir** or **-quir**) insert a **y** after **u** in all forms except **nosotros/as** and **vosotros/as.**

contribuir	contribuyo, contribuyes, contribuye, contribuimos, contribuís, contribuyen

- Verbs ending in **-iar** and **-uar** (but not **-guar**) have an accent mark on the weak vowel (**i** or **u**) of all forms except **nosotros/as** and **vosotros/as.**

enviar	envío, envías, envía, enviamos, enviáis, envían
continuar	continúo, continúas, continúa, continuamos, continuáis, continúan

IRREGULAR VERBS

- This group includes many of the most commonly used verbs in Spanish.

decir	digo, dices, dice, decimos, decís, dicen
estar	estoy, estás, está, estamos, estáis, están
haber	he, has, ha, hemos, habéis, han
ir	voy, vas, va, vamos, vais, van
oír	oigo, oyes, oye, oímos, oís, oyen
ser	soy, eres, es, somos, sois, son
tener	tengo, tienes, tiene, tenemos, tenéis, tienen
venir	vengo, vienes, viene, venimos, venís, vienen

Práctica 3

Después de repasar las formas, lea la lista de verbos a continuación y haga lo siguiente sin consultar el texto.

- Escriba una **I** si el verbo es irregular. Siga el modelo.
- Escriba una **I** para todas las personas en las que el verbo es irregular.
- Escriba la forma correcta del verbo para cada persona.

Infinitivo	yo	tú	Ud., él, ella	nosotros/as	Uds., ellos, ellas
1. decir ᴵ	digo ᴵ	dices ᴵ	dice ᴵ	decimos	dicen ᴵ
2. ver					
3. poder					
4. divertirse					
5. mostrar					
6. reír					
7. perder					
8. llamar					
9. enviar					
10. trabajar					
11. venir					
12. tener					
13. poner					
14. saber					
15. comenzar					

Ahora repase sus respuestas, verificando las conjugaciones de los verbos. Si usted encuentra errores, ¿qué ocasionó cada error?

- *¿No sabía cuáles eran los verbos irregulares?*
- *¿No sabía cuáles formas eran irregulares?*
- *Si sabía las formas irregulares del verbo, ¿se trata de errores de ortografía o del uso de acento?*

Repase la sección anterior si es necesario.

Práctica 4

Aunque se debe tratar de evitar los errores, es importante poder identificarlos y corregirlos. Estudie la lista de verbos a continuación. Sin consultar las listas en el texto, corrija las formas incorrectas del presente del indicativo. Al terminar el ejercicio, verifique sus respuestas.

1. trae
2. hago
3. continuan
4. vees
5. me diverto
6. dormimos
7. río
8. dicimos
9. contribuyen
10. pedimos
11. conozcan
12. vienen
13. habemos
14. estan
15. puedemos
16. oimos

Repaso esencial

INDEFINITE AND NEGATIVE EXPRESSIONS

- Indefinite expressions refer to nonspecific people, objects, actions, and conditions. Negative expressions are used to contradict previous statements about or deny the existence of people, objects, actions, and conditions.

INDEFINITE	NEGATIVE
algo *something, anything*	**nada** *nothing, not . . . anything*
alguien *someone, somebody, anyone*	**nadie** *no one, nobody, not . . . anybody*
algún, alguna/os/as *some, any*	**ningún, ninguna/os/as** *no, none, not . . . any*
alguno/a/os/as *some(one), any(one)*	**ninguno/a/os/as** *none, no(one), not . . . any(one)*
también *also, too*	**tampoco** *neither, not . . . either*
siempre *always*	**nunca, jamás** *never*
a veces, algunas veces *sometimes*	
o *or*	**ni** *neither, nor*
o… o *either . . . or*	**ni… ni** *neither . . . nor*
aun *even*	**ni siquiera** *not even*
de algún modo, de alguna manera *somehow, (in) some way*	**de ningún modo, de ninguna manera** *in no way, by no means, not at all*

NEGATION

- To negate a sentence, the adverb **no** or a negative expression is placed before the main verb.

La profesora habla con el candidato.	*The professor is speaking with the candidate.*
La profesora no habla con el candidato.	*The professor is not speaking with the candidate.*
El estudiante escuchó la conferencia.	*The student listened to the lecture.*
Nadie escuchó la conferencia. / No escuchó nadie la conferencia.	*No one listened to the lecture.*
El cuerpo docente también lo notó.	*The faculty also noticed it.*
El cuerpo docente tampoco lo notó. / El cuerpo docente no lo notó tampoco.	*The faculty didn't notice it either.*

- If a negative word or phrase precedes the main verb, negative expressions are used to express any indefinite elements in the sentence.

No me dieron nunca ninguna nota mala.	*They never gave me any bad grades.*
No pude tomar ningún curso con el profesor Gómez.	*I couldn't take any course with Professor Gómez.*

Tampoco suspendió a nadie. *Nor did he fail anyone.*
Nadie escribió nada. *No one wrote anything.*

- **Alguno** and **ninguno** become **algún** or **ningún** before masculine singular nouns.
- In Spanish, **no** cannot be used as an adjective to negate a noun. Instead, the adjectives **ningún** and **ninguna** are employed.
- Plural nouns generally become singular in the negative.
  Tengo algunos libros. *I have some books.*
  No tengo ningún libro. *I don't have any books.*

COMMON ERRORS IN THE USE OF NEGATIVE AND INDEFINITE EXPRESSIONS

- No negative word before the main verb.
  Correct: Juan **nunca** asiste a clase. / Juan **no** asiste nunca a clase.
  Incorrect: Juan asiste nunca a clase.
- Use of an indefinite expression after the negative.
  Correct: No escribí **nada** en el examen.
  Incorrect: No escribí algo en el examen.
- Use of **no** as an adjective.
  Correct: **ningún** nestudiante **ninguna** clase
  Incorrect: no estudiante no clase
- Use of a plural noun instead of a noun in the negative.
  Correct: **ninguna** clase
  Ningún estudiante sabe la información.
  Incorrect: ningunas clases
  Ningunos estudiantes saben la información.
- Use of **alguno** or **ninguno** before a masculine singular noun.
  Correct: **algún** profesor **ningún** amigo
  Incorrect: alguno profesor ninguno amigo
- Use of **alguien / nadie** in place of **alguno / ninguno**.
  Correct: **Ningún** estudiante quería hablar. / **Nadie** quería hablar.
  Conocí a **algunas** personas.
  Incorrect: Nadie estudiante quería hablar.
  Conocí a alguien personas.
- Omission of the personal **a** with **alguien / nadie** and **alguno / ninguno**.
  Correct: Vimos **a** algunos estudiantes.
  No vi **a** nadie ayer.
  Incorrect: Vimos algunos estudiantes.
  No vi nadie ayer.

Práctica 1

Usted tiene que preparar un informe sobre el programa de lenguas para estudiantes extranjeros de su universidad. Solicitó comentarios de los estudiantes y ahora necesita editarlos para el informe. Corrija el uso de las palabras negativas e indefinidas según las reglas que acaba de repasar y haga cualquier otro cambio necesario.

1. Nadie estudiantes de mi residencia asistieron a la conferencia de orientación. No había ninguno interés en el tema. Algo personas se quedaron en la sala charlando.
2. Acabo de regresar de Brasil, donde asistía a la Universidad de Bahía. Aquí conozco a nadie que sepa hablar portugués; y nada estudiante de mi residencia estudia portugués. Voy a perder mi dominio del portugués pronto porque hay ningunos profesores de portugués en la facultad de lenguas. ¿Puede usted decirme si hay alguien que hable portugués en esta universidad para que podamos practicar?

3. La consejera de mi residencia tiene no idea de los problemas de los estudiantes extranjeros. Nadie nos informó también de la reunión para los nuevos estudiantes. La consejera no nos ayuda de alguna manera. Voy a hablar con alguno sobre este problema mañana.

4. Soy consejera y es casi imposible trabajar aquí y estudiar para mis clases. Tengo que terminar algo lecturas. Y comprendo la materia de ningún modo. También es difícil estudiar alguno tan difícil como la física con tanto ruido. Ustedes deben no requerir que estemos en la residencia desde las 18.00 horas hasta la medianoche todos los días. ¿Cuándo voy a estudiar?

PRESENT SUBJUNCTIVE

PRESENT SUBJUNCTIVE FORMS

- The present subjunctive is formed by dropping the **-o** ending from the first-person singular **yo** form of the present indicative and replacing it with the appropriate subjunctive ending.

-ar verbs	-e, -es, -e, -emos, -éis, -en
-er and **-ir** verbs	-a, -as, -a, -amos, -áis, -an
hablar	hable, hables, hable, hablemos, habléis, hablen
aprender	aprenda, aprendas, aprenda, aprendamos, aprendáis, aprendan
escribir	escriba, escribas, escriba, escribamos, escribáis, escriban

- Since the present subjunctive is based on the **yo** form of the present indicative, any irregularities in this form (see list in Chapter 1) are maintained in all forms of the present subjunctive.

INFINITIVE	INDICATIVE	SUBJUNCTIVE
agradecer	agradezco	agradezca, agradezcas, agradezca, agradezcamos, agradezcáis, agradezcan
caber	quepo	quepa, quepas, quepa, quepamos, quepáis, quepan
concluir	concluyo	concluya, concluyas, concluya, concluyamos, concluyáis, concluyan
decir	digo	diga, digas, diga, digamos, digáis, digan
escoger	escojo	escoja, escojas, escoja, escojamos, escojáis, escojan
hacer	hago	haga, hagas, haga, hagamos, hagáis, hagan

Stem-Changing Verbs

- Stem-changing verbs ending in **-ar** and **-er** have the same stem changes as the present indicative. Note that the **nosotros/as** and **vosotros/as** forms do not change.

o → ue

contar	cuente, cuentes, cuente, contemos, contéis, cuenten
poder	pueda, puedas, pueda, podamos, podáis, puedan
recordar	recuerde, recuerdes, recuerde, recordemos, recordéis, recuerden

e → ie

entender	entienda, entiendas, entienda, entendamos, entendáis, entiendan
pensar	piense, pienses, piense, pensemos, penséis, piensen
querer	quiera, quieras, quiera, queramos, queráis, quieran

- Stem-changing verbs ending in **-ir** follow the present indicative stem changes, except for the **nosotros/as** and **vosotros/as** forms, which change **e → i** or **o → u.**

divertirse	me divierta, te diviertas, se divierta, nos divirtamos, os divirtáis, se diviertan
dormir	duerma, duermas, duerma, durmamos, durmáis, duerman
pedir	pida, pidas, pida, pidamos, pidáis, pidan
sentir	sienta, sientas, sienta, sintamos, sintáis, sientan

- Stem-changing verbs with an accent on the infinitive have an accent mark on the stressed **i** in all of the present subjunctive forms.

reír	ría, rías, ría, riamos, riáis, rían

Verbs with Spelling Changes

- Verbs ending in **-car, -gar, -guar,** and **-zar** change their spelling in order to retain the sound of the stem in the present subjunctive.

-car verbs	*c → qu* **before** *-e*
buscar	busque, busques, busque, busquemos, busquéis, busquen
sacar	saque, saques, saque, saquemos, saquéis, saquen
-gar verbs	*g → gu* **before** *-e*
cargar	cargue, cargues, cargue, carguemos, carguéis, carguen
llegar	llegue, llegues, llegue, lleguemos, lleguéis, lleguen
jugar	juegue, juegues, juegue, juguemos, juguéis, jueguen
-guar verbs	*gu → gü* **before** *-e*
averiguar	averigüe, averigües, averigüe, averigüemos, averigüéis, averigüen
-zar verbs	*z → c* **before** *-e*
almorzar	almuerce, almuerces, almuerce, almorcemos, almorcéis, almuercen
comenzar	comience, comiences, comience, comencemos, comencéis, comiencen

- Verbs ending in **-iar** and **-uar** (but not **-guar**), have an accent mark on the weak vowel (**i** or **u**) of all forms except **nosotros/as** and **vosotros/as.**

enviar	envíe, envíes, envíe, enviemos, enviéis, envíen
continuar	continúe, continúes, continúe, continuemos, continuéis, continúen

Irregular Verbs

- Certain commonly used verbs are irregular in almost all present subjunctive forms.

dar	dé, des, dé, demos, deis, den
estar	esté, estés, esté, estemos, estéis, estén
haber	haya, hayas, haya, hayamos, hayáis, hayan
ir	vaya, vayas, vaya, vayamos, vayáis, vayan
saber	sepa, sepas, sepa, sepamos, sepáis, sepan
ser	sea, seas, sea, seamos, seáis, sean

Práctica 2

Después de repasar las formas, lea la lista de verbos a continuación y haga lo siguiente sin consultar el texto.

- Escriba una **I** si el verbo es irregular.
- Escriba una **I** para todas las personas en las que el verbo es irregular.
- Escriba la forma correcta del presente del subjunctivo para cada persona.

Infinitivo	yo	tú	Ud., él, ella	nosotros/as	Uds., ellos, ellas
1. concluir					
2. ver					
3. poder					
4. reír					
5. decir					
6. venir					
7. tocar					
8. mostrar					
9. saber					
10. deber					
11. poner					
12. ser					
13. recordar					

Ahora revise sus respuestas, verificando las conjugaciones de los verbos. Si usted encuentra errores, ¿qué ocasionó cada uno?
- ¿No sabía cuáles eran los verbos irregulares?
- ¿No sabía qué formas eran irregulares?
- Si sabía las formas irregulares del verbo, ¿se equivocó en cuanto a la ortografía o al acento?

Repase la sección anterior si es necesario.

Práctica 3

Corrija los verbos incorrectos.

1. Ojalá que oigue.
2. Ojalá que vean.
3. Ojalá que me divirta.
4. Ojalá que almuerzen.
5. Ojalá que viena.
6. Ojalá que saba.
7. Ojalá que esten.
8. Ojalá que hables.
9. Ojalá que hacas.
10. Ojalá que puedamos.
11. Ojalá que duerman.
12. Ojalá que lo pidan.
13. Ojalá que conozcan.
14. Ojalá que aprendan.
15. Ojalá que jugue.
16. Ojalá que viváis.

USES OF THE PRESENT SUBJUNCTIVE

- The present subjunctive is used for commands (except for affirmative **tú** and **vosotros/as** forms) and in certain *subordinate clauses*. Briefly, a main clause can stand alone as a complete thought, while a subordinate clause cannot. A subordinate clause provides additional information about some element of the main clause. Clauses introduced by **y, o, pero,** or **sino** are *not* subordinate clauses.
  The underlined segments of the following sentences are subordinate clauses.
  I hope <u>that you will begin the campaign immediately.</u>
  The man <u>whom you saw yesterday</u> was the secretary.
  <u>In case you should have to leave,</u> I will be in my office.
- Since the rules for the use of the subjunctive or the indicative differ for each type of clause, it is important to determine whether the subordinate clause is a noun, an adjectival, or an adverbial clause.
  1. A noun clause answers the question *what?*
  2. An adjectival clause answers the questions *which?* or *what kind?*

3. An adverbial clause answers the question *under what circumstances?*, including *when?, where?, how?,* and *why?*

In the preceding model sentence, the questions answered by the clauses are: "I hope what?", "Which man?", and "Under what circumstances will I be in my office?". Therefore these clauses are respectively a noun, an adjectival, and an adverbial clause. As the examples indicate, a subordinate clause may appear *before, after,* or *embedded in* the main clause.

*Subraye cada cláusula subordinada e indique su categoría con **N** (nominal), **ADJ** (adjetival) o **ADV** (adverbial). Si no hay cláusula subordinada, marque la oración con X.*

Remarks overheard during a summer orientation program

1. I need a catalogue that contains the most recent course descriptions.
2. I know that many students do not know how to register.
3. Are you telling the new students to register early?
4. There is no one here now who can help you register.
5. Until they submit the transcripts, they cannot register.
6. It is essential that the students pay the insurance fee.
7. I doubt that they expect us to spend so much money.
8. Unless he arrives soon, I'm leaving.
9. They are giving her money so that she can buy her books now.
10. I can't attend unless they offer me more financial aid.
11. I'm looking for a woman who is wearing a blue suit. She is my mother.
12. I'm looking for a room that is cheap and close to campus.
13. My brother has a room that is cheap; it's in a house that he is renting with some friends.
14. It isn't true that seniors have to live in the residence halls.
15. As soon as we explain it, they always understand the procedure.
16. I'm sorry you cannot get into the math class at 10:00.
17. I think the meeting is at noon, but I'm not certain.
18. I advise you to take more English classes.
19. The computer says there are openings in the 8:00 class.
20. This is the rule that applies to students from other schools.
21. I want a science class that has a lab.
22. My parents want us all to go to lunch at the student cafeteria.
23. They want us to attend a private university.

INDICATIVE RULES VERSUS SUBJUNCTIVE RULES

For many students, a closer look at the use of the indicative is a useful way to approach subjunctive/indicative usage. Spanish actually has extremely strict rules that limit the use of indicative forms in subordinate clauses. Knowing these rules can help confirm decisions between the indicative and subjunctive, since subordinate clauses that fall outside the indicative rules need the subjunctive verbs.

Since subjunctive versus indicative in the subordinate clause is an either/or proposition, the decision can be reached in two ways—by learning the indicative rules and using them to rule a verb in or out, or by learning the subjunctive rules to do likewise. Different approaches appeal to different students. Knowing *both* the indicative and subjunctive rules makes the choices more certain.

SUBORDINATE CLAUSE TYPE	STANDARDS FOR USE OF INDICATIVE
Nominal	**Indicative if the clause content is a true fact, merely reported objectively** (Note that wishing, advising, and such are not the same as reporting, and that any emotional reaction, value judgement or other "spin" is not objective reporting.)

Sé que se matricula en la Facultad de Ingeniería.
I know that she is enrolling in the College of Engineering.
Es verdad que los padres de ella se lo oponen.
It's true that her parents are against it.
Oigo que su preferencia fue la Facultad de Medicina.
I hear that their preference was the medical school.

Adjectival **Indicative if the clause describes an item that exists
AND is specific** (one particular item that is known to the
speaker personally, not just a type of item)
Ya conozco un apartamento que será perfecto para ti
—mis amigos viven allá pero se gradúan.
*I already known an apartment that will be perfect for you—my
friends live there but they are graduating.*
La tienda del centro tiene una mochila que será buena
para el viaje. La vi ayer en el mostrador.
*The shop downtown has a backpack that will be good for the trip.
I saw it yesterday on the counter.*

Adverbial **Indicative if the clause event is presented as already
true *OR* always true** (the event already happened that
way, or it is described as a habit)
Después de que los estudiantes indicaron sus preferencias,
los directores asignaron los cuartos.
*After the students indicated their preferences, the directors as-
signed the rooms.*
Ahora que están aquí todos, podemos empezar.
Now that everyone is here, we can begin.

Práctica 5

*Para las oraciones de la Práctica 4 anterior, mire cada cláusula subordinada y decida si su
verbo cumple o no con los requisitos estrictos para el uso del indicativo. Si los cumple, marque
el verbo con I y traduzca la frase. Explique su decisión en cada caso.*

Subordinate Noun Clauses
- In a subordinate noun clause, the use of the subjunctive or the indicative depends on the attitude expressed in the main clause regarding the information in
the subordinate clause.
- If the main clause indicates that the noun clause is true or factual and is being reported objectively, the *indicative* is used in the subordinate clause.

Sé que las clases empiezan pronto.	*I know that classes begin soon.*
Me dicen que puedo terminar en mayo.	*They tell me I can finish in May.*

- If the main clause indicates subjectivity, for example, doubt, uncertainty, emo-
tion, falsehood, or a value judgment, the *subjunctive* is used in the subordinate
noun clause.

Dudo que haya otra librería.	*I doubt that there is another bookstore.*
Es bueno que no cueste mucho.	*It's good (that) it doesn't cost a lot.*
Me alegro de que te acepten.	*I am happy (that) they are accepting you.*

- The subjunctive is also used whenever the main clause indicates a wish, request, or order.

Su consejero recomienda que hable con la profesora.	*Her advisor recommends (that) she speak with the professor.*
Sugiero que estudien las matemáticas.	*I suggest (that) they study mathematics.*
El profesor manda que entreguemos los exámenes ahora.	*The professor is ordering us to turn in the exams now.*

- If the sentence has no subordinate clause or there is no change of subject, the infinitive is used.

Quiero ir.	*I want to go.*
Quiero que vayas.	*I want you to go.*

COMMON ERRORS IN SUBORDINATE NOUN CLAUSES

- Looking at the meaning of the entire sentence rather than focusing on the assertion in the main clause.

Correct:	Es falso que los niños **asistan** a la universidad.
Incorrect:	Es falso que los niños asisten a la universidad.

- Use of the subjunctive in a subordinate clause when there is no change of subject.

Correct:	**Quiero ir** a la universidad.
Incorrect:	Quiero que yo vaya a la universidad.

Práctica 6

Evalúe las oraciones con cláusulas nominales en la Práctica 4 según las reglas para el uso del subjuntivo. Para cada cláusula nominal, decida si su verbo cumple o no con los requisitos para el uso del subjuntivo. Si los cumple, marque el verbo con S y traduzca la oración. Explique su decisión en cada caso.

Subordinate Adjectival Clauses

- The use of the subjunctive or the indicative in an adjectival clause depends on the status of its *antecedent,* the noun or pronoun described by the adjective clause.
- If the antecedent refers to an existing person, place, or thing that is specifically known, the *indicative* is used in the adjectival clause. The mere existence of the antecedent does not determine whether the adjectival clause requires the use of the indicative. The antecedent must be a specific part of a person's experience, rather than simply one member of a broad class of similar items.

Busco una bicicleta roja que necesita llantas nuevas. La dejé aquí ayer y ahora no está. ¿Has visto tal bicicleta?	*I am looking for a red bicycle that needs new tires. I left it here yesterday and now it's not (here). Have you seen such a bicycle?*

- If the antecedent refers to someone or something that is not already specifically known or that may not exist, the *subjunctive* is used.

Busco una bicicleta que no sea demasiado cara.	*I am looking for a bicycle that isn't too expensive.*
Pues, en esta tienda no hay ninguna que cueste menos de $200.	*Well, in this store there is none that costs less than $200.*
Quiero una computadora que tenga por lo menos 256 MB de RAM, puesto que los programas los requieren.	*I want a computer that has at least 256 MB of RAM because the programs require it (them).*

Note that in the third example there is no doubt about the existence of a computer with more than 256 MB of RAM. However, the subjunctive is used in the adjectival clause because the person is not referring to any single specific computer.

COMMON ERROR IN SUBORDINATE ADJECTIVAL CLAUSES

- Using the indicative to describe something that exists but is not specifically known.

  Correct: Quiero un apartamento **que tenga** dos dormitorios porque necesito más espacio.

  Incorrect: Quiero un apartamento que tiene dos dormitorios porque necesito más espacio.

Práctica 7

Evalúe las oraciones con cláusulas adjetivales en la Práctica 4 según las reglas para el uso del subjuntivo. Para cada cláusula adjetival, decida si su verbo cumple o no con los requisitos para el uso del subjuntivo. Si los cumple, marque el verbo con S y traduzca la oración. Explique su decisión en cada caso.

Subordinate Adverbial Clauses

- The use of the subjunctive or the indicative in an adverbial clause depends on the conjunction that introduces it and on the actual situation or idea expressed.
- The indicative form is used after certain adverbial conjunctions that by definition serve to introduce known or true facts.

ahora que	
dado que	*since, given that*
puesto que	
ya que	

Puesto que las clases empiezan pronto, tengo que comprar los libros.	*Since classes begin soon, I have to buy the books.*
Ya que te aceptan, debes buscar apartamento.	*Given that they are accepting you, you should look for an apartment.*

- The subjunctive is used in adverbial clauses that refer to events or conditions that are not known to have occurred.[1] The following conjunctions introduce these types of clauses.

a condición de que	*on condition that*
a fin de que	*in order that*
a menos que	*unless*
con tal que	*provided that*
en caso de que	*in case*
para que	*in order that*
sea que	*whether*
sin que	*without, unless*
supuesto que	*supposing*

Quiero comprar el regalo sin que ella lo sepa.	*I want to buy the gift without her knowing (about) it.*
Le daremos ayuda financiera con tal de que tengamos suficientes fondos.	*We will award her financial aid provided that we have sufficient funds.*

- Certain adverbial conjunctions may refer either to a past event or habitual action, or to an event about which there is still speculation or anticipation. If the action in the adverbial clause has already happened or is presented as a habit, the in-

---

[1]The adverbs **acaso, quizá(s),** and **tal vez** (*perhaps*) may be followed by the subjunctive or the indicative without an appreciable difference in meaning.

Quizás tienes razón. ⎫
Quizás tengas razón. ⎭ *Perhaps you are right.*

dicative is used. If it is a matter of speculation or anticipation, the subjunctive is employed.

antes (de) que	*before*
así que	*as soon as*
aunque	*although, even if*
cuando	*when*
de manera que	*so that*
de modo que	*so that*
después (de) que	*after*
donde	*wherever*
en cuanto	*as soon as*
hasta el momento en que	*until the moment when*
hasta que	*until*
luego que	*as soon as*
mientras que	*while, as long as*
para cuando	*by the time when*
tan pronto como	*as soon as*

Hoy vamos a salir tan pronto como lleguen nuestros amigos.

Today we are going to leave as soon as our friends arrive.

Siempre esperamos hasta que las clases empiezan para comprar los libros.

We always wait until classes begin to buy the books.

Práctica 8

Evalúe las oraciones con cláusulas adverbiales en la Práctica 4 según las reglas para el uso del subjuntivo. Para cada cláusula adverbial, decida si su verbo cumple o no con los requisitos para el uso del subjuntivo. Si los cumple, marque el verbo con S y traduzca la frase. Explique su decisión en cada caso.

Repaso esencial

IMPERFECT AND PRETERIT

IMPERFECT FORMS

-ar verbs	-aba, -abas, -aba, -ábamos, -abais, -aban
-er and **-ir** verbs	-ía, -ías, -ía, -íamos, -íais, -ían

Irregular Verbs

ir	iba, ibas, iba, íbamos, ibais, iban
ser	era, eras, era, éramos, erais, eran
ver	veía, veías, veía, veíamos, veías, veían

PRETERIT FORMS

-ar verbs	-é, -aste, -ó, -amos, -asteis, -aron
-er and **-ir** verbs	-í, -iste, -ió, -imos, -isteis, -ieron

Verbs with Stem Changes and Spelling Changes
- Stem-changing **-ir** verbs are irregular in the **usted** and **ustedes** forms.
  e → i

pedir	pedí, pediste, pidió, pedimos, pedisteis, pidieron
servir	serví, serviste, sirvió, servimos, servisteis, sirvieron

  o → u

dormir	dormí, dormiste, durmió, dormimos, dormisteis, durmieron

- Verbs ending in **-car, -gar,** and **-zar** have a spelling change in the **yo** form to preserve the consonant sound.

-car verbs	**-c → -qu**
comunicar	comuniqué, comunicaste, comunicó, comunicamos, comunicasteis, comunicaron
-gar verbs	**-g → -gu**
llegar	llegué, llegaste, llegó, llegamos, llegasteis, llegaron
-zar verbs	**-z → -c**
empezar	empecé, empezaste, empezó, empezamos, empezasteis, empezaron

- If adding the regular **-er/-ir** endings would leave an unaccented **i** between two vowels, the **i** is changed to a **y.**

leer	leí, leíste, leyó, leímos, leísteis, leyeron

  Reír and **sonreír** are exceptions:

reír	reí, reíste, rio, reímos, reísteis, rieron

Irregular Verbs

andar	anduve, anduviste, anduvo, anduvimos, anduvisteis, anduvieron
caber	cupe, cupiste, cupo, cupimos, cupisteis, cupieron
conducir	conduje, condujiste, condujo, condujimos, condujisteis, condujeron
dar	di, diste, dio, dimos, disteis, dieron
decir	dije, dijiste, dijo, dijimos, dijisteis, dijeron
estar	estuve, estuviste, estuvo, estuvimos, estuvisteis, estuvieron
haber	hube, hubiste, hubo, hubimos, hubisteis, hubieron
hacer	hice, hiciste, hizo, hicimos, hicisteis, hicieron
ir/ser	fui, fuiste, fue, fuimos, fuisteis, fueron
poder	pude, pudiste, pudo, pudimos, pudisteis, pudieron
poner	puse, pusiste, puso, pusimos, pusisteis, pusieron
querer	quise, quisiste, quiso, quisimos, quisisteis, quisieron
saber	supe, supiste, supo, supimos, supisteis, supieron
tener	tuve, tuviste, tuvo, tuvimos, tuvisteis, tuvieron
traer	traje, trajiste, trajo, trajimos, trajisteis, trajeron
venir	vine, viniste, vino, vinimos, vinisteis, vinieron

Práctica 1

Después de repasar las formas del pretérito, lea la lista de verbos a continuación y haga lo siguiente sin consultar el texto.

- Escriba una **I** si el verbo es irregular.
- Escriba una **I** para todas las personas en las que el verbo es irregular.
- Escriba la forma correcta para cada persona.

Infinitivo	yo	tú	Ud., él, ella	nosotros/as	Uds., ellos, ellas
1. concluir					
2. ver					
3. poder					
4. reír					
5. decir					
6. venir					
7. tocar					
8. mostrar					
9. saber					
10. deber					
11. poner					
12. ser					
13. divertirse					

Ahora revise las respuestas, verificando las conjugaciones de los verbos. Si usted encuentra errores, ¿qué ocasionó el error?

- ¿No sabía cuáles eran los verbos irregulares?
- ¿No sabía qué formas eran irregulares?
- Si sabía las formas irregulares del verbo, ¿se equivocó en cuanto a la ortografía o al acento?

Repase la sección anterior si es necesario.

Práctica 2

Corrija los verbos incorrectos.

1. hico
2. dijé
3. sacó
4. arreglaran
5. dormió
6. trabajía
7. leieron
8. pidía
9. pinsé
10. quisó
11. supían
12. estaron
13. daron
14. fuerón

USE OF THE PRETERIT AND THE IMPERFECT

- In general, the preterit describes completed actions in the past, and the imperfect describes continuing actions or states in the past. Sometimes the differences between the use of the preterit and the imperfect can be quite subtle. For example, one native speaker might begin a story about his or her childhood with **Cuando era niño/a...,** and another with **Cuando fui niño/a...,** as a matter of stylistic preference. In most cases, however, the choice is more clear-cut.
- The following questions will screen out the verbs that need to be in the imperfect. The remaining verbs will be in the preterit.
  1. Was the verb only descriptive, with no action indicated? If so, use the *imperfect.* If there is physical or mental action, proceed to question two.
  2. Was the action presented as habitual or customary? If so, use the *imperfect.* If not, proceed to question three.
  3. Was the action in progress? If so, use the *imperfect.* If not, use the *preterit.*

To use this process, you need to understand each question completely.

1. Was the verb only descriptive with no action indicated?
   An action may be mental as well as physical.

El equipo estaba contento la semana pasada.	*The team was happy last week.*
El gerente hizo una decisión.	*The manager made a decision.*

   A mental change can be classified as an action. Compare these two sentences.

Los hinchas entendían la estrategia de los jugadores.	*The fans understood the players' strategy.*

   (No change in the fans, therefore the imperfect form is used.)

Los hinchas entendieron la estrategia de los jugadores tan pronto como empezó la segunda mitad.	*The fans understood the players' strategy as soon as the second half started.*

   (A change in the fans, therefore the preterit form is employed.)

2. Was the action presented as customary or habitual?
   Habitual or customary action expressed in the imperfect is often signalled by words such as **cada viernes, siempre,** or **generalmente.** Compare the following sentences.

Siempre practicaban en Arizona.	*They always practiced in Arizona.*

   (The action is presented as customary, therefore the imperfect form is employed.)

La semana final de la temporada, entró en el estadio por última vez y recogió el bate.	*In the final week of the season, he entered the stadium for the last time and picked up the bat.*

(The act of entering the stadium and picking up the bat is not presented here as habitual, but instead as a single instance: the last time. Therefore, the preterit is used.)

> Ayer a las cinco salieron para   *Yesterday at five they left for the stadium.*
> el estadio.

(The focus is on only one instance in this sentence. There is no basis for assuming that they usually left for the stadium at that time. As a result, the preterit is used for the verb *left*.)

3. Was the action in progress?

The need to use the imperfect for an action in progress is often signaled by *used to* or *was/were* + *-ing* in English. The *-ed* ending on English verbs, however, is *not* a reliable indicator of the preterit.

> Mientras practicaba, pensaba en   *While she practiced, she thought about her*
> su carrera.   *career.*

(Since both actions in this sentence are in progress, the imperfect is used.)

> Llovía la semana pasada.   *It was raining last week.*
> Empezábamos a jugar anoche.   *We were beginning to play last night.*

(Since the action in both sentences is in progress during the time frame given, the imperfect is used. A common mistake in such cases is inferring "now" rather than the past time frame. This leads to the erroneous conclusion that because the rain must be over and the game done by now, they are "completed actions," which would call for preterit.)

EXAMPLES

> Al público le gustaban los antiguos   *The public liked the old style uniforms.*
> uniformes.

This first example is covered by question 1. The imperfect is used because no action or change is indicated in the sentence.

> Al público le gustaron los nuevos   *The public liked the new uniforms*
> uniformes tan pronto como los   *as soon as they saw them.*
> vio.

Since there is an action in this sentence, go to question 2. Because the action refers to a particular instance, not to a habit or custom, go to question 3. The answer to question 3 is *no* because the sentence does not indicate action in progress. Therefore the preterit is used.

COMMON ERRORS INVOLVING THE PRETERIT AND IMPERFECT

- Use of the imperfect for a change in state of mind (failure to note mental action)
  When the team owner explained his plan, the staff agreed.
  Correct: Cuando el dueño del equipo explicó su plan, todo el personal **se puso de acuerdo.**
  Incorrect: Cuando el dueño del equipo explicó su plan, todo el personal se ponía de acuerdo.
- Use of the imperfect when the focus is on one particular instance, rather than on a custom or habit
  He awoke today with vague feelings of anxiety.
  Correct: Se **despertó** hoy con una sensación de ansiedad.
  Incorrect: Se despertaba hoy con una sensación de ansiedad.
- Assumption that *–ed* in English always signals the preterit in Spanish
  As we talked, the team was leaving.
  Correct: Mientras **hablábamos**, salía el equipo.
  Incorrect: Mientras hablamos, salía el equipo.

Práctica 3

Lea el siguiente párrafo, decida para cada verbo entre pretérito e imperfecto, y escriba la forma correcta del verbo.

Todas las tardes mis amigos y yo (1. *reunirse*) _____ en el apartamento de Felipe para mirar el fútbol. Aunque generalmente (2. *haber*) _____ cuatro o cinco personas, ayer el apartamento (3. *estar*) _____ lleno a causa de la Copa Mundial. Antes del partido, todos nosotros ya (4. *saber*) _____ que (5. *ir*) _____ a ganar el Real Madrid pero sin embargo (6. *anticipar*) _____ con placer verlo pasar. Por suerte, yo no (7. *tener*) _____ ningún examen porque (8. *ser*) _____ imposible dedicarme a los estudios en tal momento. Mientras (9. *mirar, nosotros*) _____ la tele, (10. *tratar, nosotros*) _____ de adivinar lo que (11. *ir*) _____ a suceder en todo momento. Cuando con el último gol (12. *ganar*) _____ al otro equipo, todos (13. *gritar*) _____ de sorpresa. Pero de veras, ellos lo (14. *merecer*) _____. Felipe casi (15. *matar*) _____ a nuestro amigo Alberto porque Alberto (16. *tocar*)_____ a la puerta en ese momento y Felipe (17. *perder*) _____ el gol, pero claro que lo (18. *mostrar*) _____ varias veces durante el comentario. Entonces unos de los chicos (19. *empezar*)_____ a decir que (20. *haber*) _____ anticipado la victoria del otro equipo, pero de hecho ellos sólo la (21. *ver*) _____ con el resto del mundo.

VERBS THAT CHANGE MEANING IN THE PRETERIT AND IMPERFECT

Certain verbs have different meanings depending on whether they are used in the preterit or the imperfect. Study the following examples.

INFINITIVE	IMPERFECT	PRETERIT
costar	Costaba $10.	Costó $10.
	It cost $10 (that was the amount on the price tag).	*It cost $10 (when it was purchased).*
querer + *inf.*	Quería ir.	Quiso ir.
	She wanted to go.	*She tried to go.*
no querer + *inf.*	No quería ir.	No quiso ir.
	She didn't want to go.	*She refused to go.*
poder + *inf.*	Podía salir.	Pudo salir.
	He could leave.	*He managed to leave.*
no poder + *inf.*	No podía salir.	No pudo salir.
	He could not leave.	*He tried to leave but failed.*
saber	Sabía la verdad.	Supo la verdad.
	He knew the truth.	*He found out the truth.*
conocer	Conocía al jugador.	Conoció al jugador.
	She knew the player.	*She met the player.*

What do the sentences in the imperfect column have in common? How do they differ from those in the preterit column?

_____

_____

_____

_____

_____

_____

Since the meanings of these verbs actually relate to the guidelines for using the preterit and the imperfect, **conoció,** not **conocía,** must be the verb for *met.* Explain why.

_____

_____

_____

_____

_____

Práctica 4

*Lea el siguiente párrafo. Decida para cada verbo entre pretérito e imperfecto y marque el verbo con **P** o **I**. Entonces traduzca el párrafo.*

When I was a child, I used to look forward to buying baseball cards. My friends and I used to go to the newsstand every Wednesday afternoon to buy them. Afterwards they would come to my house. We would sit on the patio and talk about the players for hours. One day recently, when my father was cleaning the garage, he found some of the cards. Hours later, my mother discovered more cards in the basement (*sótano*). When she came upstairs, she told us that the cards reminded her of her own childhood. We found out that she used to collect them too. Many years later I stopped collecting baseball cards, but I refused to throw them away (*tirar*). I told my parents that I was saving them to pay for my college expenses, but really they weren't worth much—except in terms of nostalgia.

TIME EXPRESSIONS WITH *HACER*

In these expressions, the form of the verb **hacer** indicates when the clock stops on the action. **Hace** indicates that the clock stops at the present moment. **Hacía** indicates that it stopped at some point in the past. The form of the other verb/s in the expression, in combination with the form of **hacer,** indicates the duration and continuity of the action.

The following constructions with **hace** and **hacía** are used to express how long an action or condition has/had been going on. In all of these constructions, the word **que** is omitted if the form of **hacer** is placed after the verb.

- Duration of an action or condition that began in the past and continues to the present

  hace + *duration* + **que** + *verb in present indicative*

  Hace tres horas que practico.   *I have been practicing for three hours.*
  Hace tres horas que no como.   *I have not eaten in three hours.*

- Duration of an action or condition that began in the past and stopped in the past

  hacía + *duration* + **que** + *verb in imperfect*

  Hacía tres horas que practicaba.   *I had been practicing for three hours (as of then).*
  Hacía tres horas que no comía.   *I had not eaten in three hours (as of then).*

- Elapsed time from a past action or condition to the present

  hace + *elapsed time* + *verb in preterit or imperfect*

  Hace ocho años que jugaba al fútbol.   *It has been 8 years since I used to play soccer.*
  Hace diez años que asistí a un partido.   *It has been ten years since I attended a game.*

- Elapsed time from a past action or condition to another point in the past

  hacía + *elapsed time* + *verb in preterit or imperfect*

  Hacía tres semanas que ganó.   *It had been three weeks since he won.*

- The constructions **desde hace/hacía** + *time period* are also used to express duration and elapsed time[1]. **Desde hace/hacía** may precede or follow the verb.

Sigo los partidos de Real Madrid desde hace dos años.	*I've been following Real Madrid's matches for two years.*
Desde hacía un mes no ganaban los de Manchester.	*The Manchester team had not won in a month.*

COMMON ERROR IN TIME EXPRESSIONS WITH *HACER*

- Use of perfect tense
  Correct: Hace un año que **practico** el ciclismo.
  Incorrect: Hace un año que he practicado el ciclismo.

Práctica 5

Traduzca este memorándum de la directora del equipo al personal.
Date: November 11, 20—
To: Team personnel
From: Rosario Sotomayor Castro
Re: Julio's Departure
Two days ago Julio Rodríguez officially left the Bilbao team. As you already know, he had not spoken to any member of the team for two weeks, and had not attended practices for months. Unfortunately, for the past two years Julio has been the favorite player of our fans, and just a month ago *Deportista* magazine named him "soccer star of the new millennium." We are consulting with our attorneys regarding the remainder of Julio's contract period and will begin the search for a new player immediately.

POR AND PARA

USES OF *POR*

Por looks back at the source or motivation of an action, introducing a cause, an agent, or a stimulus. It also expresses substitutions or objects to be traded. Specifically, **por** is used:

- To express the agent in the passive voice

El equipo fue comprado por el Sr. García Flores.	*The team was purchased by Mr. García Flores.*

- To describe the cause of an action or need for an errand

Fue a la taquilla por entradas.	*He went to the box office for the tickets.*
Lo hicimos por necesidad.	*We did it out of necessity.*
Está aquí por su interés en el progreso de su hija.	*He is here because of his interest in his daughter's progress.*

- To state who motivates an action or on whose behalf something is done

El gerente le ofreció el contrato por el dueño del equipo.	*The manager offered her the contract on behalf of the team owner.*

---

[1] The following constructions with **llevar** may be used to express duration and elapsed time. Affirmative sentences: **llevar** (present or imperfect) + *time period* + *gerund*

Llevo un mes caminando por los Andes.	*I have been hiking through the Andes for a month.*
Llevaba un mes caminando por los Andes.	*I had been hiking through the Andes for a month.*

Negative sentences: **llevar** (present or imperfect) + *time period* + **sin** + *infinitive*

Llevo un año sin ver a la familia.	*I have not seen my family in a year.*
Entonces ¿llevaban dos días sin comer?	*So they hadn't eaten in two days?*

- To specify a substitution or an item to be exchanged

Asistiré al partido por la entrenadora regular. Ella está enferma hoy.	*I'll attend in place of the regular coach. She is sick today.*
Le doy cincuenta dólares por las entradas.	*I'll give you fifty dollars for the tickets.*

- To specify the means or method of transportation

Viajan por tren.	*They travel by train.*

- To express rate, frequency, or unit of measure

Se reúnen tres veces por mes.	*They meet three times a month.*

- To express an action's duration

Jugaron allí por quince años.	*They played there for fifteen years.*

- To indicate location and movement through or along

Caminaron por la calle.	*They walked along the street.*

USES OF *PARA*

Para often looks forward, toward the future. It also looks toward results, goals, destinations, and recipients. Specifically, **para** is used:

- To signal destinations and deadlines

Necesitamos el informe para el lunes.	*We need the report by Monday.*
Salgo para Buenos Aires.	*I am leaving for Buenos Aires.*

- To point out recipients

La carta es para el médico del equipo.	*The letter is for the team doctor.*

- To express projected outcomes

Estoy aquí para hablar con el entrenador de mi hija.	*I am here (in order) to speak with my daughter's coach.*

- To state a person's opinion or judgment

Para mí, el bate de madera es preferible.	*In my opinion, the wooden bat is preferable.*

- To indicate motion toward something or someone

Camina para el parque.	*He is walking toward the park.*

ESTAR POR AND *ESTAR PARA*

- **Estar para** + *infinitive* is future-oriented; it tells what is about to be done. **Estar por** + *infinitive* expresses what remains or has yet to be done. **Estar por** also means *to be in favor of.*

Los empleados estaban para terminar.	*The employees were about to finish.*
La práctica estaba por terminar.	*The practice had yet to be finished.*
El equipo estaba por los viejos uniformes.	*The team was in favor of the old uniforms.*

COMMON ERRORS IN THE USE OF *POR* AND *PARA*

- Confusion of an action's duration with a deadline

Correct:	Corrieron **por** veinte minutos.
Incorrect:	Corrieron para veinte minutos.

- Confusion of cause with result

Correct:	Practica **para** mejorar su rapidez.
	Recibió la beca **por** su talento y trabajo.
Incorrect:	Practica por mejorar su rapidez.
	Recibió la beca para su talento y trabajo.

Práctica 6

*Lea el párrafo que sigue. Subraye cada caso de **por** y **para** y explique la razón de su uso.*

Para toda comunidad de hinchas es importante celebrar el triunfo de su equipo. En muchas ciudades las celebraciones son organizadas por el alcalde. Por todas partes se encuentran grupos de personas que salen a las calles para celebrar a sus jugadores. Algunos desfilan por las calles con las banderas del equipo. Lo hacen para mostrar el orgullo y apoyo local. Luego todos se reúnen en algún lugar central, donde bailan y gozan del festejo por muchas horas. Pero en otros casos, sea por falta de organización o por otra razón, la tarea de organizar semejante celebración ya está por hacer, y a veces lo que resulta son las celebraciones violentas.

Práctica 7

*Lea los siguientes pares de oraciones y explique las diferencias de sentido debidas al uso de **por** y **para**.*

1. a. Caminaron por el estadio.
   b. Caminaron para el estadio.
2. a. Recibieron la invitación por conocer al dueño del equipo.
   b. Recibieron la invitación para conocer al dueño del equipo.
3. a. Entraron en los programas de verano por practicar todos los días.
   b. Entraron en los programas de verano para practicar todos los días.
4. a. Le doy el dinero para las entradas.
   b. Le doy el dinero por las entradas.
5. a. Traduce la entrevista para su colega.
   b. Traduce la entrevista por su colega.

Práctica 8

*Analice cada oración y decida, sin consultar las explicaciones, si falta **por** o **para** en cada espacio en blanco.*

1. _____ su participación activa en la Fundación Deportiva de la conferencia, Rodolfo fue nominado 2. _____ sus colegas 3. _____ presidente de la Fundación Deportiva. Mientras caminaba 4. _____ el corredor al salón 5. _____ la reunión, pensaba en la cuestión del tiempo. 6. _____ decidir si quería asumir el cargo de presidente, consideró el nivel de interés de los otros. 7. _____ muchos la Fundación era una obligación muy importante. Los había conocido 8. _____ su interés en los deportes. También sabía que tenía que pensar en su familia. Sus hijas eran muy pacientes con sus ausencias frecuentes, especialmente 9. _____ ser chicas de nueve y diez años. Tampoco podía olvidarse de sus otros deberes, incluso su proyecto 10. _____ el centro cultural que 11. _____ fin estaba 12. _____ realizarse. Sería la presidencia una tarea más 13. _____ él. Cuando llegó al salón, la decisión aún estaba 14. _____ tomar. Decidió esperar la decisión de sus colegas.

Repaso esencial

PERSONAL A

- In English the subject and the object of a verb can be distinguished by their relative positions in the sentence. (*Mary hit the ball.* vs. *The ball hit Mary.*) However, in Spanish the location of nouns and pronouns does not signal their function as subjects or objects, so the personal **a** is a useful marker of objects.
- The personal **a** is used before any noun or pronoun referring to a person (or persons) who is the direct object of a verb. Among the pronouns included in this group are **alguien, nadie,** and **quién,** as well as **alguno, ninguno, todos/as, que,** and **cual(es)** when they refer to a person.

Conoce a los otros directores.	*She knows the other directors.*
No quiere ver a nadie ahora.	*She doesn't want to see anyone now.*
¿A quién le dio el papel?	*To whom did he give the part?*
¿A cuál de los actores le dieron el premio?	*To which of the actors did they give the prize?*

- The personal **a** is not used before nonspecific, anonymous persons, often signalled by the indefinite article.

Busco un actor mexicano para hacer el papel de César Chávez.	*I'm looking for a Mexican actor to play the role of César Chávez.*

- Note that some persons modified by indefinite articles are in fact specified.

Busco a un actor mexicano para hacer el papel de César Chávez. Lo vi recientemente en una película documental.	*I'm looking for a Mexican actor to play the role of César Chávez. I saw him (that specific actor) recently in a documentary film.*

  (Here **un actor** actually refers to one specific person.)
- The personal **a** is generally repeated in a series.

Vimos a Sonia Braga y a Cameron Díaz.	*We saw Sonia Braga and Cameron Díaz.*

- The personal **a** is not generally used after the verb **tener.**

Esta compañía tiene técnicos fenomenales.	*That company has great technicians.*

- In sentences with two nouns that would normally be preceded by **a**, the personal **a** is often omitted to avoid ambiguity.

Quiero presentarle a María a Carlos.	*I want to introduce María to Carlos.*
Quiero presentarle María a Carlos.	

  Note that in the first sentence the **a** before **María** is personal, whereas the **a** before **Carlos** serves to introduce the indirect object.

Práctica 1

*Lea el siguiente párrafo y subraye todos los complementos directos que se refieren a personas. Luego escriba la **a** personal donde sea necesario.*

Hace dos semanas llamé 1. _____ Felipe y decidimos ir al cine. Invitamos 2. _____ Susana y 3. _____ José. Felipe consiguió 4. _____ las entradas. Llegamos al cine temprano y vimos 5. _____ unos chicos de la clase de química, entonces decidimos sentarnos juntos. Algunos compraron 6. _____ las palomitas y refrescos mientras entraban y charlaban con 7. _____ otros. Después empezaron 8. _____ los anuncios, incluso el clásico en que 9. _____ los refrescos cantan y bailan. En ese momento 10. _____ Susana notó que también tenía sed, pero ya empezaba la película, y ella no quería perder 11. _____ la oportunidad de ver 12. _____ la imagen de 13. _____ Benicio del Toro.

RELATIVE PRONOUNS

- Relative pronouns serve to unite several ideas or sentences, providing a smooth transition from one idea to another by eliminating the repetition of one or more nouns. Compare these sentences.

    Without relative pronouns

    Los guionistas están de huelga. Protestan en la calle. Se declaró la huelga el martes.

    With relative pronouns

    Los guionistas que protestan en la calle están de huelga que se declaró el martes.

- In English relative pronouns may be omitted, but they are not omitted in Spanish.

La entrada que compré ayer costó $10.	*The ticket [that] I bought yesterday cost $10.*

- In English relative pronouns may be separated from the prepositions that refer to them, but Spanish prepositions always precede the relative pronoun to which they refer.

El actor de quien te hablé ayer fue Raúl Julia.	*The actor I spoke to you about yesterday was Raúl Julia.* *The actor about whom I spoke to you yesterday was Raúl Julia.*

QUE, LO QUE, QUIEN/QUIENES, LO CUAL/LOS CUALES

- **Que** (*that, which, who, whom*) is the most common relative pronoun, but certain contexts require the use of other relative pronouns.
- **Lo que/lo cual** (*which*) is used in sentences containing no direct antecedent for the adjective clause or when the clause refers to a situation or a previously stated idea.

Lo que no sabía era el costo de la película.	*What she didn't know was the cost of the film.*
La película ganó varios premios y honores, lo que le dio mucho placer.	*The film won various prizes and honors, which pleased her a lot.*
No hay bastante fondos para terminar la película, lo cual/lo que nos preocupa mucho.	*There are not enough funds to finish the film, (a fact) which worries us a lot.*

- **Quien/quienes** (*who/whom*) is used after the personal **a** or after prepositions to refer to people.

Los actores a quienes les van a dar el premio ya llegaron.	*The actors to whom they are going to give the prize already arrived.*
El actor a quien le dieron el premio es Héctor Elizondo.	*The actor to whom they gave the prize is Héctor Elizondo.*

- **El que (la que, los que, las que)** or **el cual (la cual, los cuales, las cuales)** is substituted for **quien** or **que** when there are two or more possible antecedents differing in gender and/or number. The **cual** variants are required after **por, sin, tras** and all prepositions of two or more syllables. Otherwise, either the **que** or the **cual** forms may be used.

> Un guionista me mostró las escenas preliminares del guión, las que me parecieron muy aburridas.
>
> *A scriptwriter showed me the preliminary scenes of the script, which seemed quite boring to me.*

(The example specifies that it was the preliminary scenes that were boring, as opposed to the script itself.)

> La película por la cual recibieron el premio es muy reciente.
>
> *The film for which they received the prize is very recent.*

CUYO

- **Cuyo/ cuya/ cuyos/ cuyas** *(whose)* agree in number and gender with the nouns they modify.

> El director cuya película premian solamente tiene veinte años.
>
> *The director whose film they are honoring is only twenty years old.*

COMMON ERRORS IN THE USE OF RELATIVE PRONOUNS

- Omission of the relative pronoun
  Correct: La película **que** vi ayer ya cerró.
  Incorrect: La película vi ayer ya cerró.
- Incorrect placement of the preposition
  Correct: El guión **de que** te hablé ya está completo.
  Incorrect: El guión que hablé de ya está completo.
- Agreement of **cuyo** with the possessor rather than the item possessed
  Correct: La actriz **cuyos** talentos reconocieron era Elizabeth Peña.
  Incorrect: La actriz cuya talentos reconocieron era Elizabeth Peña.

Práctica 2

El párrafo a continuación resume los momentos finales de una película clásica. Llene los espacios con la forma correcta del pronombre relativo. Preste atención a la lógica de cada frase.

La filmación 1. _____ acaba de terminar pasará a la historia. La directora, para 2. _____ todos los actores hicieron su mejor esfuerzo, por fin estaba satisfecha. La actriz más popular del momento, 3. _____ talentos siempre eran evidentes, fue sobresaliente. Por fin se había encontrado en un papel 4. _____ la desafiaba al máximo. El primer galán, a 5. _____ entrevistamos después del día largo, declaró "Fue el momento más extraordinario de mi carrera. 6. _____ pasó en esa escena fue casi sobrenatural. Los aficionados 7. _____ mirarán esta película se van a sorprender mucho". Al terminar la filmación todo el reparto se reunió para saludar a la directora 8. _____ hizo posible tal triunfo cinematográfico. Los actores, 9. _____ carreras sin duda van a beneficiarse, se despidieron afectuosamente de todos. Unos técnicos con 10. _____ hablamos observaron "Cuando ella hace una película, cambia la industria".

THE CONJUNCTIONS *PERO, SINO,* AND *SINO QUE*

The conjunction *but* is translated as **pero, sino,** or **sino que**, depending on the context.

- **Pero** introduces additional information that does not contradict any preceding assertions.

> Luisa prefiere las películas de terror, pero le gustan las de ciencia-ficción también.
>
> *Luisa prefers horror films, but she also likes science-fiction.*

> No me gusta mirar la televisión, pero no tengo dinero para ir al cine.
>
> *I don't like to watch TV, but I don't have enough money to go to a movie.*

- **Sino** or **sino que** contradicts or negates the idea already stated, and replaces it with another. Note that the main clause here is always negative, and that **sino que** is used before a conjugated verb.

Lo que me gustaría hacer no es mirar la televisión sino ir al cine.	*What I would like to do is not watch TV but instead go to a movie.*
No filmaron ese día, sino que editaron las escenas ya filmadas.	*They didn't film that day, but instead edited the scenes that were already filmed.*

- **No sólo... sino/sino que** expresses *not only . . . but (also).*

No sólo queremos informar al público, sino animar la acción social.	*We don't only want to inform the audience, but also to encourage social action.*
Ese actor no sólo representa el personaje sino que lo encarna.	*That actor doesn't only play the character, (but instead) he becomes it.*

Práctica 3

*Lea el párrafo a continuación y complete cada oración con **pero, sino** o **sino que**.*
Los sábados no bailo en los clubes 1. _____ voy al cine. Lo puedo pasar bien a solas, 2. _____ prefiero que mis amigos me acompañen. Por eso invito a tres o cuatro de mis mejores amigos. No me gusta olvidar la película después 3. _____ discutir y analizarla colectivamente. A mi amiga Xuchitl antes no le gustaban las películas extranjeras, 4. _____ nuestro entusiasmo era contagioso. El ambiente social no sólo contribuye a la experiencia del cine, 5. _____ a los gustos más amplios. A veces si no tenemos dinero alquilamos algún vídeo, 6. _____ no es igual en la pequeña pantalla.

PAST SUBJUNCTIVE

PAST SUBJUNCTIVE FORMS

- The past subjunctive is formed from the **ustedes / ellos / ellas** form of the preterit by removing the ending **-ron** and adding either the **-se** or the **-ra** past subjunctive ending. In the **nosotros** form, the vowel immediately preceding the **-ramos** or **-semos** ending is accented. Stylistic preference for one ending over the other varies according to the region and the situation, although the **-se** ending is most often used in Spain and in formal writing.

  -ra, -ras, -ra, -'ramos, -rais, -ran
  -se, -ses, -se, -'semos, -seis, -sen

Irregular Verbs

INFINITIVE	PRETERIT	PAST SUBJUNCTIVE
andar	anduvieron	anduviera, anduvieras, anduviera, anduviéramos, anduvierais, anduvieran
caber	cupieron	cupiera, cupieras, cupiera, cupiéramos, cupierais, cupieran
dar	dieron	diera, dieras, diera, diéramos, dierais, dieran
estar	estuvieron	estuviera, estuvieras, estuviera, estuviéramos, estuvierais, estuvieran
haber	hubieron	hubiera, hubieras, hubiera, hubiéramos, hubierais, hubieran
hacer	hicieron	hiciera, hicieras, hiciera, hiciéramos, hicierais, hicieran
ir/ser	fueron	fuera, fueras, fuera, fuéramos, fuerais, fueran
poder	pudieron	pudiera, pudieras, pudiera, pudiéramos, pudierais, pudieran
poner	pusieron	pusiera, pusieras, pusiera, pusiéramos, pusierais, pusieran

querer	quisieron	quisiera, quisieras, quisiera, quisiéramos, quisierais, quisieran
saber	supieron	supiera, supieras, supiera, supiéramos, supierais, supieran
tener	tuvieron	tuviera, tuvieras, tuviera, tuviéramos, tuvierais, tuvieran
venir	vinieron	viniera, vinieras, viniera, viniéramos, vinierais, vinieran
conducir	condujeron	condujera, condujeras, condujera, condujéramos, condujerais, condujeran
decir	dijeron	dijera, dijeras, dijera, dijéramos, dijerais, dijeran
traer	trajeron	trajera, trajeras, trajera, trajéramos, trajerais, trajeran

Verbs with Stem Changes and Spelling Changes

- All verbs with spelling and stem changes in the **ustedes / ellos / ellas** form of the preterit maintain that same irregularity in the past subjunctive.
- Verbs that end in **-ir** and have a stem change (**e → ie, e → i,** or **o → ue**) in the present indicative change **e → i** or **o → u** in all persons in the past subjunctive.

sentir **e → ie**	sintiera, sintieras, sintiera, sintiéramos, sintierais, sintieran
pedir **e → i**	pidiera, pidieras, pidiera, pidiéramos, pidierais, pidieran
dormir **o → u**	durmiera, durmieras, durmiera, durmiéramos, durmierais, durmieran

- Unaccented **i** between two vowels changes to **y** in the **usted** and **ustedes** preterit indicative forms and thus in all of the past subjunctive forms.

creer	creyera, creyeras, creyera, creyéramos, creyerais, creyeran
oír	oyera, oyeras, oyera, oyéramos, oyerais, oyeran

Práctica 4

Después de repasar las formas, lea la lista de verbos a continuación y haga lo siguiente sin consultar el texto.

- Escriba una **I** si el verbo es irregular.
- Escriba una **I** para todas las formas en las que el verbo es irregular.
- Escriba la forma correcta para cada persona.

Infinitivo	yo	tú	Ud., él, ella	nosotros/as	Uds., ellos, ellas
1. concluir					
2. ver					
3. poder					
4. reír					
5. decir					
6. venir					
7. tocar					
8. mostrar					
9. saber					
10. deber					
11. poner					
12. ser					
13. recordar					

Revise las respuestas, verificando las conjugaciones de los verbos. Si usted encuentra errores, ¿qué ocasionó cada error?

- ¿No sabía cuáles eran los verbos irregulares?
- ¿No sabía qué formas eran irregulares?
- Si sabía las formas irregulares del verbo, ¿se equivocó en cuanto a la ortografía o el acento?

Repase la sección anterior si es necesario.

Práctica 5

Corrija los verbos incorrectos

1. Acepté la decisión a condición de que los actores podieron seguir.
2. Era posible que los actores jugaran al fútbol en esa película.
3. Contrataron los servicios de una enfermera en caso de que se hiciera daño.
4. Ojalá que trajeron el nuevo guión.
5. Me gustó que la película fuera doblada.
6. Vinimos para que Miguel andara con nosotros al cine.
7. Me molestó que él durmiera durante la película.
8. Era una lástima que la ciudad destruyera el cine clásico.
9. Para que no sucederan más casos así, establecieron un distrito histórico.
10. Ese caso pasó antes de que los aficionados lo sabieron.
11. Los dueños del cine negaron que la ciudad les digera nada sobre su historia.
12. La ciudad aprobó los planes para el nuevo cine sin que la Comisión Histórica los leiera.
13. Los arquitectos del dueño recomendaron que construiera algo nuevo.
14. Era triste que no pudiera renovar el cine viejo.
15. Era lástima que perdieramos tal edificio.

USES OF THE PAST SUBJUNCTIVE

Noun and Adjectival clauses

The rules for using the past subjunctive in noun and adjectival clauses correspond to the rules for using the present subjunctive.

Espero que haya entradas.	*I hope there are tickets.*
Esperaba que hubiera entradas.	*I was hoping there would be tickets.*
Buscan un actor que sea fuerte y ágil.	*They are looking for an actor who is strong and agile.*
Buscaban un actor que fuera fuerte y ágil.	*They were looking for an actor who was strong and agile.*

Without looking at Chapter 2, write the rules governing the uses of the subjunctive in noun and adjectival clauses.

Subjunctive in noun clauses

_____

_____

_____

_____

_____

_____

Subjunctive in adjectival clauses

_____

_____

_____

_____

_____

_____

Check your explanations by reviewing Chapter 2.

Adverbial Clauses

- The present and past indicative are used in adverbial clauses to state information that is presented as already known and factual at the time to which the sentence refers.

ya que
puesto que } _since, given that_
ahora que
dado que

Ya que tenían las entradas, compraron los refrescos.	_Since they had the tickets, they bought some soft drinks._
Puesto que la película recibió reseñas excelentes, anticipaban mucho éxito.	_Since the film received excellent reviews, they were expecting great success._

- The present and past subjunctive are used in adverbial clauses that refer to events that are hypothetical or are not known to have happened at the time to which the sentence refers.

a condición de que	_on condition (that)_
a fin de que	_in order (that)_
a menos que	_unless_
antes (de) que[1]	_before_
con tal de que	_provided (that)_
en caso de que	_in case_
para que	_in order (that), so that_
sea que	_whether_
sin que	_without, unless_
supuesto / suponiendo que	_supposing (that)_

Con tal de que los públicos fueran tan grandes en las otras ciudades, la película iba a establecer un nuevo récord.	_Providing that the audiences were as large in other cities, the film was going to establish a new record._
A menos que hubiera descuento para estudiantes, no íbamos al cine.	_Unless there was a discount for students, we weren't going to the movies._

---

[1] The choice between the past subjunctive and the past indicative with **antes (de) que** is the subject of some linguistic debate. While most grammar texts prescribe the use of the past subjunctive, others place **antes (de) que** in the category of adverbs that can introduce either factual or speculative information. Compare these sentences.

Salieron antes de que llegaron los otros.	_They left before the others arrived._ _(The others are known to have arrived.)_
Salieron antes de que llegaran los otros.	_They left before the others could arrive._ _(There is no indication whether the others, in fact, arrived.)_

- Past subjunctive is always used with **como si** (*as if*).

  La actriz nueva interpretó su papel   *The new actress played her role as if she*
  como si tuviera años de experiencia.   *had years of experience.*

- Some adverbial conjunctions can introduce either factual or speculative informa-tion. The indicative is used if the adverbial clause describes a completed action, a habitual action, or a custom. The past subjunctive is used if the adverbial clause expresses a past action that is still subject to speculation or an action that had not happened yet.

  así que   *as soon as, therefore*
  aunque   *although*
  cuando   *when(ever)*
  de manera que   *so that, so as*
  de modo que   *so that, so as*
  después (de) que   *after*
  donde   *where(ever)*
  en cuanto   *when, as soon as*
  hasta el momento en que   *until the moment when*
  hasta que   *until*
  luego que   *as soon as*
  mientras (que)   *while, as long as*
  para cuando   *by the time*
  tan pronto como   *as soon as*

  El actor principal decidió esperar   *The lead actor decided to wait until*
  hasta que terminara la película   *the film was finished to announce*
  para anunciar su jubilación.   *his retirement.*
  Esperó hasta que terminó la película   *He waited until the film ended to*
  para anunciar su jubilación.   *announce his retirement.*

See the **Repaso esencial** index for discussion of past subjunctive in **si** clauses.

COMMON ERROR IN USE OF PAST SUBJUNCTIVE

- Use of the present subjunctive where the past is required
  Correct: Demandaron que les **diera** las entradas.
  Incorrect: Demandaron que les dé las entradas.

Práctica 6

Lea el siguiente párrafo con cuidado y subraye todos los verbos en el tiempo pasado. En cada caso, explique por qué se usa el indicativo o el subjuntivo. Haga referencia a las reglas que Ud. acaba de aprender.

Este fin de semana por poco pasó una tragedia cuando miles de aficionados lucha-ban por entrar en el teatro para ver la película más popular en la historia del cine. Nadie sabe exactamente cómo empezó, pero parece que había alguna confusión sobre las colas para las entradas. Por alguna razón, no todas las taquillas estaban abiertas a pesar de la presencia de 2.000 jóvenes aficionados. El dueño del cine dijo que iba a abrir más tan pronto como llegaran los empleados que llamó para aco-modar a la masa inesperada. Sólo había abierto seis taquillas, de modo que per-manecieron cerradas ocho. Como no sabían lo que pasaba, centenares de aficionados hicieron cola en las taquillas cerradas. Al descubrir que estaban vacías, unos aparentemente intentaron reclamar lugar al frente de otras colas, acción que provocó una serie de peleas. La policía hizo todo lo posible para que se calmara la muchedumbre, pero cuando se supo que las taquillas estaban cerradas, unos em-pezaron a tratar de romperlas, y resultaron 50 heridos, dos de ellos graves, y 100 pre-sos. Ayer el dueño dijo que ya tomó medidas para que no se repitieran los eventos del sábado, y pasó la noche sin incidente alguno. Suponiendo que esto no suceda otra vez, piensa ofrecer la misma película en cada una de sus seis pantallas.

Traduzca el siguiente párrafo al español. Preste atención en particular a las formas de los verbos. Antes de traducir las oraciones, verifique la selección del tiempo y modo (subjuntivo o indicativo).

Because they never had money for a babysitter, my parents used to take us to the drive-in every Saturday night so we could see our favorite films. They made all of us little kids put on our pajamas before we left home, and my mom made popcorn and lemonade. They liked us to eat and drink before the film started, since that way we didn't spill as much, so as soon as we arrived they handed out the popcorn and drinks. Before the movie started, sometimes they let us play with our friends who were usually there as well. After a while, the older kids only went with us provided that no one else that they knew would be there. I suppose it's possible that they were embarrassed by attending with their younger brothers and sisters who were wearing pajamas. After an hour or so, my parents would give one of the older kids some money and tell them to buy a box of candy to share with everyone. After the movie ended, we always wanted to stay up later, but they insisted that we go right to bed. It's been years now, but I'll never forget those Saturday nights at the drive-in.

Repaso esencial

PERSONAL PRONOUNS

CLASSIFICATION OF PRONOUNS

Subject Pronouns
- Subject pronouns (**yo, tú, usted, él, ella, nosotros/as, vosotros/as, ustedes, ellos, ellas**) tell who or what performs an action. Since verb endings also convey this information, subject pronouns (particularly **yo, tú, nosostros/as,** and **vosotros/as**) are usually omitted unless the subject is to be emphasized or clarified.

Direct Object Pronouns
- Direct object pronouns (**me, te, lo, la, nos, os, los, las**) tell who or what is literally acted upon. Some Spanish speakers use **le** and **les** as direct object pronouns in place of **lo** and **los,** particularly when referring to a person.

Indirect Object Pronouns
- In contrast, indirect object pronouns (**me, te, le, nos, os, les**) tell who or what is affected by an action, or to whom or for whom something is done. For example, in the sentence *Mary wrote me a letter, letter* is the direct object and *me* is the indirect object.

Reflexive Pronouns
- Reflexive pronouns (**me, te, se, nos, os, se**) are used when the subject and the object are identical.

Reciprocal Reflexive Pronouns
- Reciprocal reflexive pronouns (**se, nos, os**) express the idea of *each other.* Since these pronouns also have a reflexive meaning, ambiguity may result.

  Se ayudan. $\begin{cases} \textit{They help themselves.} \\ \textit{They help each other.} \end{cases}$

  Nos ayudamos. $\begin{cases} \textit{We help ourselves.} \\ \textit{We help each other.} \end{cases}$

  To clarify or emphasize reciprocity, **uno/a/os/as a otro/a/os/as** (*one another*) is added. Note that **uno** and **otro** agree in gender and number with the subject of the verb.

Se ayudan unos a otros.	*They help each other.*
Nos ayudamos una a otra.	*We help each other.*

- Other prepositions may be substituted for **a.**

unos de otros	*one from another*
unos para otros	*one for another*

Prepositional Pronouns

- Prepositional object pronouns (**mí, ti, usted, él, ella, nosotros/as, vosotros/as, ustedes, ellos, ellas**) are employed, as their name implies, after most prepositions. (Subject pronouns are used after the prepositions **según, entre, menos, excepto,** and **salvo.**) Often prepositional object pronouns are used to clarify or emphasize indirect objects, particularly **le** and **les,** since **le** may mean *to* or *for him, her,* or *you,* and **les,** *to* or *for you* or *them.*

  A ella le dan un ascenso.   *They are giving her a promotion.*
  Te dan un ascenso a ti.   *They are giving you a promotion.*

- The prepositional reflexive pronoun **sí,** which may be followed by **mismo, misma, mismos,** or **mismas,** clarifies or emphasizes the third-person reflexive pronoun **se.**

  Se lo compró para sí.   *He bought it for himself.*
  Se lo compraron para sí mismos.   *They bought it for themselves.*

- With the preposition **con, mí, ti,** and **sí** become **conmigo, contigo,** and **consigo.**

SUMMARY OF PRONOUN FORMS

Subject	Reflexive	Indirect Object	Direct Object	Prepositional Object
yo	me	me	me	mí
tú	te	te	te	ti
Ud., él, ella	se	le	lo/la	Ud., él, ella
nosotros/as	nos	nos	nos	nosotros/as
vosotros/as	os	os	os	vosotros/as
Uds., ellos, ellas	se	les	los/las	Uds., ellos, ellas

Prepositional Reflexive
sí (mismo, misma, mismos, mismas)
Reciprocal Reflexive
uno/a/os/as a (or other preposition) **otro/a/os/as**

WORD ORDER

After extensive practice, selecting and ordering pronouns correctly will become second nature to you. In the meantime, these steps are designed to guide you through the process.

1. Locate and mark all of the following elements that occur in the sentence or clause.

   C Command   **DO** Direct object   **IO** Indirect object   **N** No
   R Reflexive   **S** Subject   **V** Verb

2. Select each pronoun from the appropriate category, omitting the subject pronoun unless you see a need to clarify or emphasize who or what is performing the action. Verify the agreement between subject and verb and the spelling of the verb form. Arrange the elements in the appropriate order, as follows.

   - **Statements:** Subject + **No** + Reflexive + Indirect + Direct + Verb
     The subject pronoun may appear after the verb rather than before it.
   - **Questions:** ¿(**No**) + Reflexive + Indirect + Direct + Verb + Subject?
   - **Affirmative commands:** Command + Reflexive + Indirect + Direct
     Pronouns are attached to the command.[1]
   - **Negative commands: No** + Reflexive + Indirect + Direct + Command
     Pronouns must precede the negative command.

---

[1] Drop the final **-s** from affirmative **nosotros** commands before attaching the pronouns **nos** or **se.**
Correct: Levantémonos.
Incorrect: Levantémosnos.

- **Gerunds (-*ando* or -*iendo* forms) and infinitives:** Attachment of reflexive or object pronouns to gerunds and infinitives in verb phrases is optional.

  Place any remaining elements of the sentence or clause before or after these sequences.

3. Check to see that **se,** rather than **le** or **les,** is used before **lo, la, los,** or **las.**
   Correct: **Se lo** da.
   Incorrect: Le lo da.
4. Clarify or emphasize reflexive and indirect object pronouns if necessary.
5. Check to see whether a written accent is needed on affirmative commands, gerunds, or infinitives to preserve the original stress on the verb. Review the rules on stress and accent marks in the **Repaso esencial, Capítulo preliminar,** if necessary.

Applying the Rules of Pronoun Order

Study the applications of the rules of pronoun order in these sample sentences.

1. She gave it (the present) to him.
   - Mark: *She* (S) *gave* (V) *it* (DO) *to him* (IO)
   - Select and conjugate: Ella dio lo le
   - Check order and change **le / les** → **se** before **lo / la / los / las:** Ella se lo dio
   - Clarify: Ella se lo dio a él.
   - Accent: (No pronoun attachments.)
2. Tell it (the secret) to us. (**usted** command)
   - Mark: *Tell* (C) *it* (DO) *to us* (IO)
   - Select and conjugate: Diga lo nos
   - Check order and change **le / les** → **se** before **lo / la / los / las:** Diganoslo
   - Clarify: (While **nos** is not ambiguous, it could be emphasized, if the writer chose, by adding a **nosotros/as.**)
   - Accent: Díganoslo. (Add an accent mark to maintain original stress on **diga.**)
3. Are they going to sit down?
   - Mark: *Are going to sit down* (VR) *they* (S) (*"To sit down" is the reflexive verb* **sentarse.**)
   - Select and conjugate: Van a sentar se (Subject pronoun is omitted.)
   - Check order and change **le / les** → **se** before **lo / la / los / las:** ¿Van a sentarse? / ¿Se van a sentar? (Pronoun may be attached to infinitive or precede auxiliary verb.)
   - Clarify: (*Not necessary.*)
   - Accent: (*Same vowel is stressed; no accent mark is needed.*)

Práctica 1

Traduzca las oraciones a continuación. Siga los pasos indicados.

1. She explained it (**la garantía**) to him.
   Marcar: _____
   Seleccionar y conjugar: _____
   Ordenar y cambiar **le / les** → **se** antes de **lo / la / los / las:**
   _____
   Clarificar: _____
   Acento: _____
2. Leave them (**las revistas**) for me. [**usted** command]
   Marcar: _____
   Seleccionar y conjugar: _____
   Ordenar y cambiar **le / les** → **se** antes de **lo / la / los / las:**
   _____
   Clarificar: _____
   Acento: _____

3. Are you (*pl.*) going to send it (**el cheque**) to her?
   Marcar: _____
   Seleccionar y conjugar: _____
   Ordenar y cambiar **le / les → se** antes de **lo / la / los / las:**

   _____
   Clarificar: _____
   Acento: _____

4. Don't tell it (**el secreto**) to them. [**tú** command]
   Marcar: _____
   Seleccionar y conjugar: _____
   Ordenar y cambiar **le / les → se** antes de **lo / la / los / las:**

   _____
   Clarificar: _____
   Acento: _____

5. She has to write it (**la carta**) to them.
   Marcar: _____
   Seleccionar y conjugar: _____
   Ordenar y cambiar **le / les → se** antes de **lo / la / los / las:**

   _____
   Clarificar: _____
   Acento: _____

Práctica 2

Traduzca al español las respuestas a las siguientes preguntas. Siga los pasos ya practicados.

1. ¿Quieren ellos las fotocopias?
   Please get them for them now.

   _____

2. ¿Qué tal las tareas cotidianas?
   She always delegates them to us.

   _____

3. ¿Y los planes para la reunión?
   Let's postpone it.

   _____

4. ¿Qué va a hacer usted con el informe para la jefa?
   The assistant will give it to her for me.

   _____

5. ¿Y las pérdidas?
   He is explaining them to her right now.

   _____

6. ¿Va a proponer una solución?
   She is trying to find it for herself.

   _____

7. ¿Qué pasa con los empleados del departamento que se cierra?
   Transfer them to another department. (**usted** command)

   _____

8. ¿Habrá un aumento de salario para ellos?
   The director cannot give it to them.

   _____

9. ¿Sabe algo de la trayectoria de la empresa?
   They expect to determine it at the meeting.

   _____

10. ¿Y mi ascenso?
    It is unlikely.

   _____

Práctica 3

Traduzca al español las respuestas a las siguientes preguntas. Siga los pasos ya practicados.

1. ¿Qué debemos hacer ahora?
   Please sit down and wait.

   _____

2. ¿Y los clientes?
   My secretary will contact them for you.

   _____

3. ¿Qué tal el nuevo proyecto?
   Let's discuss it later.

   _____

4. ¿Debo hablar con mi jefa antes de explicárselo al presidente?
   Of course, don't propose it to him first.

   _____

5. ¿Cuándo puedo hablar con ella?
   Speak to her after the meeting.

   _____

6. ¿Están resolviendo el problema ahora mismo?
   Yes, they are resolving it at this moment.

   _____

7. ¿Crees que los ejecutivos reconocerán las ventajas?
   Of course they are going to recognize them.

   _____

8. Quiero tu apoyo en la planificación.
   I will gladly support you on it.

   _____

Práctica 4

Traduzca al español este memorándum.
DATE: February 25, 1997
FROM: Alicia Chávez
TO: Antonio Flores
RE: Plans for next month

All of the managers have contacted each other regarding next month's goals, and they have discussed them among themselves. They should send each other copies of their reports.

Our advertising team will be working with me on the new campaign. I want them to investigate the possibilities and then tell me their recommendation. Afterwards, we will call each other to discuss it. According to them, the campaign will be completed by the end of the month.

CONSTRUCTIONS WITH *GUSTAR* AND SIMILAR VERBS

Gustar literally means *to be pleasing to*. As a result, it agrees with the item that is pleasing. The person(s) pleased is indicated by an indirect object pronoun (**me, te, le, nos, os, les**). For this reason, **gustar** is almost always used in the following construction.

indirect object pronoun + third person (singular or plural) of **gustar** + subject

Te gustó su informe.	*You liked her report.*
Me gustan los informes más breves.	*I like briefer reports.*
Nos gustaría asistir a la conferencia.	*We would like to attend the conference.*

- In Spanish, the verb ending indicates whether the subject is singular or plural, so no subject pronoun is needed.

    Me gusta.   *I like it.*

- To clarify or emphasize the person expressing the preference, **a** + *noun phrase* or **a** + *prepositional object pronoun* is added. Note that this addition does not replace any part of the original **gustar** construction.

    [A él] no le gusta el traslado.

    [A Alicia y Ricardo] no les gustó la nueva sucursal.

    [A mí] me gustó muchísimo. Y [a ti], ¿te gustó?

    [A ustedes] les gustan las sucursales más grandes.

- **Gustar** is not employed to express liking or disliking persons. Instead, the expressions **caerle bien / mal** (*to like / to dislike*) and **llevarse bien / mal con** (*to get along well / badly with*) are used.

El nuevo empleado me cae bien.	*I like the new employee.*
Su secretario les cayó mal.	*They disliked her secretary.*
Sus ayudantes nuevos le caen bien.	*He likes his new assistants.*
Los empleados se llevan bien.	*The employees get along well with each other.*

- The following verbs are constructed like **gustar.**

doler	¿Te duele la cabeza después de trabajar con la computadora?
encantar	Me encantan las vacaciones en la playa.
faltar[1]	Le falta tiempo para completar su proyecto.
fascinar	Nos fascinó la presentación de su proyecto.
hacer falta	Nos hacen falta los planes.
importar	A Pedro le importa la satisfacción de los clientes.
interesar	¿A ustedes les interesan los informes?
molestar	¿Te molestan las ideas del nuevo director?
ofender	¿Les ofendieron los chistes?
preocupar	¿Me preocupan los rumores de una huelga?
sorprender	¿Te sorprendió la queja del cliente?

- **Encantar** and **fascinar** are used much more frequently in casual conversation in Spanish than their literal translations *enchant* and *fascinate* in English. These verbs are roughly equivalent to the casual use of the verb *to love* in English, as in *I love to travel* or *I loved the presentation on career development.*

COMMON ERRORS WITH *GUSTAR* AND SIMILAR VERBS

- Agreement of **gustar** with the person expressing a preference.

    Correct: Me **gustan** las oficinas.

    ¿Te **gusta** la oficina?

    Incorrect: Me gusto las oficinas.

    ¿Te gustas la oficinas?

- Substitution of other types of pronouns for indirect object pronouns.

    Correct: **A** Paula **le** gustan los traslados.

    Me gustaba esa tarea.

    Incorrect: A Paula se gustan los traslados.

    Mí gustaba esa tarea.

- Omission of personal **a** in clarification of the identity of the person(s) expressing the preference.

    Correct: **A** Luis le gusta el traslado.

    A nosotros nos gustó la presentación.

    Incorrect: Luis le gusta el traslado.

    Nosotros nos gustó la presentación.

---

[1]**Faltar,** as well as **quedar** and **parecer**, may be used without an indirect object in impersonal statements.

   Falta dinero.   *There is not enough money.*

- Use of **lo** or **los** to express the subject of **gustar**.
  Correct: **Me gusta** mucho.
  Incorrect: Me lo gusta mucho.

Práctica 5

Para ayudar a los estudiantes a elegir carrera, un investigador ha entrevistado a diversas personas acerca de su trabajo y ha preparado una lista de sus respuestas. Lea sus apuntes y transfórmelos en oraciones completas.

Modelo   travel: some employees love it
               A algunos empleados les encanta viajar.

1. weekend work: many employees are bothered by it
2. foreign languages: important to many companies
3. long meetings: annoying to the employee
4. math: important to most companies
5. professional conferences: most employees like them
6. salary: very important to almost all employees
7. demanding clients: interesting to the ambitious employee
8. talkative colleagues: some employees don't like them

FUTURE AND CONDITIONAL

FUTURE AND CONDITIONAL FORMS

- To form the regular future and conditional, the following endings are added to the infinitive.
  future   -é, -ás, -á, -emos, -éis, -án
  conditional   -ía, -ías, -ía, -íamos, -íais, -ían
- The following verbs have irregular stems in the future and conditional.

caber	cabr-	querer	querr-
decir	dir-	saber	sabr-
haber	habr-	salir	saldr-
hacer	har-	tener	tendr-
poder	podr-	valer	valdr-
poner	pondr-	venir	vendr-

Práctica 6

Después de repasar las formas, lea la lista de verbos a continuación y haga lo siguiente, sin consultar el texto.
- Escriba una **I** si el verbo es irregular.
- Escriba una **I** para todas las formas en las que el verbo es irregular.
- Escriba la forma correcta para cada persona.

FUTURO

Infinitivo	yo	tú	Ud., él, ella	nosotros/as	Uds., ellos, ellas
1. entender					
2. ver					
3. poder					
4. caber					
5. dividir					
6. venir					
7. tocar					
8. mostrar					
9. saber					
10. deber					
11. poner					
12. ser					
13. recordar					

CONDICIONAL

Infinitivo	yo	tú	Ud., él, ella	nosotros/as	Uds., ellos, ellas
1. entender					
2. ver					
3. poder					
4. caber					
5. dividir					
6. venir					
7. tocar					
8. mostrar					
9. saber					
10. deber					
11. poner					
12. ser					
13. recordar					

Revise las respuestas, verificando las conjugaciones de los verbos. Si usted encuentra errores, ¿qué ocasionó el error?

- ¿No sabía cuáles eran los verbos irregulares?
- ¿No sabía cuáles formas eran irregulares?
- Si sabía las formas irregulares del verbo, ¿se equivocó en cuanto a la ortografía o al acento?

Repase la sección anterior si es necesario.

Práctica 7

Corrija los verbos incorrectos.

1. diré
2. hacerán
3. comerémos
4. conocré
5. escribirá
6. querá
7. veniría
8. serán
9. saliremos
10. escribría

USES OF THE FUTURE AND THE CONDITIONAL

- The future expresses events that are yet to happen and probability in the present.

  Iré a Barcelona después de graduarme.

  I will go to Barcelona after graduating.

  ¿Quién tocará a la puerta? Será el cartero.

  Who could be knocking at the door? It is probably the letter carrier.

- The conditional tells what would happen if circumstances were different and expresses probability in the past.

  Iría a Barcelona si tuviera el dinero.

  I would go to Barcelona if I had the money.

  Con más tiempo visitaría las ruinas.

  With more time I would visit the ruins.

  ¿Quién sería?

  Who might it have been?

- When *would* refers to a habitual action or custom rather than to an action that is literally conditional, the imperfect indicative is used.

  Cuando era niña, traducía para sus padres.

  When she was a child, she would translate for her parents.

  The conditional in **si** clauses is discussed later in this chapter.

COMMON ERROR IN THE USE OF THE CONDITIONAL

- Use of the conditional in place of the imperfect indicative.

  Correct: De niña, **iba** a la casa de mis abuelos cada verano.

  Incorrect: De niña, iría a la casa de mis abuelos cada verano.

Práctica 8

Lea la siguiente carta. Reemplace todos los casos de "probablemente" con el futuro o el condicional de probabilidad para evitar la redundancia.

Julia:

Nuestra jefa probablemente aplazó la reunión con nosotros. Ella probablemente quería investigar más el asunto. Probablemente se la delegó a su ayudante y él probablemente confirma los datos sobre las ganancias. Probablemente cabe anotar la importancia de nuestro proyecto, pero probablemente ya sabe ella la importancia de éste. Probablemente debemos esperar unos días, y probablemente nos notifica el ayudante.

Te veré entonces,
Mercedes

PERFECT TENSES

In English, the perfect tenses are formed with the auxiliary verbs *has/have/had* followed by a past participle that usually ends in *-ed*.[1] Spanish uses the same construction to form the perfect tenses: a form of **haber** followed by a past participle.

FORMS OF *HABER*

Present indicative	he, has, ha, hemos, habéis, han
Preterit	hube, hubiste, hubo, hubimos, hubisteis, hubieron
Imperfect	había, habías, había, habíamos, habíais, habían
Present subjunctive	haya, hayas, haya, hayamos, hayáis, hayan
Past subjunctive	hubiera, hubieras, hubiera, hubiéramos, hubierais, hubieran
	hubiese, hubieses, hubiese, hubiésemos, hubieseis, hubiesen
Future	habré, habrás, habrá, habremos, habréis, habrán
Conditional	habría, habrías, habría, habríamos, habríais, habrían

PAST PARTICIPLES

- To form the past participle in Spanish, remove the **-ar**, **-er**, or **-ir** ending from the infinitive and add **-ado** to **-ar** verbs and **-ido** to **-er** and **-ir** verbs.

trabajar	trabajado
entender	entendido
elegir	elegido

- The past participles of verbs ending in **-aer, -eer,** and **-ír** have written accents.

caer	caído	leer	leído
traer	traído	oír	oído
creer	creído	reír	reído

- The following verbs have irregular past participles, as do any verbs derived from them (for example, **descubrir** and **componer**).

abrir	abierto
cubrir	cubierto
decir	dicho
escribir	escrito
hacer	hecho
imprimir	impreso
morir	muerto
poner	puesto
resolver	resuelto
romper	roto
ver	visto
volver	vuelto

---

[1]Note that English has many irregular past participles (for example, *brought* and *slept*).

He hablado con ella.	*I have spoken with her.*
Habían ido a la reunión.	*They had gone to the meeting.*

PERFECT TENSE FORMS

- For each indicative or subjunctive tense, there is a perfect tense counterpart.

Present indicative	digo	*I say*
Present perfect indicative	he dicho	*I have said*
Preterit	dije	*I said*
Preterit perfect[1]	hube dicho	*I had said*
Imperfect	decía	*I said, I used to say*
Pluperfect indicative[2]	había dicho	*I had said*
Present subjunctive	espera que yo diga	*he hopes I will say*
Present perfect subjunctive	espera que yo haya dicho	*he hopes I have said*
Past subjunctive	esperaba que yo dijera	*he hoped I said*
Pluperfect subjunctive	esperaba que yo hubiera/ hubiese dicho	*he hoped I had said*
Future	diré	*I will say*
Future perfect	habré dicho	*I will have said*
Conditional	diría	*I would say*
Conditional perfect	habría dicho	*I would have said*

Uses of the Perfect Tenses

- The perfect tense conveys the idea of prior completion.
- The same usage rules for the subjunctive, future, conditional, and other conjugations apply to the perfect tenses *except for* time expressions with **hacer**, where Spanish uses a simple verb. For instance, in the sentence **Espero que lo haya contratado** (*I hope that she has hired him*), the verb in the noun clause about which a personal judgment is expressed must be in the subjunctive. Since prior completion is expressed, the verb is in the present perfect subjunctive.
- In the perfect tenses, the past participle is invariable; it always ends in **-o.**
- Pronouns are not attached to part participle forms; they always precede **haber.**
- **Acabar de** + *infinitive* may be used in place of the perfect construction to express the meaning *to have just done something.*

COMMON ERRORS IN THE USE OF PERFECT TENSES

- Attachment of pronouns to past participles
  Correct: Lo he comprado.
  Incorrect: He compradolo.
- Use of **haber** with **acabar de** + *infinitive*
  Correct: **Acabo de** terminar.
  Incorrect: He acabado de terminar.
- Use of perfect tenses in **hacer** + *time expressions*
  Correct: Hace tres días que **está** aquí.
  Incorrect: Hace tres días que ha estado aquí.
- Gender agreement of participles in perfect tenses
  Correct: Ella ha **terminado.**
  Incorrect: Ella ha terminada.

Práctica 9

*Cambie los verbos subrayados a la forma perfecta correspondiente, según el contexto. Recuerde cambiar el pretérito al pluscuamperfecto (*pluperfect*).*

1. Me dicen que el presidente <u>planea</u> abrir una sucursal en Santiago.
2. <u>Informan</u> a todos sobre las oportunidades.

---

[1]The preterit perfect is rare in contemporary spoken and written Spanish. The pluperfect is preferred.
[2]The term *pluperfect* is used to avoid the awkward phrase *imperfect perfect.*

3. El personal <u>organiza</u> la orientación cultural.
4. Es necesario que los empleados <u>terminen</u> el curso de orientación.
5. Con más anticipación, <u>prepararían</u> bastante comida para todos los empleados.
6. <u>Imprimirán</u> los folletos para el comienzo de la conferencia.
7. <u>Ponen</u> los folletos en los paquetes.
8. <u>Vieron</u> todos la película sobre la adaptación.
9. Es afortunado que los gerentes <u>expliquen</u> las normas sociales.
10. Dudaba que <u>terminaran</u> su sesión tan temprano.

PAST PARTICIPLES AS ADJECTIVES

- Past participles (without the auxiliary **haber**) often function as adjectives. In this case, the participles agree with the nouns or pronouns they modify.

  Sus informes están terminados.   *Their speeches are finished.*
  La sesión está terminada.   *The session is finished.*

- Some verbs have two past participle forms. The *regular* form is used in the perfect tenses and in the passive voice. The *irregular* form is employed as an adjective.

	REGULAR	IRREGULAR
atender	atendido	atento
confundir	confundido	confuso
excluir	excluido	excluso
fijar	fijado	fijo
incluir	incluido	incluso
juntar	juntado	junto
requerer	requerido	requisito

  Han concluido la reunión.   La reunión está conclusa.
  Han juntado los papeles.   Los papeles están juntos.
  El costo fue fijado.   El costo está fijo.

Práctica 10

Escriba en cada espacio la forma correcta del participio pasado, según el contexto.
1. (*atender*) El personal es muy _____. Ya ha _____ a todos los clientes.
2. (*confundir*) Ha _____ a muchos con su explicación. Casi todos están _____.
3. (*fijar*) ¿Ya se ha _____ la hora de la reunión? Sí, está _____.
4. (*incluir*) He _____ todas las referencias y verán que las instrucciones también están _____.
5. (*juntar*) ¿Ha _____ su ayudante todos los papeles? No, no están _____.

SI CLAUSES

- *If . . ., then . . .* sentences can be divided into two types. The *provisional* type states that the action or event in the result clause of the sentence will happen provided that the *if* clause occurs. In this case, it is as yet unknown whether the event in the *if* clause will occur or not. The *contrary-to-fact* type states how things would be or would have been if reality were different.
- Provisional **si** sentences use indicative verbs.

  Si tengo tiempo, voy contigo.   *If I have time, I will go with you.*
  Comprará un coche si tiene   *She will buy a car if she has the*
     el dinero.   *money.*
  Si llegó temprano, ya sabe la noticia.   *If she arrived early, she already*
        knows the news.

- Contrary-to-fact sentences contain verbs in the past subjunctive or pluperfect subjunctive in the *if* clause and verbs in the conditional or conditional perfect in the *then* clause.

Si tuviera tiempo, iría contigo.	*If I had time, I would go with you.*
Compraría un coche si tuviera el dinero.	*She would buy a car if she had the money.*
Si lo hubiéramos sabido, no habríamos ido.	*If we had known (it), we would not have gone.*

COMMON ERRORS IN *SI* CLAUSES

- Assumption that the *if* clause with the past subjunctive always comes first in a contrary-to-fact sentence.
  Correct: Iría si tuviera tiempo.
  Incorrect: Fuera si tendría tiempo.
- Use of the present subjunctive in **si** clauses.
  Correct: Iría si **tuviera** tiempo.
  Incorrect: Iría si tenga tiempo.

Práctica 11

Lea las siguientes oraciones e indique si son provisionales (P) o contrarias a la realidad (CR). Luego tradúzcalas al español.

1. If I had understood culture shock, I would have prepared the employees better.
2. If they have our support, they will have more confidence.
3. I will tell them about the social expectations if I have the information.
4. Had they been here before, they would not be so nervous.
5. If I should find out anything, I will call you.
6. If the managers had more time, they would plan a longer orientation.
7. If they have time next week, they will work on that.
8. If this session were in the main office, we would be able to use the new VCR.
9. If they are in the early stage of culture shock, they will be happy and fascinated about being in a new city.
10. If employees working abroad miss their friends and family, tell them that this often happens at this stage, especially during holidays.
11. If they were in the next stage, they would be more comfortable.
12. If they had told me about the problem, I could have helped them.

PROGRESSIVE TENSES

In English, the progressive tenses are formed with the verb *to be* followed by a present participle that ends in *-ing*. Spanish uses the same construction to form the progressive tenses: a form of the auxiliary verbs **estar, seguir,** or **continuar** followed by a present participle.

Está hablando.	*He is talking.*
Sigue hablando.	*He keeps on/continues talking.*
Continúa practicando.	*He continues practicing.*

FORMS OF *ESTAR*

Present indicative	estoy, estás, está, estamos, estáis, están
Preterit	estuve, estuviste, estuvo, estuvimos, estuvisteis, estuvieron

Imperfect	estaba, estabas, estaba, estábamos, estabais, estaban
Present subjunctive	esté, estés, esté, estemos, estéis, estén
Past subjunctive	estuviera, estuvieras, estuviera, estuviéramos, estuvierais, estuvieran
	estuviese, estuvieses, estuviese, estuviésemos, estuvieseis, estuviesen
Future	estaré, estarás, estará, estaremos, estaréis, estarán
Conditional	estaría, estarías, estaría, estaríamos, estaríais, estarían

GERUNDS AND PRESENT PARTICIPLES

- To form the present participle (gerund) in Spanish, remove the **-ar, -er,** or **-ir** ending from the infinitive and add **-ando** to **-ar** verbs and **-iendo** to **-er** and **-ir** verbs.

caminar	caminando
entender	entendiendo
escribir	escribiendo

- The present participles of stem-changing **-ir** verbs change **e → i** and **o → u.**

  e → i   pedir pidiendo   servir sirviendo

  o → u   dormir durmiendo

- When the stem ends in a vowel, add the ending **-yendo.**[1]

  caer cayendo   leer leyendo

- **Ir** has the irregular present participle **yendo.**

PROGRESSIVE TENSE FORMS

- For each indicative or subjunctive tense, there is a progressive tense counterpart.

Present progressive	Al momento estoy trabajando.
Preterit progressive[2]	Al momento estuve trabajando.
Imperfect progressive	Al momento estaba trabajando.
Future progressive	Para entonces estaré trabajando.
Conditional progressive	Ahora estaría trabajando, si no fuera día festivo.
Present subjunctive progressive	Es bueno que esté trabajando al momento.
Past subjunctive progressive	Si estuviera trabajando, no te habría llamado.

USES OF PROGRESSIVE TENSES

- As the name suggests, progressive verbs convey the notion of an action in progress. Contrary to English usage, Spanish reserves the progressives to emphasize actions that are literally in progress at a particular moment. In general, Spanish favors the simple tenses, such as present indicative or imperfect.
- The rules for subjunctive, future, and conditional usage apply to the progressive tenses.
- In Spanish, present participles may also be used as adverbs.

El niño entró llorando.	*The child came in crying.*
Pasan muchas horas hablando.	*They spend many hours talking.*

---

[1]The present participle of **reír** is **riendo.**
[2]Since the preterit is used for completed actions in the past, this is rarely used in the progressive.

COMMON ERROR IN THE USE OF PRESENT PARTICIPLES

- Use of a present participle as a noun.
  Correct: **(El) Caminar** es buen ejercicio.
  Incorrect: Caminando es buen ejercicio.

Práctica 12

En el siguiente párrafo, sustituya una forma progresiva por los verbos subrayados. ¡Cuidado con las formas!

Cuando sonó el teléfono, 1. miraba la televisión con mi esposo. Era el hospital, y necesitaban mis servicios de traductora. Cuando me llamaron para traducir, los médicos 2. se preparaban para la cirugía. Era afortunado que la familia de la paciente 3. llegara en ese momento. Los médicos y yo le 4. decíamos a la paciente, una mujer embarazada, que la condición de su bebé era grave, y ella 5. insistía en consultar a su tocóloga personal antes de consentir a operarse. "Ella estará en la sala de operaciones y 6. ayudará durante la cirugía", le 7. aseguraba el auxiliar. A la paciente le calmó la noticia de que la tocóloga ya 8. conducía al hospital. Firmó los documentos necesarios y pronto 9. dormía bajo los efectos de la anestesia. Cuando terminó la cirugía, su esposo 10. hablaba con sus padres por teléfono. Él notó inmediatamente que los médicos 11. se sonreían, pero de todos modos estaba nervioso. "Su esposa 12. se despierta en la sala de recuperación y el personal 13. pesa y 14. baña a sus dos hijas", le dijeron. De repente, era como si 15. se celebraran todos los días festivos simultáneamente. La familia 16. lloraba y 17. se reía a la vez, mientras el nuevo padre 18. corría por el corredor.

Práctica 13

Un amigo suyo, que visitará España el verano próximo y se quedará con una familia española, le ha pedido un favor. Él ha redactado una carta de presentación y necesita que usted se la corrija. Lea su carta y evalúe las formas progresivas. En cada caso, decida si su amigo debe dejar el verbo tal como está o si debe cambiarlo. Si hay que hacer cambios, tache el verbo y escriba la forma correcta.

Me llamo Alex Johnson y me dice el director del programa de estudios que voy a vivir con ustedes. Mil gracias por ofrecerme esta oportunidad. Al momento 1. estoy pensando en el viaje. 2. Estoy preguntándome cómo será. 3. Estoy estudiando español aquí. Es mi primer año. 4. Estoy anticipando con placer mi viaje a Salamanca y ya 5. estoy planeando unas excursiones a Madrid y a Barcelona. De niño, siempre 6. estaba pensando en ir a otro país y, finalmente, 7. estoy teniendo la oportunidad. Es muy bueno que nuestro profesor 8. esté demandando que hablemos mucho en la clase porque ya 9. estoy preocupándome de la pronunciación de las palabras. Al principio siempre 10. estaban confundiéndome los verbos. 11. Estoy aprendiendo muchísimo. Ahora 12. me estoy sintiendo capaz de hablar español sin hacer tantos errores.

Hasta pronto,
Alex Johnson

Repaso esencial

COMPARISONS OF INEQUALITY

- The following structures are used when the objects of comparison are considered unequal.

  más/menos + [*noun, adjective, adverb*] + **que**
  verb + **más/menos** + [*adverb*] + **que**

Los estereotipos hacen más daño que la simple falta de información.	*Stereotypes do more damage than simple lack of information.*
Hay más turistas estadounidenses aquí que en otros países.	*There are more U.S. tourists here than in other countries.*
Las imágenes cambian menos rápidamente que la realidad.	*Images change less rapidly than reality.*

- In comparisons where a second verb is understood rather than expressed, a subject pronoun appears after **que.**

Sus padres viajan más que ella.	*Her parents travel more than she (does).*
Los turistas compran más revistas que nosotros.	*The tourists buy more magazines than we (do).*

- When a number follows **más** or **menos** in a comparison, **de** is used instead of **que.**

Entrevistaron a más de cien turistas.	*They interviewed more than a hundred tourists.*

- Note that the expression **no más que** + *number* is not a comparative; it means *only.*

No más que cinco de ellos se negaron.	*Only five of them refused.*

IRREGULAR COMPARATIVE FORMS

- The following adjectives have irregular comparative forms.

ADJECTIVE		COMPARATIVE	
bueno	*good*	mejor	*better*
malo	*bad*	peor	*worse*
joven	*young*	menor	*younger*
viejo	*old*	mayor	*older*
mucho	*many, much*	más	*more*
poco	*few, little*	menos	*less*

- **Mejor** and **peor** usually precede the noun.

La ley noruega ofrece mejores acomodaciones para los padres nuevos.	*Norwegian law offers better accommodations for new parents.*

Copyright © Houghton Mifflin Company. All rights reserved.

- The regular comparatives **más/menos bueno/a** or **malo/a** refer to the moral or ethical character of a person.

A causa del prejuicio, cree que la gente de otra cultura es menos buena que la de su propio grupo.	*Due to prejudice, he thinks that people from other cultures are less moral or ethical than those of his own group.*

- **Mayor** or **menor** after the noun describes the ages of people.

Para combatir los prejuicios, empezamos con los niños menores.	*To combat prejudice, we begin with the younger children.*

- **Mayor** or **menor** before the noun denotes greater or lesser importance.

Los resultados tienen mayor importancia que el costo de los programas para ellos.	*The results have greater importance than the programs for them.*

- **Más/menos nuevo/viejo** indicates the age of an object.

Este anuncio es más nuevo que el otro.	*This advertisement is newer than the other (one).*

USES OF RELATIVE PRONOUNS IN COMPARISONS

- **Del que/cual, de la que/cual, de los que/cuales,** and **de las que/cuales** are used in place of **que** when a noun or noun phrase is implied but not expressed in the clause.

Pasé más tiempo del que esperaba.	*I spent more time than (the amount of time) I expected.*
Presentaron más alternativas de las que anticipamos.	*They presented more alternatives than (the number of alternatives) we anticipated.*

- **De lo que** is used when the comparison involves the entire idea of a previous clause, and the final verb is understood but not expressed.

Las causas son más complicadas de lo que ellos se imaginaban.	*The causes are more complex than they imagined (they were).*

- In cases where the meaning of a comparison is ambiguous, the more explicit constructions with relative pronouns are preferred.

Tenemos más clientes que su compañía.	*We have more clients than your company (does).* *We have more clients than just your company. (You are not our only client.)*
Tenemos más clientes de los que tiene su compañía.	*(Makes it clear that it is each company's client total that is being compared.)*

COMPARISONS OF EQUALITY

- The following structure is used to form comparisons of equality between nouns. Note that **tanto** agrees in number and gender with the noun it modifies.

tanto/-a/-os/-as) + [*noun*] + **como**

Atraemos tantos turistas internacionales como los otros hoteles.	*We attract as many international tourists as the other hotels.*
Su campaña publicitaria no tuvo tanto éxito como la nuestra.	*Their publicity campaign was not as successful as ours.*

- To form a comparison of equality between adjectives or adverbs, the following construction is used. Note that **tan** is invariable because it is an adverb and that the pronouns used after **como** are subject pronouns.

tan + [*adjective/adverb*] + **como**

Los turistas internacionales son tan numerosos como los domésticos.	*International tourists are as numerous as the domestic ones.*
Éstos no gastan tanto dinero como aquéllos.	*The latter do not spend as much money as the former.*
Ellos no comen en los restaurantes pequeños tan frecuentemente como tú.	*They don't eat in the small restaurants as often as you (do).*

- The phrase **tanto como** is used for making comparisons between verbs; **tanto** is invariable since it is an adverb.

  [*verb*] + **tanto como** + [*expressed or implied verb*]

Nadie viaja tanto como la directora de la agencia.	*No one travels as often as the agency director.*
Subió el precio tanto como el costo.	*The price increased as much as the cost (increased).*

- **Cuanto más/menos... tánto más/menos...** is used in sentences such as **Cuanto más viajo, tanto más aprendo.** (*The more I travel, the more I learn.*)

Cuanto más se hablan, tanto más se entienden.	*The more they talk to each other, the better they understand each other.*
Cuanto menos conocen las otras culturas, tanto más emplean los estereotipos.	*The less they know about other cultures, the more they use stereotypes.*

COMMON ERRORS IN THE USE OF COMPARISONS

- Confusion between **tan** and **tanto/-a/-os/-as)**

  Correct: Las conferencias fueron **tan** buenas como las lecturas.
  La señora Vargas trabaja **tan** diligentemente como la señorita Ibáñez.

  Incorrect: Las conferencias fueron tantas buenas como las lecturas.
  La señora Vargas trabaja tanta diligentemente como la señorita Ibáñez.

- Use of object pronouns in place of subject pronouns in comparisons

  Correct: Asistí a tantas reuniones como **tú.**
  Incorrect: Asistí a tantas reuniones como ti.

Práctica 1

Según un informe del Grupo Cheskin, el mercado hispanohablante para las computadoras ha aumentado rápidamente. Aquí están algunos de los datos. De cada grupo de cifras, escriba dos o tres oraciones comparativas.

1. En el año 2000, el 99,2% de los hogares hispanos poseía televisión.
   El 42,3% poseía computadora.
   El 12,2% poseía asistente digital.

2. De los hogares sin computadora, el 46% considera que es demasiado cara.
   El 39,7% piensa que no es necesaria.
   El 29% dice que no está familiarizado con la tecnología.

3. Además, del 57,7% que no la tiene en casa,
   ...el 2% sí tiene acceso en su trabajo.
   ...menos del 1% tiene acceso en el colegio.
   ...menos del 1% tiene acceso en otro lugar.

4. Entre los años 1998 y 2000, la presencia de computadora en los hogares hispanos de los EEUU ha aumentado un 68%.
   En el mismo período, la presencia de computadora en los otros hogares de los EEUU ha aumentado un 67%.

5. En cuanto a otros electrodomésticos,
...el 89,7% de los hogares hispanos posee VCR.
...el 59,3 % recibe televisión de cable.
...el 41,3% disfruta de cámara de vídeo.
...el 41.9% utiliza teléfono celular.

SUPERLATIVES

- The superlative expresses the highest or lowest degree of a given characteristic within a stated group.

  definite article + (*noun*) + **más/menos** + *adjective* + **de**

McDonald's es el restaurante más conocido de los EEUU.	*McDonald's is the most famous restaurant in the US.*
Según la investigación de *El País*, los suecos son los más exigentes de todos en cuanto a la ecología.	*According to the research in El País, Swedish tourists are the most demanding of all when it comes to ecology.*
En cuanto a los padres nuevos, las leyes noruegas son las más ventajosas.	*When it comes to new parents, Norwegian laws are the most advantageous.*

- In the superlative, the irregular forms **mejor** and **peor** precede the nouns they modify.

Acabo de ver el peor aviso de mi vida.	*I have just seen the worst ad of my life.*
Tiene la mejor campaña contra los estereotipos.	*It has the best campaign against stereotypes.*

COMMON ERRORS IN THE USE OF SUPERLATIVES

- Substitution of **en** for **de**

  Correct: Suecia tiene unas de las leyes ambientales más exigentes **del** mundo.

  Incorrect: Suecia tiene unas de las leyes ambientales más exigentes en el mundo.

- Incorrect placement of the superlative

  Correct: Conozco **la agencia más innovadora** del mundo hispano.
  El presidente de la compañía dio **las peores noticias** del día.

  Incorrect: Conozco la más innovadora agencia del mundo hispano.
  El presidente de la compañía dio las noticias peores del día.

Práctica 2

A continuación hay una serie de descripciones. Lea cada una y complete las oraciones que siguen, utilizando expresiones superlativas.

1. Nuestra agencia ofrece excursiones turísticas a todo gusto. Se puede disfrutar de una semana de turismo ambiental por $2.000, de un programa orientado hacia la artesanía local por $1.800, o del programa deportivo (que incluye el paracaidismo) por $2.900.

   De todas las vacaciones, la semana de artesanía...

   De todas las excursiones, el programa deportivo...

2. Este año pasaron por nuestra ciudad 100.000 turistas colombianos, 80.000 turistas argentinos, y 150.000 turistas chilenos.

   De los tres grupos, los turistas chilenos...

   En cuanto al turismo, los argentinos...

3. Gregorio, Gabriela y Jaime participan en un programa para combatir los estereotipos sobre la comunidad chicana. En total, hablaron con los maestros de 20 clases primarias. Gregorio visitó a 8 de ellos, Gabriela a 10, y Jaime a 2.
De todos los participantes, Gabriela...
En comparación con los otros, Jaime...

ABSOLUTE SUPERLATIVES

- The absolute superlative suffix **-ísimo/-a/-os/-as** expresses the highest degree of a quality and is translated in several ways, depending on the context.
  Presentaron unas clases utilísimas.   *They gave some extremely useful classes.*
  Asistieron muchísimos maestros.   *A lot of teachers attended.*

ABSOLUTE SUPERLATIVE FORMS

- Adjectives ending in a consonant use the singular form + **-ísimo.**
  mal → malísimo   difícil → dificilísimo
- Adjectives ending in a vowel drop the vowel before adding **-ísimo.**
  bueno → buenísimo   interesante → interesantísimo
- Adjectives ending in **-co, -z,** or **-go** have the following spelling changes before **-ísimo.**

-co → -qu	rico → riquísimo	simpático → simpatiquísimo
-z → -c	feliz → felicísimo	
-go → -gu	largo → larguísimo	

Práctica 3

Durante una feria de turismo, dos directores de agencia de viajes comparan sus excursiones. Según cada uno, su programa es evidentemente superior. Escriba en los espacios el superlativo que el segundo director usaría en su descripción de programa.

1. Director A—Nuestras excursiones son baratas.
   Director B—Pero las nuestras son _____.
2. —Todos los guías son muy inteligentes.
   —Sí, pero los nuestros son _____.
3. —Además, nuestros conceptos son innovadores.
   —Pues, los nuestros son _____.
4. —En nuestras excursiones toda la gente sería muy feliz.
   —Puede ser, pero en las nuestras la gente sería _____.
5. —La lista de destinaciones es larga y los hoteles son muy lujosos.
   —Pues la lista nuestra es _____, y los hoteles, _____.

PASSIVE CONSTRUCTIONS

- In both English and Spanish, the passive construction shifts the focus of attention from the agent performing the action to the person or thing receiving the action.
  Active   The agency planned the trip.
  Passive   The trip was planned by the agency.
- In Spanish there are two passive constructions: the passive with **ser** (sometimes called *true passive*) and the passive with **se.** Each is used in a different context.

PASSIVE WITH *SER*

- The Spanish passive with **ser** is similar in construction to its English counterpart but is used much less frequently. Instead, the passive with **se** is preferred.

- The following construction is used to form the passive with **ser.** Note that **ser** can be used in any tense and that the past participle agrees in number and gender with the recipient of the action. The agent may be omitted.

  Recipient of action + **ser** + *past participle* + **por** + *agent*

El viaje fue planeado por la Agencia Intermundo.	*The trip was planned by the Intermundo Agency.*
Los boletos de ida y vuelta fueron comprados.	*The round-trip tickets were purchased.*

- In English, either the direct or the indirect object can become the focus of a passive sentence. In contrast, Spanish does not permit the indirect object to become the focus; only a direct object can serve this function.

  1. Active

The agency sent her the tickets.	La agencia le mandó los boletos.

  2. Passive with the direct object as the focus

The tickets were sent to her by the agency.	Los boletos le fueron mandados por la agencia.

  3. Passive with the indirect object as the focus

She was sent the tickets by the agency.	(*No acceptable parallel in Spanish*)

COMMON ERRORS IN THE USE OF PASSIVE CONSTRUCTIONS

- Lack of agreement

  Correct: Los planes **fueron hechos** por el guía.

  Incorrect: Los planes fue hecho por el guía.

- Incorrect tense of **ser**

  Correct: La reunión **será** planificada mañana por la consultante.

  Incorrect: La reunión fue planificada mañana por la consultante.

- Use of a passive to focus on an indirect object

  Correct: El restaurante les dio las bebidas gratis.

  Incorrect: Ellos fueron dados las bebidas gratis por el restaurante.

Práctica 4

Imagínese que está en una reunión para discutir el desarrollo de una campaña publicitaria. Conteste las siguientes preguntas según el modelo, utilizando la voz pasiva.

Modelo —¿Qué tal los planes para las vacaciones? (realizar/la Agencia Delta)

—Los planes fueron realizados por la Agencia Delta.

1. —¿Qué sucede con el itinerario? (modificar/Miguel)
2. —¿Quién dirigirá el programa de ecoturismo a Costa Rica? (dirigir/Pedro Almendra)
3. —¿Quién va a arreglar las comidas? (arreglar/nosotros)
4. —¿Cuándo tendrá la descripción definitiva? (terminar en junio/los agentes)
5. —¿Cuándo ofrecerá estos programas por primera vez? (en noviembre/un guía local)

PASSIVE WITH *SE*

- The passive with **se** is usually employed in Spanish when the agent is unknown or unspecified. In this case, the verb agrees with the receiver of the action.

  se + *third-person singular verb* + *singular subject*

  se + *third-person plural verb* + *plural subject*

Se habla español.	*Spanish is spoken (here).*
Aquí se hablan español e inglés.	*Spanish and English are spoken here.*

Práctica 5

*Un colega suyo le pide ayuda con el borrador de una carta a su jefe, el señor Soto. Cambie la voz pasiva con **ser** a la voz pasiva con **se** siempre que esté apropiada.*

Estimado señor:

El comercial para su nuevo viaje ecoturístico fue terminado ayer. Todo salió bien puesto que todos los detalles fueron programados de antemano. La última escena fue rodada (*shot*) dos veces. La primera toma (*take*) fue interrumpida debido a un fallo de la cámara. Cuando supimos que la segunda toma quedó fenomenal, el fin de la producción fue celebrado. Ahora vuelvo a Cartagena con Felipe para empezar nuestro próximo proyecto. El guión fue escrito por Luis Santana, quien ganó un Óscar el año pasado. La producción es dirigida por Alberto Calvo, cuyos anuncios han sido exhibidos por toda Europa. Anticipamos mucho éxito, ya que tenemos un equipo superior.

Seguimos informando,
Juan Isidro Pérez

ACCIDENTAL *SE*

- The accidental **se** construction describes unintentional actions, unexpected events, and accidents that happen to someone.[1] It is formed in the following manner.

  se + (*indirect object pronoun*) + *verb* + *noun* (*recipient of action*)

Se me perdió el anuncio.	*I lost the ad.*
Se perdió el anuncio.	*The ad was lost.*

- The following verbs are commonly used in the accidental **se** construction to express the meanings given.

acabar	*to run out*	**olvidar**	*to forget*
caer	*to drop*	**perder**	*to lose*
escapar	*to escape*	**quedar**	*to leave behind*
ocurrir	*to occur*	**romper**	*to break*

Se me olvidaron los papeles.	*I forgot the papers. (The papers were forgotten by me.)*
Se le cayeron las maletas (a ella).	*She dropped the suitcases. (The suitcases slipped from her hands accidentally.)*
Se me acabó el dinero.	*I ran out of money. [The money ran out (on me).]*

Práctica 7

Imagínese que usted es director/a de la filmación de un spot *(ad) sobre el ecoturismo. Ayer fue un desastre. Todo lo que ocurrió era inesperado. Ahora, conteste las siguientes preguntas utilizando la voz pasiva con **se** y el complemento indirecto, según las indicaciones.*

1. —¿Trajiste los resultados de las tomas de ayer? (*perder/a mí*)
   —No, _____ las tomas.
2. —¿Trajo Ana el guión? (*quedar/a ella*)
   —No, _____ en la oficina.
3. —¿Filmaron ustedes con las cámaras nuevas? (*romper/a nosotras*)
   —No, ayer _____.
4. —¿Y el anuncio? (*olvidar/al cinematógrafo*)
   —¡Imagínate! _____.
5. —¿Qué hicieron? (*ocurrir/a nosotros*)
   —Pues, no _____ nada. Volvimos al hotel.

---

[1]Some linguists suggest that making the person to whom the event happened the indirect object rather than the subject helps to emphasize that the action was unintentional.

Repaso esencial

In this chapter no new grammar points are presented. Instead, the exercises that follow provide a comprehensive review to help you consolidate your knowledge of grammar.

REVIEW OF VERB TENSES

After extensive practice, the correct selection of verb tense will become second nature. In the meantime, these steps are designed to guide you through the process.

- Underline all the verbs and note their subjects.
- Mark the verb infinitive (**INF**) when it
  1. serves as a subject or object, as would a noun.

Me gusta escribir.	*I like to write.*
Para escribir bien, el corregir es imprescindible.	*In order to write well, editing is essential.*

  2. follows a preposition.

Llamó al salir.	*He called as he left.*

  3. occurs in a fixed construction requiring an infinitive.

Tenemos que esperar.	*We have to wait.*

  4. is an object of a verb, and there is no change of subject.

Espero salir a las siete.	*I hope to leave at seven.*

- Mark the verb conditional (**COND**) when it states what would happen if reality were otherwise.

Si no estuviera tan ocupada, iría contigo.	*If I weren't so busy, I would go with you.*
No lo haría yo.	*I would not do it.*

  Remember that *would* in English does not always indicate use of the conditional in Spanish, especially when you are talking about habits in the past. In this case, *would* is expressed with the imperfect (**IMP**).

Cuando era niña, jugaba por muchas horas.	*When I was young, I would play for many hours.*

- If the verb is not in the infinitive or conditional form, decide next whether it should be subjunctive or indicative. Mark the verb subjunctive (**SUBJ**) if it is used
  1. in a contrary-to-fact **si** clause (always past subjunctive).

Si tuviera tiempo, iría.	*If I had time, I would go.*

  2. as a command (always present subjunctive except for affirmative **tú** and **vosotros/as** commands).

Vaya inmediatamente.	*Go immediately.*

  3. in a subordinate noun clause if it is not an objective report of a true fact.

Es bueno que salgan temprano.	*It is good that they are leaving early.*

4. in a subordinate adjectival clause when the antecedent is nonspecific or does not exist.

Quiero una oficina que tenga una ventana.	*I want an office that has a window.*

5. in a subordinate adverbial clause when it expresses anything other than an established fact or generalization.

Van a salir tan pronto como puedan.	*They are going to leave as soon as they can.*

- In all other cases, mark the verb indicative (**IND**).
- If the verb is marked **SUBJ** or **IND,** decide from context whether it should be in the past (**PAST**) or present (**PRES**) and mark it.
- If a verb is marked **PAST IND,** decide whether it should be in the preterit (**PRET**) or imperfect (**IMP**).
- If a verb is already marked **SUBJ,** the addition of **PAST** is sufficient since there is no distinction to make between preterit and imperfect in the past subjunctive.
- Mark any verb in the future (**FUT**). The choice between the future and the present indicative or **ir** + **a** + *infinitive* construction is generally a matter of stylistic preference rather than grammatical correctness.
- Mark the verb (**PERF**) if it should be in a perfect tense. Remember that Spanish parallels the English use of *have/had* + *past participle*. The exceptions are **hacer** + *time expressions* and the construction **acabar de** + *infinitive*.
- Mark the verb (**PROG**) if it should be in the progressive, but be cautious, since Spanish only uses the progressive to stress that an action is/was actually in progress at the moment referred to in the sentence. In most cases, the simple present or the imperfect is preferable.

Las formas verbales

Práctica 1

Escriba la forma verbal indicada.

1. saber: yo   SUBJ PAST PERF
2. entender: ellos   COND PERF
3. estar: nosotros   PAST IMP PERF
4. escribir: tú   IND PAST IMP
5. tener: yo   SUBJ PRES
6. dar: ella   SUBJ PAST PERF
7. valer: él   COND PERF
8. poder: ustedes   IND PRET
9. explicar: tú   IND IMP
10. encontrar: ellas   FUT
11. conocer: nosotros   IND IMP
12. acercarse: usted   IND PRES PROG
13. entregar: ustedes   COND
14. construir: yo   IND PRES PROG
15. reírse: él   SUBJ PRES
16. enfocarse: ellas   SUBJ PAST PERF
17. ver: ellos   IND PRET
18. crecer: él   SUBJ PRES
19. surgir: ellos   IND IMP PERF
20. querer: yo   SUBJ PAST
21. componer: tú   COND PERF
22. hacer: ellos   FUT PERF
23. disminuir: ella   FUT
24. felicitar: nosotros   PRES SUBJ
25. oír: yo   SUBJ PAST PERF

Las formas verbales

Práctica 2

A. *Para los siguientes verbos, escriba las formas del presente, presente del subjunctivo, futuro y condicional.*

1. entregar: yo
2. comprender: tú
3. conocer: nosotros
4. dar: ellos
5. hacer: yo
6. traducir: tú
7. traer: ellos
8. comenzar: usted
9. mostrar: yo
10. divertirse: nosotros
11. contribuir: él
12. enviar: tú
13. haber: ella
14. ser: ustedes
15. tener: yo
16. venir: nosotros
17. saber: ustedes
18. valer: ellos
19. pedir: yo
20. ir: ellos

B. *Para los siguientes verbos, escriba la forma del imperfecto, pretérito y pasado del subjuntivo.*

1. ir: yo
2. conducir: ellos
3. hacer: nosotros
4. querer: tú
5. saber: ellos
6. ser: usted
7. dormir: ellos
8. comunicar: yo
9. entregar: él
10. ver: nosotros
11. empezar: yo
12. servir: ustedes
13. leer: usted
14. sugerir: usted
15. estar: yo
16. decir: tú
17. cobrar: ellos
18. entender: nosotros
19. dar: tú
20. haber: ella

C. *Para los verbos siguientes, escriba la forma correcta del presente perfecto, pluscuam-perfecto y progresivo (presente y pasado).*

1. trabajar: yo
2. entender: tú
3. elegir: nosotros
4. abrir: usted
5. cubrir: ellos
6. escribir: él
7. resolver: ustedes
8. ver: yo
9. volver: tú
10. poner: ellos
11. dormir: yo
12. caminar: ustedes
13. venir: ella
14. caer: ellos
15. dirigir: usted
16. leer: yo
17. pedir: ellos
18. hacer: ellos
19. confundir: tú
20. decir: nosotros

Práctica 3   La concordancia verbal en contexto

Lea la siguiente historia con cuidado y marque cada verbo según las reglas para la concordancia. Luego haga la conjugación correcta.

Ayer por la tarde me _____ (1. *called* / llamar) Roberto, un compañero de clase a quien _____ (2. *met* / conocer) hace un mes. Roberto me _____ (3. *asked* / preguntar) si yo le _____ (4. *could* / poder) ayudar con un trabajo de investigación que él _____ (5. *was doing* / realizar). El tema de las nuevas leyes españolas en cuanto a la inmigración me _____ (6. *seemed* / parecer) muy interesante. Roberto me _____ (7. *explained* / explicar) su situación. Él _____ (8. *had collected* / recopilar) todos los escritos sobre el tema e incluso _____ (9. *had made* / hacer) un esbozo de la conclusión. Sólo le _____ (10. *remained* / quedar) por escribir una introducción que _____ (11. *would convince* / convencer) a los lectores.

Roberto me _____ (12. *said* / decir): —El trabajo _____ (13. *needs* / necesitar) un buen párrafo inicial para que los lectores _____ (14. *understand* / entender) el propósito _____. (15. *I have written* / redactar) un borrador; sin embargo, no _____ (16. *know* / saber) cómo _____ (17. *to develop* / desarrollar) el argumento. _____ (18. *I would like to* / querer) reunirme contigo antes de que me _____ (19. *become* / volver) loco.

Yo me _____ (20. *saw* / ver) en un aprieto. _____ (21. *I wanted* / querer) ayudar a Roberto. No _____ (22. *was* / haber) duda de que _____ (23. *it was urgent* / urgir) hacer ese trabajo. Sin embargo, esa noche yo _____ (24. *had planned* / pensar) estudiar para una prueba parcial en mi propia clase de sociología. El profesor Siquieros nos _____ (25. *had warned* / advertir) que la prueba _____ (26. *would cover* / cubrir) todos los textos que se _____ (27. *were read* / leer) en clase. Por eso, yo _____ (28. *wanted* / querer) repasar mis apuntes de clase. Además me _____ (29. *felt* / sentir) obligada a releer los artículos sugeridos por el profesor, ya que _____ (30. *was* / ser) su tema favorito. Roberto

_____ (31. *understood* / comprender) mi situación, de modo que _____ (32. *we decided* / quedar) en vernos mañana por la tarde en la Alameda. Nos _____ (33. *we said good-bye* / despedir), puesto que se _____ (34. *was getting* / hacer) tarde.

Ser, estar, haber y tener

*Escriba la forma correcta de **ser, estar, haber** o **tener**.*

Anastasio Fuentes Cruz 1. _____ solamente siete años cuando su vida 2. _____ cambiado para siempre. 3. _____ 1990, y aparte de una visita a sus parientes en El Paso, Texas, su experiencia con los viajes 4. _____ cuestión de unas cuantas millas. Todo eso iba a cambiar cuando vino su mamá con las noticias. "Hay que 5. _____ prisa" le dijo. "Vamos a mudarnos a California. Su papá consiguió los papeles para que entremos. Ya vinieron los documentos y tenemos que 6. _____ en Los Ángeles para la semana que viene". En el pueblo 7. _____ todos sus amigos, y a pesar de 8. _____ muy listo, la idea de entrar en la nueva escuela le preocupaba un poco. Sin embargo, 9. _____ listo para la aventura, y para todas las novedades que 10. _____ (there might be) en California.

Pretérito e imperfecto

Escriba la forma correcta del verbo en el pretérito o el imperfecto.

En abril de 1990 1. _____ (hacer) pocos meses que Julieta Cruz Fuentes y su hijo Anastasio 2. _____ (inmigrar) de Jalisco a California. Anastasio 3._____(ir) bien en su nueva escuela, y 4. _____ (gozar— *he enjoyed*) de pasar tiempo con su papá. Por las tardes, Anastasio 5. _____(jugar) con sus primos en la casa de su tía Ángela mientras sus padres 6. _____ (trabajar). Julieta 7. _____ (conseguir) un trabajo casi inmediatamente en el mismo hospital donde ya 8. _____ (trabajar) su esposo Juan, y durante las mismas horas, así 9. _____ (ir) con él todas las mañanas. Casi todas las noches, la familia 10. _____ (caminar) a la playa cerca de su apartamento, y muchas veces los padres 11. _____(llevar) la cena para comer allí.

Todo 12. _____ (ir) bien cuando Julieta 13. _____ (tener) noticias de sus padres en Jalisco. Al colgar el teléfono, ella 14._____ (empezar) a llorar.

—¿Qué 15. _____ (suceder)?, le 16. _____ (preguntar) Juan. —¿17. _____ (haber) algún accidente?

—No, nada así, 18. _____ (responder). Es que mi hermano y su novia les 19. _____ (decir) a mis padres que 20. _____(pensar) casarse, y no 21. _____ (saber-yo) si 22. _____ (poder) asistir porque ya 23. _____ (estar) pendiente mi solicitud de ciudadanía.

Expresiones temporales con *hacer*

Traduzca las preguntas y respuestas de la siguiente entrevista con las expresiones apropiadas con hacer.

1. How long have you lived in this country?
   I arrived here three years ago. My husband arrived five years ago.
2. So, how long had you been waiting for permission to enter the country?
   I had been waiting for two years, ever since he immigrated.
3. And how long have you and your husband been employed in your current jobs?
   I have been working at the hospital for three years, and my husband had been working there for two years when I started, so five years in all for him.
4. What happened five years ago that caused you to want to leave your country?

It was a matter of opportunities. My husband was laid off from the company where he had worked for eight years, and there were no other good jobs where we lived. He had an aunt and uncle who had been here for a long time, and they offered to help him find a job.

5. And you and your son had been seeking permission to enter as well?
Yes, of course. It had been two years since he had seen his father.

6. So, how long ago did you send in the confirmation of employment?
I sent it about two months ago. Hasn't it arrived yet?

Práctica 7　　El subjuntivo

Traduzca los verbos, empleando el indicativo (presente, pretérito o imperfecto), el subjuntivo (presente o pasado) o el infinitivo, según el contexto.

En Madrid, el pasado mes de octubre, 1. _____ (reunirse) expertos internacionales en las cuestiones de inmigración. Esta iniciativa, que 2. _____ (patrocinar) la Unión Europea, 3. _____ (ofrecer) la oportunidad de 4. _____ (asistir) a una variedad de sesiones. Los especialistas 5. _____ (presentar) ponencias que 6. _____ (intentar) iluminar la complejidad del reciente aumento en la inmigración a España en el contexto europeo.

No cabe duda de que esta cuestión 7. _____ (continuar) siendo muy difícil de resolver. Unos expertos lo 8. _____ (querer) resolver al nivel nacional y recomiendan que cada país 9. _____ (decidir) su propia política. Otros dicen que 10. _____ (ser) asunto que 11. _____ (demandar) un acercamiento colectivo. Este grupo ha observado que el aumento 12. _____ (coincidir) con el auge de la Unión Europea, e 13. _____ (insistir) que todos los miembros de la Unión 14. _____ (contribuir) al diálogo para que el resultado 15. _____ (ser) consistente. Según ellos, no habrá respuesta satisfactoria a menos que todos 16. _____ (participar). Es cierto que la situación particular en que se 17. _____ (encontrar) cada país 18. _____ (presentar) sus propios desafíos, pero con la cooperación esperan construir una política que 19. _____ (aceptar) a todos los miembros.

Práctica 8　　Cláusulas con *si*

Traduzca las siguientes oraciones.

1. If they had anticipated the increase in immigration, they would have prepared for it.
2. If they are looking for a new policy, they should consider this one.
3. If the situation were better defined, I would be able to offer more specific recommendations.
4. If you can tell us what data you will need for the session, we will print it for you this afternoon.
5. They will have to wait until Friday if they want more exact figures.
6. We have the preliminary figures if you would like them today.
7. If you ordered those reports yesterday, they will be on your desk tomorrow morning.
8. If I had known how many delegates would request this data, I would have printed more copies ahead of time.

Práctica 9　　La voz pasiva

Traduzca las siguientes oraciones.

1. At the Immigration office, applications are first reviewed by clerks, to confirm that they are completed correctly.
2. Evaluations are written by case officers.
3. Applicants are sent letters so that they will know that their papers are being processed.

4. The letters are mailed by the secretary.
5. Recipients are notified when to appear.
6. Hundreds of new applications are received daily.
7. A special hearing is arranged for those seeking refugee status.

REVIEW OF OTHER GRAMMATICAL POINTS

Artículos y demostrativos

Traduzca las palabras en inglés. Si no hace falta ninguna palabra en español, escriba una X en el espacio.

_____ (1. *This*) solicitante es _____ (2. *a*) profesor de ingeniería. Además presenta _____ (3. *another*) título: es _____ (4. *an*) arquitecto certificado.

—¡Qué _____ (5. *a*) combinación! ¿Contiene su archivo la documentación necesaria?

—Sí, y tenemos los documentos de la universidad que quiere emplearlo. Los llenó _____ (6. *Doctor*) Lourdes Burgos, Decana de la Facultad de Ingeniería. De parte de la universidad, ella certificó que no hay _____ (7. *another*) candidato que presente las mismas calificaciones.

—Ah, sí, _____ (7. *That*) era lo que esperábamos. Ahora podemos tomar la decisión en _____ (8. *this*) caso.

—Bueno, pero todavía nos quedan _____ (9. *a hundred*) casos más, y hay que decidirlos pronto para que las universidades sepan el resultado antes de que termine el año escolar.

—Claro, pero no puedo hacer nada más esta noche. Son casi _____ (10. *seven-thirty*) y hoy es _____ (11. *Thursday*). _____ (12. *On Thursday nights*) mi esposo viene al centro y cenamos juntos.

Expresiones negativas e indefinidas: *pero* y *sino*

Traduzca las expresiones entre paréntesis.

"Carlos" _____ (1. *was not*) el nombre verdadero del joven, _____ (2. *but*) el seudónimo que empleaba cuando lo entrevisté en Marruecos. _____ (3. *It was not that*) era un criminal, _____ (4. *but*) intentaba entrar en España como refugiado. Era de Somalia, y _____ (5. *somehow*) sobrevivió el conflicto que no dejó vivo a _____ (6. *any*) de sus hermanos. _____ (7. *Neither his mother nor his father*) querían perder al único hijo que se les quedaba, así ellos _____ (8. *in no way opposed*) su decisión. Con la excepción de su despedida de ellos, salió una noche _____ (9. *without saying anything to anyone*), y los padres profesaron no saber nada sobre lo que le había pasado. En otra situación, la desaparencia de un hijo habría demandado alguna explicación, _____ (10. *but*) en su pueblo tal suceso ya era demasiado frecuente —otra consecuencia de la guerra.

A personal

*Lea el siguiente párrafo y subraye todos los complementos directos que se refieren a personas. Si hace falta la **a** personal, escríbala.*

Antes de la cita a la oficina de inmigración, Remigia Alonso llamó 1. _____ su abogado para pedirle consejo porque 2. _____ él tenía mucha experiencia con los casos de ese tipo, y conocía 3. _____ muchas parejas que habían tenido éxito al pedir el visado. Sabía que 4. _____ él ya le dijo 5. _____ ella que no se preocupara, pero no quería arriesgar ningún error en cuanto a la entrevista con 6. _____ los que iban a decidir el caso. Para él todo eso era cosa rutinaria, pero 7. _____ ella le importaba muchísimo. Desgraciadamente, cuando llamó no contestó 8. _____ nadie. Remigia miró 9. _____ el reloj. Eran las ocho y cuarto de la mañana. "Claro," pensaba, "probablemente no llega tan temprano. Pero voy a llamar más tarde, porque antes de la entrevista quiero oír 10. _____ unas palabras optimistas de él".

Práctica 13	Pronombres personales

Traduzca las respuestas.
1. —¿Quisiera Ud. una solicitud?
   —*Yes, I want to send it to a friend (f.).*
2. —¿No prefiere que nosotros se la mandemos a ella?
   —*No, my friend and I write each other almost every week. I'll send it to her with the next letter.*
3. —¿Necesita algo más? Tenemos estos folletos informativos sobre el proceso de conseguir el visado. ¿Quiere uno?
   —*Yes, I'm sure she would like to read one of them.*
4. —Si lo desea ella, puede consultar los enlaces informativos en nuestra página principal.
   —*It's a good idea. Could you read me the address?*
5. —*We have it on our cards. I'll get one for you.*

Práctica 14	*Gustar* y verbos semejantes

Un grupo se organiza para amparar a los refugiados y solicita voluntarios. Traduzca la conversación al español.
—So, you're interested in helping refugees? What skills do you have?
—I'm a lawyer and immigration issues have always interested me.
—Great. What sort of case interests you most?
—I love to work on complex cases. The more complicated, the better. The details of difficult cases fascinate me.
—Would you like to work with refugees of any particular nationality?
—It doesn't matter much to me, but I do know more about the situation in Latin America than those of other regions.

Práctica 15	*Por y para*

*Escriba **por** o **para**, según el contexto.*
1. _____ $500 dólares, se incluyen todas las consultas y la representación de un abogado durante las entrevistas.
2. Tenemos folletos informativos _____ los que solicitan visado para casarse con ciudadanos estadounidenses.
3. Mi novia es de la Argentina, y está _____ salir _____ la Universidad de California. Será estudiante de música allí, y tiene beca _____ su talento.
4. Sale en tres días y estará allí _____ dos años.
5. _____ eso necesitamos los consejos inmediatamente.
6. ¿Puedo pasar _____ su oficina esta tarde _____ recoger los documentos?
7. Puesto que ella ya tiene su propia visa estudiantil, ¿necesita algún documento especial _____ casarse conmigo en los EEUU?

Práctica 16	Comparativos y superlativos

Traduzca las siguientes oraciones.
1. This line is longer than the others. Most of them are no more than 25 people.
2. Yes, but this one is moving faster than they are.

3. I think we should come back tomorrow morning. Mornings are always less busy than the noon hour.
4. I'll bet the lines tomorrow morning are just as long as now.
5. No, I'm sure there will be fewer people in the morning. You find the shortest lines of the day right after an office opens.
6. You're *extremely impatient* (one word) today. One would think that you were the busiest person in the world. I'm sure that all of these people need to get back to work just as soon as you do.

Vocabulario esencial

Vocabulario esencial

Your goal, of course, should be to expand your own working vocabulary through reading books and articles in Spanish. You should also try always to write directly in Spanish rather than writing first in English and then translating. The following lists offer general topical vocabulary keyed to each chapter, as a point of departure for the expression of your own ideas. Nonetheless, at this stage you will probably need to look up quite a few words, so it is worth learning to make best use of your dictionary.

USING A DICTIONARY MORE EFFECTIVELY

If you have not done so already, now is the time to invest in a good Spanish-English dictionary. Your instructor can give you suggestions as to which ones will be most useful in your courses. Whichever dictionary you choose, take time to familiarize yourself with all of its features.

1. MAKE CERTAIN THAT YOU ARE LOOKING UP THE RIGHT WORD.

This may sound obvious, but spelling errors and lack of awareness of idioms can result in looking up the wrong word. At times you may need to look up the English word first to be certain that you have spelled it correctly before beginning your search for the Spanish version. Idioms, words or phrases used in a non-literal sense, pose more of a challenge. Many better dictionaries place the idiom and its translation at the end of the regular entry for the principal word in a phrase, but not all dictionaries do this, and no dictionary will catch all idioms. You need to develop an awareness of idioms and determine the literal meaning of what you would like to say before going to the dictionary.

Example:
The director was not willing to give an inch on the proposal.

Obviously, the expression does not have to do with literally handing over a unit of measurement, so it should not be translated word for word. Instead, a first approach would be to look in the dictionary under the principle words "give" and "inch" to see whether there is an entry for the entire idiom "not to give an inch." If you do not find any entry for the idiom, rephrase the idea to its literal meaning (here "not willing to compromise") before expressing it in Spanish

Práctica 1

Rephrase each idiom to its literal meaning.
1. Many people *play the field* for a while before settling down in a relationship.
2. Antonio is always *the life of the party*.
3. That relationship is *water under the bridge*.
4. Your experience sounds *par for the course*.

5. I'll tell you, it was *no picnic*.
6. At the moment, the wedding plans are still *up in the air*.
7. Whatever you choose, we'll *back you up*.

2. WHEN YOU DO LOOK UP A WORD, READ THE ENTIRE ENTRY TO DETERMINE WHICH TRANSLATION BEST SUITS THE CONTEXT.

Double-check by looking up your chosen Spanish expression. Most dictionaries use abbreviations to tell you the part of speech of a given word (noun, verb, etc.), and offer synonyms or examples of usage to help you with your choice. This is especially important in the case of the long entries for common words. For example, in a good dictionary, the entry for "take" might run more than two pages.

Práctica 2

Use the details of the entries for "screen" to translate the word in each context.
1. They're screening "La Historia Oficial" in the Latin American culture course.
2. We will be screening about twenty applicants, and then inviting five of them for on-site interviews.
3. Tell the landlord that we need some new screens for the kitchen windows.
4. The problem with my laptop seems to be with the screen.
5. I've seen the video, but that's not like seeing it on the big screen.
6. The campus series on vintage films is called "The Silver Screen."
7. They need some trees to screen the house from the highway.
8. The network will be screening some of the events this morning.
9. Don't let the screen door slam.
10. This screening test will detect the disease in its early stages.

VOCABULARIO ESENCIAL: CAPÍTULO 1

LA FAMILIA, LAS CEREMONIAS Y CELEBRACIONES, LOS NOMBRES Y LOS APELLIDOS

el/la abuelo/a	*grandfather/grandmother*	enamorarse de	*to fall in love with*
acogedor/a	*friendly, welcoming*	el estado civil	*marital status*
el/la ahijado/a	*godson /goddaughter*	estresante	*stressful*
el apellido	*family name, surname*	fallecer	*to pass away, to die*
el apodo	*nickname*	festejar	*to celebrate (festively)*
el bautizo	*baptism, christening*	festivo/a	*festive*
brindar	*to toast*	impactante	*impressive*
el brindis	*toast*	independizarse	*to become independent*
cambiante	*changing, variable*	el luto	*mourning*
cariñoso/a	*affectionate*	la madrina	*godmother*
casarse con	*to get married to*	maduro/a	*mature*
compartir	*to share*	el marido, el esposo	*husband*
compasivo/a	*compassionate, understanding*	maternal	*motherly*
el compromiso	*obligation, commitment*	el matrimonio	*matrimony, married couple*
el/la cónyuge	*spouse*		
criar	*to bring up children*	los/las mellizos/as, gemelos/as	*twins*
cumplir X años	*to reach the age of X*		
el/la cuñado/a	*brother/sister-in-law*	mimar	*to spoil a child*
desagradable	*unpleasant*	la muerte	*death*
discutible	*arguable*	el nacimiento	*birth*
egoísta	*selfish*	el/la nieto/a	*grandson/daughter*
emocionante	*exciting*	el nombre de pila	*given name*

el noviazgo	*courtship*	la quinceañera	*celebration of a girl's fifteenth birthday*
el/la novio/a[1]	*boyfriend, girlfriend, fiancé/ée*		
la nuera, hija política	*daughter-in-law*	sensible	*sensitive, responsive*
la onomástica[2]	*celebration of one's saint's day*	el/la sobrino/a	*nephew/niece*
el padrino	*godfather*	sostener	*to support*
la pareja	*couple, significant other*	el/la suegro/a	*father/mother-in-law*
el parentesco	*kinship*	la tercera edad	*"the golden years", old age*
el pariente político	*relative by marriage*		
los parientes	*relatives*	el/la tío/a	*uncle/aunt*
paternal	*fatherly*	vacilante	*hesitant, indecisive*
el pésame	*expression of condolences on a death*	el velorio[3]	*wake*
		el vestido de luto	*mourning clothes*
preocupado/a	*worried*	el vestido de novia	*wedding gown*
el/la primo/a	*cousin*	el vínculo	*bond*
ponerle el nombre a	*to give a name to*	el/la viudo/a	*widow/er*
		el yerno, el hijo político	*son-in-law*

COMENTARIOS

1. La palabra **novios** puede referirse a todo el espectro romántico. Además de *bride and groom*, los novios pueden ser amigos románticos (*boyfriend and girlfriend*) o una pareja comprometida (*engaged*).
2. En la iglesia católica, cada día del calendario tiene su/s santo/s correspondiente/s. Por ejemplo, el 26 de diciembre es la fiesta de San Esteban, el santo u onomástico de todos los hombres que se llaman Esteban.
3. El velorio es una ocasión para recordar la vida del difunto con su familia y sus amigos. Generalmente, éstos se reúnen en la casa de la familia donde se le da el pésame a la familia y se elevan oraciones y peticiones por el alma del difunto. Típicamente, se consumen grandes cantidades de comida y bedida. El velorio concluye con una procesión solemne a la iglesia o al cementerio.

VOCABULARIO ESENCIAL: CAPÍTULO 2

LA CIUDAD UNIVERSITARIA, LAS CLASES Y LOS PROFESORES, LOS EXÁMENES Y LAS NOTAS

animar	*to encourage*	dejar un curso	*to drop a course*
la apatía	*apathy*	derechista	*right-wing*
apoyar	*to support*	los derechos de matrícula	*tuition*
aprovecharse de	*to take advantage of*		
arriesgar	*to risk, to endanger*	los derechos humanos	*human rights*
el asunto, la cuestión	*issue, matter*	la deuda	*debt*
los asuntos exteriores	*foreign affairs*	la dictadura	*dictatorship*
los asuntos nacionales	*domestic affairs*	echar la culpa, culpar	*to blame*
el bachillerato	*secondary-school degree*	la eficacia	*effectiveness*
la beca	*scholarship*	ejercer	*to exert, to exercise*
la carrera	*field of study*	la encuesta	*opinion survey*
la ciudad universitaria	*campus*	la esperanza	*hope, prospect*
compasivo/a	*understanding, sympathetic*	el estallido	*outbreak*
		estar a favor (de)	*to be in favor of*
la conferencia	*lecture*	estar en contra (de)	*to be against*
conservador/a	*conservative*	estudiar para...	*to be studying to be a...*
contestatorio/a	*rebellious*	el examen de ingreso	*entrance exam*
cuestionar	*to dispute*	el examen de selección múltiple	*multiple-choice exam*
el/la decano/a	*dean*		

exigente	*demanding*	la minoría	*minority*
el expediente	*transcript*	la nota, la calificación[1]	*grade*
la extrema derecha	*extreme right, very conservative*	el partido político	*political party*
		la paz	*peace*
la extrema izquierda	*extreme left, radical*	el/la postulante, el/la solicitante	*applicant*
la facultad	*school or college of a university*	presentarse (para)	*to apply for admission (to)*
faltar a una clase	*to miss a class*		
frenar	*to restrain, to check*	presionar	*to put pressure on*
la guerra	*war*	el préstamo	*loan*
la huelga estudiantil	*student strike*	el profesorado, el cuerpo docente	*faculty*
el impuesto	*tax*		
ineludible, inevitable	*inescapable*	el proyecto colectivo	*group project*
el informe	*report*	la red	*network, system*
inscribirse, matricularse	*to enroll*	salir bien/mal	*to do well/badly (on a test)*
la inscripción	*enrollment*		
la investigación	*research, research paper*	la solicitud	*application form*
izquierdista	*left-wing*	suspenderse	*to fail (a test or course)*
la lectura	*reading*	tiempo completo, horario completo	*full-time*
la licenciatura	*university degree*		
la manifestación	*political demonstration*	tiempo parcial, horario parcial	*part-time*
la materia, la asignatura	*subject (in school)*		
la mayoría	*majority*	el título	*diploma*

CARRERAS

la administración de empresas	*business administration*	el inglés como segunda lengua	*E.S.L, English as a Second Language*
la agricultura	*agriculture*	la lingüística	*linguistics*
la antropología	*anthropology*	la literatura	*literature*
la asistencia social	*social work*	la literatura comparada	*comparative literature*
la astronomía	*astronomy*	las matemáticas	*math*
el baile	*dance*	la medicina	*medicine*
las bellas artes	*fine arts*	la música	*music*
las ciencias económicas	*economics*	el negocio	*business*
las ciencias políticas	*political science*	el negocio internacional	*international business*
la contabilidad	*accounting*	la orientación psicopedagógica	*school counseling*
la criminología	*criminal justice*		
el derecho	*law*	la pedagogía	*education*
la enfermería	*nursing*	la pedagogía primaria	*primary education*
la filosofía	*philosophy*	la pedagogía secundaria	*secondary education*
la física	*physics*	el periodismo	*journalism*
la geografía	*geography*	la psicología	*psychology*
la historia	*history*	la química	*chemistry*
los idiomas	*languages*	la retórica	*rhetoric*
la informática	*computer science*	la sociología	*sociology*
la ingeniería	*engineering*		

COMENTARIOS

1. En vez de indicar la nota con una letra, se suele utilizar en las universidades hispanas un sistema de números. Generalmente 9–10 equivale a una calificación sobresaliente *(excellent)*, 7–8 equivale a una notable *(good)*, 5–6 equivale a aprobado *(passing)* y 0–4 equivale a suspenso *(failing)*. Algunas universidades emplean semejante sistema con cien puntos posibles en vez de diez.

VOCABULARIO ESENCIAL: CAPÍTULO 3

LOS DEPORTES EN VIVO Y EN LA TELEVISIÓN, LA VIOLENCIA DEPORTIVA

el acontecimiento	*event, incident*	el goleador	*player who makes a goal*
el afán	*zeal, eagerness*	la jugada	*play*
el/la aficionado/a	*fan*	luchar al máximo	*to play one's best*
el alcance del problema	*scope of the problem*	marcar un gol	*to score a goal*
alzar	*to raise, to lift*	la patada	*kick*
el árbitro/a	*referee*	patear	*to kick*
el arco	*goal, target*	la pelota	*ball*
el arquero, el portero	*goalkeeper*	pelotear	*to kick a ball*
asaltar	*to attack, to assault*	perder los estribos³	*to lose one's temper*
el balón	*ball*	la portería	*goal*
el campeón/la	*champion*	proceder de	*to come from*
campeona		provocar	*to provoke*
el campeonato	*championship*	recurrir a	*to resort to*
el campo de fútbol	*soccer field*	el remate	*shot, throw (basketball)*
colocar	*to place*	saltar	*to jump*
el delito	*crime*	el saque	*goal kick*
descontrolarse	*to lose one's control*	suceder	*to occur*
desenfrenado/a	*unrestrained*	el tanto	*point, score (in a game)*
diferenciarse de	*to be different from*	tener éxito	*to be successful*
emborracharse	*to get drunk*	tener una resaca	*to have a hangover*
encarcelar	*to imprison*	el terreno de juego	*playing field*
el equipo	*team*	tomar medidas para	*to take steps to (do some-*
la estampa (de béisbol)	*(baseball) card*	(+ *inf.*)	*thing)*
el gol¹	*goal, score*	el torneo	*tournament*
el golazo²	*spectacular goal*	la tribuna	*grandstand*

COMENTARIOS

1. En el mundo hispano se ha desarrollado un vocabulario deportivo que a veces se parece mucho al inglés. La palabra **gol** es un buen ejemplo de cómo el español incorpora palabras extranjeras en el idioma. En algunos casos se hispaniza el léxico, manteniendo el toque inglés. Por ejemplo, un *strike* del béisbol sigue siendo en muchos países un **estrike** y el *home run* se transforma en **jonrón.** En otros casos los hispanos inventan su propio vocabulario deportivo. En Puerto Rico, por ejemplo, los seguidores del béisbol denominan a un *fly ball* un **bombo** mientras que los mexicanos optan por decir una **palomita** (*little bird*).

2. El sufijo **-azo** (grande) se utiliza mucho en el argot deportivo con el sentido de golpe. En el béisbol, por ejemplo, cuando el jugador le da a una pelota con su bate, se suele decir que ha hecho un **batazo limpio** (*clean hit*). Si un futbolista patea la pelota con mucha fuerza, se exclama que ha dado un **pelotazo.**

3. **Perder los estribos** literalmente se refiere a lo que sucede cuando un jinete pierde control de su caballo. En su sentido figurativo significa perder la paciencia por completo.

VOCABULARIO ESENCIAL: CAPÍTULO 4

LAS PELÍCULAS, LA INDUSTRIA CINEMATOGRÁFICA, LOS ACTORES

el argumento	*storyline*	filmar, rodar	*to film*
el acercamiento	*dolly-in, move-in shot*	el fondo	*background*
el acercamiento extremo	*close move-in shot*	fundir	*to fade*
el actor/la actriz	*actor/actress*	fundir a negro	*fade to black*
el actor/la actriz de carácter	*character actor/actress*	fundir de negro	*fade from black*
la adaptación	*adaptation*	el guión	*script*
el/la aficionado/a	*fan*	el/la guionista	*scriptwriter*
el anuncio comercial	*commercial*	el gusto	*taste*
el alumbrado, la iluminación	*lighting*	hacer el papel de	*to play the role of*
asemejarse	*to resemble*	el hastío	*boredom*
el avance temporal	*flash-forward*	la imagen	*the image*
la banda sonora	*soundtrack*	la interpretación	*performance in film*
la cámara	*camera*	el largometraje	*feature length film*
la cámara lenta	*slow motion*	el lugar de rodaje	*filming location*
la cartelera	*movie times listings in a newspaper*	la moción acelerada	*fast motion*
		la pantalla	*screen*
la censura	*censorship*	el papel principal	*central role*
censurar	*censor*	el papel secundario	*supporting role*
cortar	*to cut from one image to another*	el personaje	*character*
		el presupuesto	*budget*
los créditos	*credits*	la primera dama	*leading lady*
el desenlace	*outcome, ending*	el primer galán	*leading man*
la desnudez	*nudity*	el primer plano	*close-up*
el dibujo animado	*cartoon, animated film*	el público	*audience*
el doblaje	*substituting dialogue in a second language, dubbing*	el reparto	*cast*
		la reseña	*review of a film*
		el retroceso temporal	*flashback*
documental	*documentary*	el rodaje	*filming*
los efectos especiales	*special effects*	la secuela	*sequel*
los efectos sonoros	*sound effects*	el sonido	*sound*
emocionante	*exciting*	los subtítulos	*subtitles*
la escena	*scene*	las tandas	*showing times of a movie*
el estilo	*style*	la taquilla	*box-office (receipts)*
la estrella	*star, movie star*	la toma	*shot, take in a film*
estrenar	*to show for the first time*	la trama	*the plot*
el estreno	*premiere*	el vestuario	*the costume*

VOCABULARIO ESENCIAL: CAPÍTULO 5

LOS IDIOMAS, EL MERCADO HISPANO

abandonarse	*to give in; to yield*	el lema	*motto*
acceder a	*to have access to*	la moda	*the fashion, style*
asentar el juicio	*to come to one's senses*	el modismo	*idiom*
el aporte	*contribution*	la normalización	*standardization*
el argot	*slang*	obligar	*to force; to compel*
argüir	*to argue*	patente	*obvious*
el aumento	*increase; rise*	la pauta	*norm, standard*
la campaña de publicidad	*ad campaign*	portar un mensaje	*to convey a message*
coloquial	*colloquial*	posibilitar	*to make possible*
concertar los esfuerzos	*to coordinate efforts*	prestar	*to borrow, to loan*
el/la consumidor/a	*consumer*	el préstamo	*loan, borrowed item*
contemplar	*to survey; inspect*	el prestigio	*prestige*
convencer	*to convince*	reflexionar	*to meditate; to reflect*
los derechos	*rights (legal)*	los reglamentos, las reglas	*rules*
el dialecto	*dialect*	relacionar con	*to connect with*
discrepar	*to differ*	respecto a	*with reference to*
encararse a	*to confront (a problem)*	el riesgo	*risk*
la enseñanza	*teaching*	significar	*to mean*
entrar en vigencia	*to take effect*	técnico/a	*technical*
enriquecer	*to enrich*	tener en cuenta	*to take into account*
esforzarse por	*to struggle to; to strive for*	la traducción	*translation*
figurar	*to appear; to figure*	traducir	*to translate*
el habla	*dialect, speech*	transferir	*transfer*
interesar	*to concern; to involve*	la semejanza	*resemblance*
infundir un espíritu nuevo a	*to inject new life into*	sostener	*to support*
la jerga	*slang, jargon*	suponer	*to assume; to imagine*
el juicio	*reason, judgement*	la vigencia	*operation, validity*
legitimar	*to legalize*	el vocablo	*term, vocabulary item*

VOCABULARIO ESENCIAL: CAPÍTULO 6

LOS ESTEREOTIPOS CULTURALES

agraviar	*to wrong, to offend*	inducir	*to induce, to persuade*
las circunstancias atenuantes	*extenuating circumstances*	inferir	*to infer, deduce*
cometer la indiscreción de	*to commit the indiscretion, to be so tactless as*	insinuar	*to hint, imply, insinuate*
		interrogante	*questioning*
conformar a	*to adjust to*	la licitud	*fairness, legality*
debilitar	*to weaken*	modificar su postura	*to shift attitude*
degradante	*demeaning*	mostrar	*to exhibit*
enfrentarse con	*to confront, to stand for*	la parcialidad	*prejudice, bias*
entablar demanda	*to take action, to begin a legal action*	provocar	*to stir up, provoke*
		el punto conflictivo	*controversial point*
evitar hacer algo	*to avoid something*	resolver	*to solve*
la falsedad	*falseness, deceit*	suavizar	*to soften, to smooth*
girar en torno de	*to center on, to focus on*	suponer	*to assume, to suppose*
el hecho	*fact, deed, action*	el trato	*dealings, relationships*
imperante	*prevailing*	variar	*to vary, to change*
imponer	*to impose*	las vulgaridades	*trivialities, platitudes*
indignación	*anger, indignation*		

VOCABULARIO ESENCIAL: CAPÍTULO 7

LA INMIGRACIÓN

abogar por	*to advocate, to plead for*
acelerado/a	*quick, swift*
el alza	*rise, upward trend*
la carta de naturaleza	*naturalization papers*
conceder	*to grant, admit*
la consecuencia	*the outcome, result*
el consulado, consular	*consulate, consular (pertaining to a consulate)*
contraer matrimonio con	*to marry*
La cifra se elevará a 5 mil.	*The figure will amount to 5 thousand.*
denegar una solicitud	*to reject an application*
de rostro entero	*full-face*
desconocer	*to be unfamiliar with, to be ignorant of*
discriminar contra	*to discriminate against*
la edad fértil	*"child-bearing age"*
entrar en vigor	*to go into effect (a law)*
expedir	*to issue (a document)*
estancia	*stay, permanence*
el estado civil	*marital status*
el formulario	*form*
incumplir una ley	*to break a law*
el ingreso	*income*
luchar contra	*to oppose*
la mortalidad	*death rate*
la natalidad	*the birth rate*
el/la novio/a	*fiancé, fiancée*

el procurador general	*attorney general*
la partida de defunción	*death certificate*
la partida de nacimiento	*birth certificate*
la partida de matrimonio	*marriage certificate*
el permiso	*the permit*
poner en duda	*to discredit*
prescindir de	*to waive, dispense with*
las previsiones	*the estimates*
prueba documental	*documentary evidence*
el respaldo	*support, backing*
la responsabilidad solidaria	*joint liability*
restringir	*to restrict, limit*
presentar una denuncia contra	*to lodge an official complaint*
pronunciar un veredicto	*to return a verdict*
recoger	*to collect, gather up*
los requisitos de entrada	*entry requirements*
responsabilizarse	*to take charge, to acknowledge responsibility*
solicitar	*to ask for, request, seek, apply*
el/la solicitante	*applicant*
superar	*to surpass*
tener impacto	*to have an effect*
tomar medidas a favor de	*to take action in support of*
variar	*to vary*
viudo/a	*widower, widow*

Grammar Index

Agreement 115–116
Accent Marks 110–112
Articles 115–117
    definite 116–117
    indefinite 116–117

Capitalization 112–113
Comparisons of equality 167–168
Comparisons of inequality 168–169
Complete sentences 110
Conditional 158–160
    forms 158–159
    usage 160
    with **si** clauses 163–164

Demonstrative adjectives 117–118
Demonstrative pronouns 117–118

Estar 118–120
    with adjectives 119

Future 158–160
    forms 158–159
    usage 160

Gustar and similar verb constructions
    156–158

Haber 118–120
    hay 119–120
Hacer and time expressions 139–140

Imperfect indicative 134–139
    forms 134
    usage 136–139
Indefinite expressions 124–126

Infinitives 120–121
Imperfect subjunctive 146–151
    forms 146–148
    usage 148–151

Negative expressions 124–126

Para 140–142
Passive constructions 171–173
    accidental 173
    with **se** 172–173
    with **ser** 171–172
Past participles 161–163
    as adjectives 163
    forms 161–162
    usage 162–163
Past subjunctive 146–151
    forms 146–148
    usage 148–151
Perfect tenses 161–163
    forms 161–162
    usage 162–163
Pero 145–146
Personal **a** 143–144
Personal pronouns 152–158
    accent marks with 110–112
    attachment to verbs 153–156
    clarification of 152–153
    direct object 152–156
    indirect object 152–156
    order in sentence 153–154
    prepositional 153
    reciprocal reflexive 152
    reflexive 152–153
    subject 152
Por 140–142

Present indicative 121–123
    forms 121–123
    usage 121
Present participles 164–166
    forms 164–165
    usage 164–166
Present subjunctive 126–133
    forms 126–128
    usage 128–133
Preterit 134–139
    forms 134–136
    usage 136–139
Progressive tenses 164–166
    forms 164–165
    usage 164–166
Punctuation 113–114
    dialogue 113
    exclamation points 113
    question marks 113
    quotation marks 113–114

Relative pronouns 144–145

Ser 118–120
    with adjectives 119
Si clauses 163–164
Sino and **sino que** 145–146
Superlatives 170–171

Tener 118–120
Terms, grammatical 108–109

Verb tenses in general 174–176

Credits

Page 68: "Spanglish: A Mini-Lexicon." Copyright 1999 by Ilan Stavans. First published in *Hopscotch: A Cultural Review.* Used by permission of the author.

Pages 82–83: Adapted from "Dime de donde vienes," by Francisca de la Paz from *Revista Qué Pasa,* October 7–13, 1997. Reprinted by permission from *Revista Qué Pasa.*

Page 94: "El país con la tasa de nacimientos más baja del mundo" from *El Tiempo,* December 23, 2000. Copyright © 2000 Casa Editorial El Tiempo S.A. All rights reserved.

Page 98: "España da prioridad a los inmigrantes de Iberoamérica" by Juan Carlos Algañaraz from *Clarín.com,* December 23, 2000. Copyright © 2000 by Clarin.com. All rights reserved.